臺灣歷史與文化_{研究輯刊}

二 五 編

第 3 冊

戰後臺灣保險市場的接收與重整
（1945～1963）（上）

黃 正 宗 著

花木蘭文化事業有限公司

國家圖書館出版品預行編目資料

戰後臺灣保險市場的接收與重整（1945～1963）（上）／黃正宗
著 -- 初版 -- 新北市：花木蘭文化事業有限公司，2024〔民
113〕
目 8+156 面；19×26 公分
（臺灣歷史與文化研究輯刊二五編；第 3 冊）
ISBN 978-626-344-693-9（精裝）
1.CST：保險市場 2.CST：保險史 3.CST：金融史 4.CST：臺灣
733.08   112022552

臺灣歷史與文化研究輯刊
二五編　第三冊　　　　　　ISBN：978-626-344-693-9

戰後臺灣保險市場的接收與重整
（1945～1963）（上）

作　　者　黃正宗
總 編 輯　杜潔祥
副總編輯　楊嘉樂
編輯主任　許郁翎
編　　輯　潘玟靜、蔡正宣　美術編輯　陳逸婷
出　　版　花木蘭文化事業有限公司
發 行 人　高小娟
聯絡地址　235　新北市中和區中安街七二號十三樓
　　　　　　電話：02-2923-1455／傳真：02-2923-1452
網　　址　http://www.huamulan.tw 信箱 service@huamulans.com
印　　刷　普羅文化出版廣告事業
初　　版　2024 年 3 月
定　　價　二五編 12 冊（精裝）新台幣 36,000 元

戰後臺灣保險市場的接收與重整
（1945～1963）（上）

黃正宗　著

作者簡介

黃正宗，1986 年生，彰化縣人。國立中興大學財務金融學系學士、歷史學系碩士。曾任職於金融監督管理委員會保險局，現任職於彰化縣政府。研究興趣為經濟史、金融史。曾發表〈戰後臺灣戰爭保險金求償問題研究（1945～1957）〉、〈何以分歧？戰後臺灣保險業務發展之研究（1945～1963）〉等學術論文。本書為作者碩士論文，曾獲國立臺灣圖書館 111 年度臺灣學碩士論文研究獎助佳作。

提　　要

　　現代商業保險制度於 19 世紀中葉引進臺灣，到日治末期在各方面皆已奠定相當基礎。戰後，臺灣保險市場歷經制度轉換的過程，在 1963 年完成新體制的確立。本文從（1）業務發展、（2）監理制度、（3）組織、資本及人事、（4）資金運用等四個觀察視角出發，重構臺灣保險市場在此「制度轉換期」的樣貌，並分析轉換過程中產生的問題與影響。

　　業務發展方面，產、壽險業的分歧是這段時間最明顯的特徵，這背後是產、壽險契約性質差異、是否承擔政策責任，及市場競爭與否等多重因素產生的結果。組織、資本與人事方面，主要變化包括：市場形態由「民營且競爭」轉變為「公營且寡占」；保險業組織型態在 1950 年後全數轉變「總公司」；1960 年保險市場開讓市場型態重回民營且競爭外，也是戰後本國民間資本涉及全國性金融的開端；戰後臺灣保險人才可歸納外省籍、日治經驗、新生代三批。

　　監理制度方面，戰後保險法制體現「內地延長的再延長」路徑，這次「再延長」呈現法律現代性及完備性的倒退，1963 年《保險法》修正施行除改善上述問題外，也完成史上第一次「保險法制臺灣化」。資金運用方面，戰後保險業資金運用規模極小，未能充分發揮「重新分配資本」功能，要到 1960 年保險市場開放後才有顯著成長。

誌　謝

　　總算來到此時此刻。回憶當初報考碩士班，雖是基於對歷史的興趣，想一窺歷史研究之奧妙，但仍有相當成分玩票性質。誰曾想，往後幾年竟是熱此不疲，首次體會「讀書本身即是目的」的妙境。內人稱我「中年聊發學術狂」，雖是戲謔之語，倒似也有幾分真實。

　　這本論文是學習成果的總結，也承載了滿滿的感謝。最感謝的莫過於指導教授毓嵐老師，您嚴謹而扎實的訓練，讓史學門外漢的我得以掌握治史基本功。每當我寄出論文初稿後，總能在短短幾天內收到回信，除了架構性的問題外，您也指出不少細節錯誤，可見審閱文稿之用心。雖然您總謙稱這是指導教授的基本責任，但我曉得如此良師並非隨處可遇。感謝口試委員紹洋老師、耀鋒老師，我在寫作過程中就從您們的著作中獲益良多，得以親聆教誨著實喜出望外，果不其然，口試時諸多寶貴意見都讓論文更臻完善。比較抱歉的是，有些意見我還需要更多時間才能回應，無法一次到位，希望未來能夠再予補強。

　　感謝曾經選修或旁聽的每位老師，每門課程都讓我獲得不同的養分，特別是政憲主任毫無保留地分享自身論文寫作經驗、逸飛老師深具啟發性的授課方式、嘉星老師現代與傳統部門互動的闡述近代經濟史思路，尤其獲益良多。感謝秀政院長，您回系上演講時特別透過系辦通知我，為的是要勉勵我初次投稿的期刊論文，著實感動，每當我論文寫作遇到挫折時，您的話語就是最好的激勵。感謝燦楠秘書長，不僅慷慨同意接受口述訪談，還幫我解答許多問題。感謝永昇學長和文真在口試的協助。感謝森凱總是不厭其煩地幫忙檢視英文摘要。還有許多的感謝，卻沒有足夠的篇幅，只好留在你我的心中。

　　最後的版面留給最愛的家人。感謝父母、岳父母、姊姊與姊夫，沒有您們適時的「育兒神支援」，這本論文怕是難以完成。感謝兩個可愛的兒子攸行、允心，你們療癒的笑顏足以消弭一切不如意之事。好酒沉甕底，感謝內人姵君，聊發學術狂背後是犧牲許多陪伴時光，若非你的包容與支持，不可能有寫下這篇誌謝辭的時刻。我不擅長抒發情感，也未若你能寫出優美醉人的文字，那麼，只好直球對決了：老婆，有你真好，我愛你！

正宗　謹誌

2022 年 7 月 20 日，於彰化自宅

目

次

表目次

圖目次

第一章　緒　論

第一節　研究動機與問題意識

一、研究動機：待拓荒的保險史研究

　　談到保險，多數人都不陌生，甚或有相關經驗可供分享。不過，也許不是很多人知道，國人對於「買保險」這件事情，有著超乎想像的熱愛。據統計，國人 2020 年總共花了新臺幣（下同）3.35 兆元購買保險。〔註1〕作為對照，我國中央政府同年度的總歲出（決算）是 2.04 兆元，〔註2〕也就是說，我們一年繳給保險公司的保險費（下稱保費），足夠讓政府用上 1 年 7 個月還有剩。如果把前述保費支出除以國內生產毛額（Gross Domestic Product, GDP），可得到一個稱之為「保險滲透度」（Insurance Penetration）的比率，簡單地說，可以想像成每 100 元所得中，花費在購買保險的金額。自 2007 年起，我國保險滲透度長期高居世界第一，2017 年達到近年高峰 21.32%，也就是有超過五分之一的所得用來支付保費，往後幾年稍有下滑，〔註3〕並在 2020 年將第一的「寶

〔註1〕其中人身保險業 3.16 兆元、財產保險業 0.19 兆元。財團法人保險事業發展中心，〈人壽保險業歷年保費收入（一）（2016～2020）〉、〈中華民國最近五年產物保險業保費收入、市場佔有率及其各年增減率表（編製日期：2021.4.6）〉，下載日期：2021 年 6 月 22 日，網址：https://www.tii.org.tw/opencms/actuarial/。
〔註2〕行政院主計總處，〈歲入歲出簡明比較分析表〉，下載日期：2021 年 6 月 22 日，網址：https://www.dgbas.gov.tw/ct.asp?xItem=47020&CtNode=6703&mp=1。
〔註3〕保險滲透度雖是衡量保險市場成熟度的良好指標，但並不代表無止盡地攀升是件好事。事實上，這幾年我國保險滲透度下滑相當程度是因為主管機關的刻

座」讓給香港，但仍有 17.4%的高水準（圖 1-1）。〔註 4〕

圖 1-1：臺灣與其它國家、地區之保險滲透度比較（2007～2020）

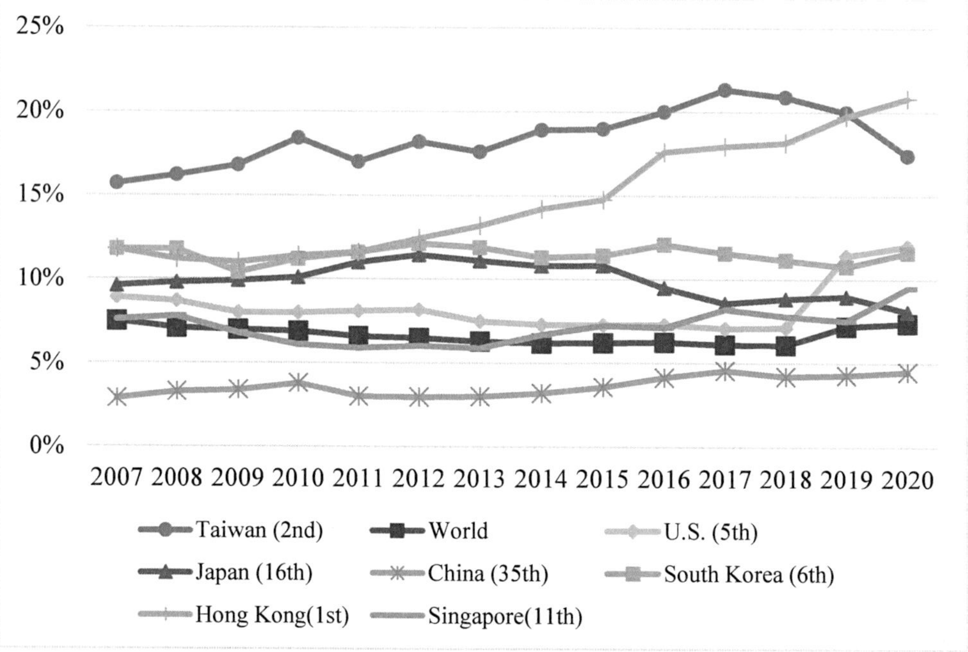

說明：各國家、地區後括號代表 2020 年保險滲透度世界排名。

資料來源：Swiss Re Institute, *Sigma*, Zurich: Swiss Re Institute, No 2007/4, p. 39; No 2008/ 3, p. 41; No 2009/3, p. 43; No 2010/2, p. 37; No 2011/2, p. 38; No 2012/3, p. 39; No 2013/3, p. 41; No 2014/3, p. 42; No 2015/4, p. 42; No 2016/3, p. 46; No 2017/3, p. 54; No 2018/3, p. 46; No 2019/3, p. 43; No 2020/4, p. 32; No 2021/3, p. 38。

　　既然我們每年繳這麼多保費，可想而知，保險公司必然掌握龐大資金。截至 2020 年底，保險業資產總額為 32.17 兆元，占整體金融機構資產總額 36.33%，而且這個數字還在穩定增加當中（圖 1-2）。掌握如此龐大資金，保險業的決策

　　　　意導正。參閱：彭金隆，〈臺灣的保險滲透度下滑，可能跟你想的不一樣！〉，《Advisors 財務顧問》，瀏覽日期：2021 年 9 月 12 日，網址：https://www.advisers. com.tw/?p=10926。

〔註 4〕2015、2016 年也曾被開曼群島（Cayman Islands）取代，但考慮到開曼群島的保險費收入規模不到我國的百分之一，故在 2019 年以前，我國仍是全球主要保險市場中保險滲透度最高者。若以保費收入絕對金額來看（美元計價），我國 2020 年是全球第 10 大保險市場，前 9 名分別是美國、中國、日本、英國、法國、德國、南韓、義大利、加拿大。Swiss Re Institute, *Sigma*, Zurich: Swiss Re Institute, No 2021/3, p. 32。

與行為對於經濟體系無疑具有高度影響，特別是當它出現問題時，常會伴隨巨大負面效果。2005 至 2019 年間，政府為處理問題保險公司墊付上千億元的案例就是借鏡。〔註5〕

圖 1-2：保險業資產總額及占整體金融機構資產比例（2003～2020）

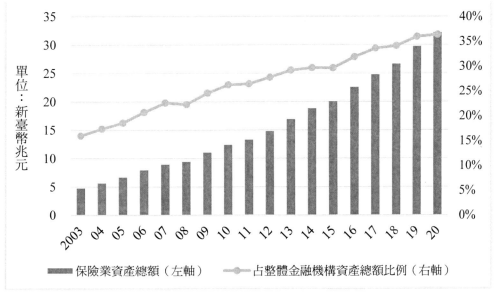

資料來源：財團法人保險事業發展中心，〈保險業資產占金融機構資產比率表〉，下載日期：2021 年 6 月 22 日，網址：https://www.tii.org.tw/opencms/information/information1/000001.html。

　　以上幾個簡單的數據充分顯示出，無論從個人或總體經濟的角度，保險都極為重要。既然如此，相關學術研究也應蓬勃發展才是。確實，目前國內共有 9 所大學設有保險相關系所，〔註6〕亦有數份保險專業期刊。〔註7〕然而，在保險研究的浩瀚領域中，絕大多數專注於法律、財務、會計、精算、行銷、經

〔註5〕墊付金額達 1,199.91 億元。財團法人保險安定基金，〈經營不善保險業資產、負債及營業概括讓與標售由安定基金墊支（補助）金額統計表〉，下載日期：2021 年 6 月 22 日，網址：http://www.tigf.org.tw/content/solution/solution04.aspx。
〔註6〕包括國立政治大學、國立臺中科技大學、國立高雄科技大學、淡江大學、逢甲大學、銘傳大學、實踐大學、朝陽科技大學、明德財經科技大學。教育部「109 學年度大專院校一覽表」網站，瀏覽日期：2021 年 6 月 23 日，網址：https://ulist.moe.gov.tw/。
〔註7〕包括《保險專刊》、《壽險季刊》、《保險大道》、《保險學報》、《風險管理學報》等，刊行單位分別為財團法人保險事業發展中心、中華民國人壽保險商業同業公會、中華民國產物保險商業同業公會、中華民國保險學會、中華民國風險管理學會。

營管理、政策分析……等主題，歷史研究即便不是乏人問津，也稱得上門可羅雀。可以說，相對於保險在臺灣的重要性，保險史研究尚未受到應有的重視，較之保險先進國家落後頗多，[註8]甚至戰後保險發展起步較晚的中國，亦領先臺灣不少。[註9]保險業耆老陳繼堯先生（以下省略敬稱）、國立政治大學（下稱政大）歷史學系名譽教授張哲郎，及任職保險業逾30年的著名藏書兼文學史料家秦賢次，曾對臺灣保險史研究之貧乏及史料保存之不全發出感嘆。[註10]前輩發出感嘆迄今已過十餘年，可喜臺灣保險史研究初見成果，但整體而言「依然處於拓荒階段」，[註11]這是筆者從學術史角度，選擇「保險史」作為研究對象的主因。

[註8] 受限學力與時間，筆者對於國外保險史研究所知有限，但從部分代表性學者，及史料蒐集的情況，應即足以證明此言非虛。德國馬爾堡大學（Philipps-Universität Marburg）教授 Peter Borscheid、日本一橋大學教授米山高生皆有不少保險史相關著（編）作。Peter Borscheid 與 Niels Viggo 合編的 *World Insurance: The Evolution of a Global Risk Network*,（Oxford: Oxford University Press, 2012）內容涵蓋世界各大重要保險市場，若無一定研究基礎，難以完成。米山高生則曾與 David Jenkins 合編共 8 冊的保險史料彙編 *The History of Insurance,*（London: Pickering and Chatto, 2000）。

[註9] 曾耀鋒，〈日治時期臺灣壽險史研究的回顧與展望〉,《興大歷史學報》23（2011年6月），頁128。1980至2002年間中國保險史的研究成果，可參閱：王晚英、池子華,〈1980年以來中國近代保險史研究綜述〉,《上海師範大學學報（哲學社會科學版）》32：6（2003年11月），頁6～11。2002年以後，在史料蒐集及專著出版皆頗有進展，僅就筆者所知列舉如下：趙蘭亮,《近代上海保險市場研究：1843～1936》（上海：復旦大學出版社，2003年12月）；中國保險學會,《中國保險業二百年：1805～2005》（北京：當代世界出版社，2005年6月）；楊東霞,《中國近代保險立法移植研究》（北京：法律出版社，2009年12月）；趙守兵,《仰望百年——中國保險先驅四十人》（北京：中國金融出版社，2014年9月）；陳杰主編,《抗戰時期重慶保險史（1937～1945）》（重慶：重慶出版社，2015年8月）；朱華雄,《民國時期保險思想研究》（武漢：武漢大學出版社，2013年12月）；陳懋,《迷失的盛宴：中國保險史（1978～2014）》（杭州：浙江大學出版社，2014年8月）；鞏慶軍主編,《青島保險史話（1898～2015）》（青島：青島出版社，2017年6月）；姚慶海主編,《保險史話（修訂本）》（北京：社會科學文獻出版社，2017年12月）；高星,《族譜的墨跡：中國人民保險公司成立初期創始人列傳》（北京：中國金融出版社，2017年12月）；朱紀華、上海市檔案館編著,《我們的故事：精算師在上海》（上海：上海書店，2017年11月）；王玨麟,《寧波幫與中國近代保險史略》（杭州：浙江大學出版社，2019年3月）。

[註10] 張哲郎、林建智訪談，秦賢次、吳瑞松編整,《臺灣地區保險事蹟口述歷史》（臺北：財團法人保險事業發展中心，2009年6月），頁222～223。

[註11] 曾耀鋒,〈日治時期臺灣壽險史研究的回顧與展望〉，頁129。

　　除了學術史上的原因之外，筆者的個人經驗也是促成研究課題形成的一大動力。筆者大學主修財務金融，2009 至 2015 年間任職於金融監督管理委員會（下稱金管會）保險局，歷史原是筆者的「業餘興趣」，就讀歷史研究所後，將「過去所學」與「歷史研究」相結合，從中獲得許多樂趣。本文便是這段「享樂過程」的具體呈現，除了滿足筆者的私心外，也期盼對保險界及史學界產生些許貢獻。

二、問題意識：制度轉換下的臺灣保險市場

　　眾所皆知，現代商業保險制度源自西方，〔註12〕引進臺灣的時間可追溯至 19 世紀中葉開港通商之後，發展迄今已逾 150 年。不過，可能多數保險界人士都對 1960 年代以前的臺灣保險發展歷史感到陌生，政大風險管理研究所首任所長施文森便曾在《臺灣商業保險發展史》紀錄片中說：「臺灣的保險起步，是在民國 49 年。」〔註13〕這部紀錄片全長 51 分 37 秒，1960 年以前只占 4 分鐘，多數是舊照片剪輯，未多做說明。

　　會產生臺灣保險發展是從 1960 年才開始的錯覺，主要是因為戰後到 1960 年這段時間，臺灣保險市場一般被認為是制度尚不完善的過渡時期。要到 1960 年政府開放保險市場，及 1963 年《保險法》修正施行後，才算確立往後發展

〔註12〕一般談到保險制度都會追溯至古代某些具有保險概念（風險分攤）的制度，例如《漢摩拉比法典》中將損失風險從商人移轉至貸款人的規定、羅馬時代慈善團體救濟會（Collegia）在成員發生事故時給予金錢支助及協助辦理喪事，在中國則有諸如《禮記》、《逸周書》、《史記》、《漢書》等典籍所記載的風險分攤觀念或救濟制度。本文所討論的「現代」商業保險制度與這些古代保險制度的主要區別在於 18 世紀科學技術發展所確立的「合理計算基礎」，這背後源自於人類面對風險的態度轉變，金融史學家伯恩斯坦（Peter L. Bernstein, 1919～2009）精闢地指出：「區隔現代與古代的革命性概念，在於人想支配風險。」標示這個轉變的指標性事件當屬英國衡平人壽保險公司（Equitable Life）自 1776 年起採用數理統計方式釐訂保險費率，這種科學方法逐漸演變成我們所熟悉的精算科學（actuarial science），成為現代商業保險制度中最重要的技術基礎。陳雲中，《保險學要義：理論與實務（修訂第 9 版）》，（臺北：著者，2011 年 8 月），頁 48～55；江朝國，《保險法基礎理論》，（臺北：瑞興，1995 年 9 月），頁 1～14；Emmett J. Vaughan、Therese Vaughan 著，賴麗華、洪敏三譯，《保險學：風險與保險原理（第八版）》，（臺北：台灣西書出版社，2001 年 4 月），頁 57～62；Peter L. Bernstein 著，張定綺譯，《風險之書》（臺北：城邦商業週刊，2019 年 4 月），頁 13。

〔註13〕財團法人保險事業發展中心、公共電視，《臺灣商業保險發展史（錄影資料）》（臺北：財團法人保險事業發展中心，2015 年 7 月），4 分至 4 分 30 秒。

的制度基礎。保險市場短暫開放期間所設立的保險業（在 1961 至 1963 年間陸續成立），迄今仍占據市場領導地位（表 1-1）。現行《保險法》則是以 1963 年的版本為基礎，經歷多次修正後的結果。因此，會產生這種錯覺並不令人意外。不過，這也讓我們容易忽略戰前臺灣曾有高度發展的保險市場。

表 1-1：1961 至 1963 年設立之保險業市占率（2020）

業　別	公司名稱	設立或開業日期	市占率	排名	備　註
人身保險業	第一人壽	1962.5.26.	1.14%	15	現保誠人壽
	國光人壽	1962.6.1	N/a	N/a	
	國泰人壽	1962.10.5	21.05%	1	
	華僑人壽	1963.4.27	8.14%	5	現中國人壽
	南山人壽	1963.7.3	12.30%	3	
	國華人壽	1963.7.20	N/a	N/a	
	新光人壽	1963.7.30	9.45%	4	
	合計		52.08%		
財產保險業	國泰產物	1961.4.19	24.76%	1	現富邦產物
	華僑產物	1961.4.27	5.78%	6	現和泰產物
	泰安產物	1961.5.1	3.96%	10	
	明台產物	1961.10.22	6.54%	5	
	中央產物	1962.3.1	2.23%	13	現南山產物
	第一產物	1962.10.9	4.00%	9	
	國華產物	1962.12.24	N/a	N/a	
	新光產物	1963.5.1	11.17%	3	
	華南產物	1963.5.1	5.15%	8	
	友聯產物	1963.6.1	5.19%	7	現旺旺友聯產物
	合計		68.78%		

說明：
1. 國光人壽 1970 年 4 月 21 日因經營不善遭政府勒令停業，遺留保險契約由同業承受；國華人壽 2009 年 8 月 4 日經政府宣布接管，2012 年 11 月 27 日以資產、負債及營業概括讓與方式標售予全球人壽，2013 年 3 月 30 日完成交割作業，原國華人壽自 2015 年 4 月 30 日 24 時起終止接管，並自同一時點起勒令停業清理；國華產物於 2005 年 11 月 18 日遭政府勒令停業清理。
2. 2020 年人身保險業計 22 家、財產保險業計 19 家。

資料來源：
1. 設立或開業日期：臺灣銀行經濟研究室，〈臺灣之金融機構〉，《臺灣銀行季刊》
20：1（1969 年 3 月），頁 17～18。
2. 市占率、2020 年保險業者家數：金融監督管理委員會保險局，保險業公開資
訊觀測站，〈表 07011010-壽險業務概況表〉、〈表 07010801-產險業務概況表〉，
下載日期：2021 年 6 月 24 日，網址：https://ins-info.ib.gov.tw/index.aspx。
3. 國光人壽案請參閱：秦賢次、吳瑞松，《臺灣保險史綱：1836～2007》（臺北：
財團法人保險事業發展中心，2009 年 3 月），頁 201～208，另可見本文頁 293
～297。國華人壽、國華產物案，請參閱：金融監督管理委員會保險局「國華
人壽清理專區」、「國華產物清理專區」之說明，檢索日期：2021 年 6 月 24 日，
網址：https://www.ib.gov.tw/。

現代商業保險制度引進臺灣後，外資保險業透過洋行擔任「代理人」，在
臺灣拓展保險業務，其中不乏我們熟悉的保險業，例如紐約人壽、宏利人壽。
[註14] 替洋行擔任買辦的臺灣商人也趁此機會吸收保險經營知識，在 1900 年
創立第一家總公司設在臺灣的保險公司「臺灣家畜保險株式會社」（下稱臺灣
家畜保險），並經營一項相當特殊的業務「豬隻保險」。1920 年，李延禧（1883
～1959）[註15] 與友人益子逞輔（1885～1979）[註16] 創辦「大成火災海上保
險株式會社」（下稱大成火災），出資股東囊括日治臺灣五大家族在內的重要紳
商。這家臺籍資本過半的保險公司，在日資保險業環伺的環境下開創良好業

〔註14〕當時稱為紐育生命（New York Life Insurance）、マヌフアクチュアラース生命
（Manufacturers Life Insurance）。鈴木庄助，〈臺灣島人生命保險論〉，《臺灣慣
習記事》5：1（1905 年 1 月），頁 26。戰後，紐約人壽於 1992 年在臺灣設立
分公司，2002 年改制為子公司，2014 年被元大金控併購，更名為元大人壽。
宏利人壽於 1992 年在臺灣成立分公司，2013 年被中信人壽併購，2016 年中
信人壽再與臺灣人壽合併，以臺灣人壽為存續公司。
〔註15〕李延禧，臺北人。李景盛（1860～1922）之子、李春生（1838～1924）之孫。
美國紐約大學畢業，哥倫比亞大學碩士，主修經濟學。1916 年協助父親創辦
新高銀行，擔任常務董事。1920 年創辦大成火災。1922 年父親去世後繼任新
高銀行董事長。1924 年祖父過世後，遷居東京。戰後曾任臺灣第一商業銀行
監察人。1950 年被臺灣軍法當局宣判為叛亂犯（當時仍旅居日本）。1956 年
赴中國天津就醫，1959 年 9 月 8 日病逝於天津新華醫院。陳俊宏，〈李春生、
李延禧與第一銀行〉，收入李明輝編，《近代東亞變局中的李春生》（臺北：臺
大出版中心，2010 年 5 月），頁 237～261。
〔註16〕益子逞輔，日本茨城縣人。日本早稻田大學政治經濟科畢業。1911 年來臺擔
任日日新報社記者，1917 年升任編輯長。1918 年辭職投入投入實業界，協助
籌設華南銀行，隔年發起籌組大成火災，此後長期擔任該公司常務董事一職。
是臺灣新聞記者投身金融業的代表人物之一。連克，《從代理人到保險公司：
臺灣商人的產物保險經營 1862～1947》（臺北：國史館、政大出版社，2017 年
11 月），頁 93～94。

績，居財產保險（下稱產險）業領先地位，業務甚至延伸至日本本土。戰後遺留的日本分公司於 1950 年改組，延用「大成火災」舊名，一直經營到 2001 年破產為止。〔註17〕人身保險（下稱壽險）方面，截至日本殖民統治結束之時，有效契約計 50 餘萬件，以當時臺灣人口數來看，投保率約 5.69%，戰後要到 1979 年才回復相同水準。〔註18〕簡易人壽保險（下稱簡易壽險）有效契約件數更達 190 餘萬件之多，以當時臺灣 600 餘萬人口計，相當於每 3 人就有 1 件。〔註19〕

我們對戰前臺灣保險市場能有較深入理解，是受益於近 20 年各學門研究生的努力。自 2001 年第一本以日治臺灣保險市場為主題的學位論文問世迄今，共有 9 本從歷史角度探討臺灣保險業的學位論文。依論文聚焦時段區分，戰前有 5 本，1945 至 1960 年代有 2 本，1960 年代以後有 2 本。〔註20〕以上研究成果相當程度平衡過去偏重 1960 年代以後的現象，但較為可惜的是，戰後到 1960 年代的發展仍著墨甚少，這正是本文所欲補強之處。

自諾貝爾經濟學獎得主諾思（Douglass C. North, 1920～2015）為首提倡的制度經濟史興起以來，「制度至關重要（Institutions Matter）」的觀念已深植人心。〔註21〕如果說，1963 年是確立戰後臺灣保險市場制度基礎的關鍵年分，那麼，1945 至 1963 年可以說是戰後臺灣保險市場制度從解構到再確立的過渡期。在此命題之下，制度如何轉換？轉換過程中，舊制度中哪些要素被繼承？新制度中添加哪些新要素？這些決策背後的原因及後續產生的影響為何？此外，作為經濟體系中的一個重要產業，保險業在戰後臺灣經濟發展過程中扮演何種角色，與總體經濟的相互關係為何？凡此種種，皆是本文所欲探討的問題。

〔註17〕 連克，《從代理人到保險公司：臺灣商人的產物保險經營 1862～1947》，頁 53
～175；曾耀鋒，〈日本統治時代の台湾における大成火災の事業展開〉，《日本
台湾学会報》15（2013 年 6 月），頁 69～82。

〔註18〕 曾耀鋒，〈日治時期臺灣壽險史研究的回顧與展望〉，頁 116～118。

〔註19〕 臺灣省行政長官公署統計室編，《臺灣省五十一年來統計提要》（臺北：編者，
1946 年 12 月），表 49（歷年全省戶口）、表 418（歷年簡易人壽保險），頁 75
～79、1138～1139。

〔註20〕 以上論文將在下一節研究回顧中介紹，此處從略。

〔註21〕 請參閱諾思的一系列經典著作：Douglass C. North, Robert Paul Thomas 著、劉
瑞華譯，《西方世界的興起》（臺北：聯經，2016 年 1 月）；Douglass C. North
著、劉瑞華譯，《經濟史的結構與變遷》（臺北：聯經，2016 年 12 月）；Douglass
C. North 著、劉瑞華譯，《制度、制度變遷與經濟成就》（臺北：聯經，2017 年
3 月）。

綜上所述，本文旨在對 1945 至 1963 年間的臺灣保險市場進行全面而深入的考察與討論，進而對前述問題提出合理的分析與回答，最終說明此時期臺灣保險市場的特徵與歷史意義。

第二節　研究回顧

就本文所欲探討的課題而言，勢必須置於「戰後接收」及「保險史」的研究脈絡中尋求定位。此外，保險屬於金融的一環，金融猶如實體經濟之血液，〔註22〕無法獨立於整體經濟發展而存在，故金融史、經濟史的研究脈絡也相當重要。有鑑於此，以下分別從戰後接收、金融史及經濟史、保險史等三個研究脈絡，對先行研究進行回顧與評述，並指出本文欲與之對話之處，惟前二脈絡研究成果極其豐碩，難以盡探，僅能就與本文密切相關者進行討論。

一、戰後接收

1945 年 8 月 15 日，日本宣布無條件投降，第二次世界大戰（下稱二戰）結束，臺灣脫離日本殖民統治。對當時的人來說，此時最重要的事情莫過於「收復臺灣」（對中國人而言）與「重歸祖國」（對臺灣人而言），這正是「戰後接收」研究脈絡所關心的課題。鄭梓的《戰後臺灣的接收與重建：臺灣現代史研究論集》〔註23〕堪稱此類研究的奠基者。該論文集雖名為戰後，實則討論範圍跨越戰前，上篇聚焦中國政府戰爭末期規劃「收復臺灣」政策的背景與過程，〔註24〕下篇論述實際接收及重建政制的經過。本文承襲此研究取徑，同樣重視中國政府對於「臺灣金融體系」的接收規劃，但更注重「實際接收情形與規劃為何不相符」之探討。

任一經濟體系中，「財產權如何界定」都是至關重要的問題，日本殖民統治臺灣 50 年間，累積龐大經濟成果，這些可統稱為「日產」的經濟成果，其權屬在戰後產生根本性地改變。陳亮州分析中國政府接收、處理日產的過程，

〔註22〕用血液比喻金融與實體經濟之間的關係之說法經常可見，筆者無法確定最早的出處為何，但這個比喻算得上恰如其分。
〔註23〕鄭梓，《戰後臺灣的接收與重建：臺灣現代史研究論集》（臺北：新化圖書，1994 年）。
〔註24〕中華民國自 1912 年建立以來，歷經多個不同的政府時期，包括：中華民國臨時政府、北洋政府、國民政府、中華民國政府等，本文為行文方便，若無特別說明，一律稱為中國政府。

並探究在此過程中所衍生的爭議與問題。〔註25〕然而，該研究受限於主題設定在大範圍（所有日產）討論，難以詳盡分析比較日產接收前、後的差異，但這是探討「接收所致影響」時所不能欠缺的。保險業作為日產的一部分，自然要在此多加著墨，細緻化「日產接收」的研究成果。此外，陳亮州在文末針對「對日求償」問題進行討論，〔註26〕這個問題在保險業接收的案例中居於關鍵位置。在陳亮州之後，又有趙偉翔進一步就「中日和約第三條問題」作探討。〔註27〕不過，似乎都未能將「日產接收」、「對日求償」及「中日和約第三條問題」間的關係充分釐清，本文將對此提出看法。

所有制度中，法律制度堪稱位於頂端。王泰升精闢地指出臺灣法律現代化從「內地延長」到「自主繼受」的路徑，〔註28〕臺灣的保險法律制度（下稱保險法制）恰恰體現這個歷程。目前有關臺灣保險法制的研究，多半追溯至1929年訂定的《保險法》〔註29〕，至於日治臺灣保險法制的探討，則僅見於下述保險史的研究中，但這些先行研究受限於主題設定，未就戰前、戰後的保險法制進行比較分析，甚是可惜，本文將對此詳加著墨。

上述以外，受益於數十年來臺灣史研究的蓬勃發展，幾乎各個領域的戰後接收都已累積相當研究成果，這些先行研究除了給予筆者諸多啟發外，並提供橫向比較空間，惟這類研究成果極多，難以盡窺，為免掛一漏萬，此處從略，待論及相關內容時再行引述。

二、金融史、經濟史

有關戰後臺灣金融體系之接收與重整的整體研究，首推李為楨的博士論文，該文從比較制度分析視角出發，以中央銀行制度改革、中小企業金融發展及《銀行法》修正為主軸，探討臺灣金融體系從戰後到1970年形成和發展的

〔註25〕 陳亮州，〈戰後台灣日產的接受與處理〉（桃園：國立中央大學歷史研究所碩士論文，1998年）。

〔註26〕 陳亮州，〈戰後台灣日產的接受與處理〉，頁197～209。

〔註27〕 趙偉翔，〈中日和約第三條問題之研究〉（臺北：中國文化大學文學院史學系碩士論文，2017年6月）。

〔註28〕 王泰升，《臺灣法律現代化歷程：從「內地延長」到「自主繼受」》（臺北：中研院臺史所、臺大出版中心，2015年6月）。

〔註29〕 此類例子繁多，茲就保險法研究與保險史研究各舉一例。袁宗蔚，《保險法》（臺北：三民書局，1963年11月），頁18～21；秦賢次、吳瑞松，《臺灣保險史綱：1836～2007》，頁239～252。

過程。〔註30〕李為楨的研究成果對於理解戰後臺灣金融體系如何形成極具貢獻，但因其研究聚焦於「貨幣金融機構」，未能同步觀照保險業。不過，如下所述，戰後初期保險業在整個金融體系的重要性雖然遠不及其他金融機構，但它卻是首個打破市場管制的金融業。研究戰後臺灣金融體系而忽略保險業，頗有缺憾。

個案研究方面，林虹妤運用大量彰化銀行內部資料（包括營業報告書、董事會議紀錄等），並結合會計學與財務報表分析，對該行從戰後到1957年的經營結構、業務狀況、績效等進行詳盡的分析。〔註31〕洪紹洋討論戰後臺灣省合作金庫與戰前臺灣產業組合聯合會及臺灣產業金庫的繼承關係與變化，指出戰前建立的單一基層金融體系有助於政府進行各項資金的調配與管理，而這個體系也被戰後中國政府繼承，用以推動各項政策性放款。〔註32〕

上述以外，經濟學者及社會學者的諸多研究成果也給予筆者許多啟發。不過，這類著作雖也會就歷史事實進行陳述，但多屬背景鋪陳性質，並以二手史料為依歸，重點偏重理論建構與驗證，與歷史研究存在一定落差，同樣待論及相關內容時再行引述。

經濟史研究方面，與本文密切相關者大致有四個脈絡。首先是「戰後初期的總體經濟情勢」，特別是經濟政策與物價水準，吳聰敏在這方面有相當豐碩的成果，〔註33〕而此一總體經濟情勢對於戰後臺灣保險市場的發展有什麼影

〔註30〕李為楨，〈戰後台湾金融システムの近代化に関する研究〉（京都：京都大學經濟學研究科博士論文，2007年）。此外另有：李為楨，〈戰後台湾の中小企業金融システムの發展——合会貯蓄公司を中心に〉，《現代台湾研究》29（2005年12月），頁36～57；李為楨，〈戰後初期台灣金融機構之接收與金融體系機能的演變研究成果報告（精簡版）〉，行政院國家科學委員會專題研究計畫成果報告，計畫編號：NSC 97-2410-H-004-048（2009年10月）；李為楨，〈戰後初期台湾における産業組合の改組及び發展に関する考察〉，收入馬場毅、許雪姬、謝國興、黃英哲編，《近代台湾の経済社会の変遷：日本とのかかわりをめぐって》（東京：東方書店，2013年12月），頁333～358。

〔註31〕林虹妤，〈戰後的省營商業銀行——以彰化商業銀行為例（1945～1957）〉（桃園：國立中央大學歷史研究所碩士論文，1999年）。

〔註32〕洪紹洋，〈臺灣基層金融體制的型構：從臺灣產業組合聯合會到合作金庫（1942～1949）〉，《臺灣史研究》20：4（2013年12月），頁99～134。

〔註33〕吳聰敏，〈臺灣戰後的惡性物價膨脹〉，收入梁國樹編，《臺灣經濟發展論文集——紀念華嚴教授專集》（臺北：時報文化，1994年），頁141～181；吳聰敏，〈1945～1949年國民政府對臺灣的經濟政策〉，《經濟論文叢刊》25：4（1997年12月），頁521～554；吳聰敏，〈臺灣戰後的惡性物價膨脹（1945～1950）〉，《國史館學術集刊》10（2006年12月），頁129～159。

響？則是本文欲進一步討論的問題。此外，吳聰敏致力於日治時期臺灣 GDP 與物價指數的估算，〔註 34〕本文將在此基礎上進行戰後與日治時期保險業務及資金運用規模的比較，這是先行研究中幾乎未曾見過的方法。

其次是「公營事業體制」。劉進慶指出戰後臺灣經濟特徵是公業及私業對立的雙重經濟結構，此對立型態導致具有支配性的官商資本，官商資本對外又從屬於美日資本，社會底層階級則在此制度下受到封建式的剝削。〔註 35〕吳若予專注於公營事業在臺灣政經發展過程不同階段中的定位與意義。〔註 36〕戰後臺灣保險業也是以公營事業作為起點，並在 1960 年開放保險市場後成為以民營企業為主的市場型態，本文將藉由保險業的實例，與前述先行研究所提出的理論、觀點進行對話。

第三是「延續與斷裂」。戰後臺灣經濟發展與日治時期的遺留是否存在延續性，是臺灣史研究中一個極為重要的議題。關於這個問題，目前的主流觀點認為戰前戰後經濟發展存在諸多連續性，特別是在中小企業的發展。瞿宛文則持不同看法，認為日本殖民統治雖然奠立了臺灣現代化的基礎，但並無法「自然地」帶來臺灣戰後的經濟發展，否定戰前戰後延續性的存在，主張政府合宜的經濟及產業政策才是戰後臺灣經濟發展最關鍵的原因。〔註 37〕本文將以保

〔註 34〕 吳聰敏，〈1910 年至 1950 年臺灣地區國內生產毛額之估計〉，《經濟論文叢刊》 19：2（1991 年 6 月），頁 164～171；吳聰敏、高櫻芬，〈臺灣貨幣與物價長期關係之研究——1907 年至 1986 年〉，《經濟論文叢刊》19：1（1991 年 3 月），頁 23～71。

〔註 35〕 劉進慶著，王宏仁、林繼文、李明峻譯，《台灣戰後經濟分析（修訂版）》（臺北：人間，2012 年 1 月）。

〔註 36〕 吳若予，《戰後臺灣公營事業之政經分析》（臺北：業強，1992 年 12 月）；吳若予撰文，檔案管理局編，《二二八事件與公營事業：二二八事件檔案專題選輯》（臺北：檔案管理局，2007 年 5 月）。

〔註 37〕 有關這兩種觀點的辯論，林文凱有詳盡的討論。林文凱，〈晚近日治時期臺灣工業史研究的進展：從帝國主義論到殖民近代化論的轉變〉，《臺灣文獻》68：4（2017 年 12 月），頁 134～141。瞿宛文的觀點則請參閱：瞿宛文，《台灣戰後經濟發展的源起：後進發展的為何與如何》（臺北：中研院、聯經，2017 年 1 月）。不過，筆者不解的是，林文凱認為涂照彥主張戰後國民政府繼承了殖民政府負面性的政治與經濟結構（頁 135），瞿宛文則認為涂照彥主張日本殖民統治並未臺灣帶來可以自行持續發展的資本主義，並稱其追隨他的觀點（頁 50～51、83），但涂照彥本身的說法則是「日本的殖民地經營，雖然由於日本資本主義本身的自我矛盾，給臺灣的社會經濟帶來……等偏頗，但也將臺灣過去業已發達的商品經濟提上更高一層的水平。……就因為繼承了上述種種，戰後的經濟才有了『順利發展』的基礎。」由此觀之，涂照彥似乎並不像林文

險市場作為對象，思考「延續與斷裂」的問題。

最後是「戰後臺灣現代經濟體系形成的再商榷」。這個脈絡和上述三個脈絡緊密交織。相關研究成果首推洪紹洋，他詳細爬梳大量一手史料，匯聚諸多企業史個案研究，歸納出「內部結構」與「對外關係」的理解戰後臺灣經濟史的新途徑，並對臺灣 1960 年之前的重大經濟事件，諸如土地改革、美援等提供嶄新觀點，使吾人得在傳統歌功頌德式的理解框架外認識臺灣現代經濟的特徵。〔註 38〕過往對於戰後臺灣保險市場的論述同樣充斥缺乏一手史料基礎的歌功頌德式內容，上述框架提供「重新認識」戰後臺灣保險市場的良好指引，而本文則可反過來回饋從保險市場出發的補充意見。

三、保險史

一般認為黃秉心的〈臺灣保險業之史的研究〉是戰後臺灣保險史研究的起點，該文概略介紹戰前臺灣保險事業發展概況，替臺灣保險史研究勾勒出基本輪廓。〔註 39〕這篇文章影響力極大，但其實有不少史實錯誤，舉其要者，談到臺灣現代商業保險制度的肇始，幾乎都會說是 1836 年英商利物浦保險公司（下稱利物浦產物）來臺設立代理店。最早即是出自這篇文章，但如下所述，此說不太可能成立。

1960 年以後，保險業界每隔一段時間就會有一篇「回顧與前瞻」類的文章，這類文章若有提及戰前歷史，基本上不出黃文範疇。不過，由於這類文章作者多在保險業身居要職，甚至親身參與戰後臺灣保險市場重整過程，故戰後部分內容可謂當事人現身說法，頗具價值史料。這類文章繁多，不逐一引述，秦賢次、吳瑞松的《臺灣保險史綱：1836～2007》可謂集大成之作。〔註 40〕

相對於上述概述型文章，戰後首篇比較嚴謹並具明確問題意識的臺灣保險史研究當推廖漢臣的〈外商與保險業〉，該文分析戰前各國產險業在臺灣的

凱所說的，認為日本殖民統治只留下負面的政治、經濟結構，也不像矢內原文所說的，否定戰前戰後發展的延續。涂照彥著，李明峻譯，《日本帝國主義下的台灣（重校版）》（臺北：人間，2017 年 8 月），頁 550。

〔註 38〕相關研究成果繁多，此處從略，待論及相關內容時再行引述，此處僅列最新集大成之作。洪紹洋，《商人、企業與外資：戰後臺灣經濟史考察》（新北：左岸，2021 年 12 月）。

〔註 39〕黃秉心，〈臺灣保險業之史的研究〉，《臺灣銀行季刊》1：2（1947 年 9 月），頁 46～62。

〔註 40〕秦賢次、吳瑞松，《臺灣保險史綱：1836～2007》。

勢力消長和對外貿易發展之間的關係，首次指出「臺灣商人」在這個產業鏈中
所扮演的角色，即外商保險業的代理商。〔註41〕連克同樣以「臺灣商人」為中
心，指出臺灣商人以洋行買辦及華資保險公司代理人的雙重身分，參與產險業
務經營，並以此經驗及知識基礎，成立前述臺灣家畜保險及大成火災兩家以臺
人資本為主的產險業。此外，也以大成火災內部經營派別之爭為例，提出有別
於過去強調「民族性」的觀點，認為臺、日資本競爭在更大成分上是管理階層
對於公司治理的理念分歧所致，導因於「商業性」考量，與現在時有所聞的上
市公司經營權之爭並無二致。〔註42〕曾耀鋒同樣以大成火災為主題，著重該公
司的營運狀況、股東結構，強調臺、日人間的合作關係，與連克強調的競爭關
係可互為補充。〔註43〕以上研究或聚焦「臺灣商人」，或聚焦「大成火災」，缺
乏對產險業的整體觀照，本文將對此進行補充。

　　曹慧玲、曾耀鋒、邱繼正皆以日治時期臺灣壽險市場為主題，並同時處理
「日治時期臺灣壽險業務發展的原因」這個重要議題，〔註44〕他們各自提出不
同觀點，各有其道理惟亦各存在侷限，本文將以他們的研究為基礎，提出整合
性觀點。黃依婷專注於日治時期臺灣簡易壽險研究，指出這段期間的臺灣簡易
壽險具備「內地延長」及「內臺一體」的特性，並從當時的招攬、繳付保險費、
保險金給付等問題，提出臺灣簡易壽險市場在「內地延長」及「內臺一體」前
提下所存在的「特殊性」。〔註45〕

〔註41〕廖漢臣，〈外商與保險業〉，《臺北文物》7：2（1958 年 7 月），頁 71～87。
〔註42〕連克，《從代理人到保險公司：臺灣商人的產物保險經營 1862～1947》。本書改
　　　　寫自作者的碩士論文，其中部分內容改寫後發表於《臺灣史研究》、《臺灣學研究》。
　　　　連克，〈從代理店到保險會社──臺灣商人的損害保險經營（1862～1947）〉（臺
　　　　南：國立成功大學歷史學研究所碩士論文，2014 年 7 月）；連克，〈臺灣第一家保
　　　　險公司：臺灣家畜保險株式會社成立始末（1900~1905）〉，《臺灣學研究》21（2017
　　　　年 1 月），頁 37～71；連克、曾耀鋒，〈經營理念與派別之爭：日治時期大成火災
　　　　海上保險株式會社經營始末〉，《臺灣史研究》23：3（2016 年 9 月），頁 43～84。
〔註43〕曾耀鋒，〈日本統治時代の台湾における大成火災の事業展開〉，頁 69～82。
〔註44〕曹慧玲，〈國家與市場：日據時期臺灣壽險市場的發展〉（臺北：國立臺灣大學
　　　　社會學研究所碩士論文，2001 年 6 月）；曾耀鋒，〈日本統治時代の台湾にお
　　　　ける生命保険市場に関する史的研究：競争の時代から統制の時代へ〉（東京：
　　　　一橋大學大學院商學研究科會計・金融專攻博士論文，2008 年）；邱繼正，〈日
　　　　治時期臺灣生命保險產業研究（1896～1937）──兼論民營與官營之比較〉
　　　　（桃園：國立中央大學歷史學研究所碩士論文，2014 年 1 月）。
〔註45〕黃依婷，〈日治時期臺灣簡易生命保險研究（1927～1945）〉（新竹：國立清華
　　　　大學歷史學研究所碩士論文，2012 年 7 月）。

　　前述研究聚焦於戰前。戰後部分，游能淵分析當時（1960 年代）臺灣產險業的諸多問題，包括保險業組織型態、業務品質、資金運用、費率釐訂、監理制度、市場行為等，並引述國外保險先進國家經驗相互參照，最後提出政策建議。〔註46〕李虹薇以臺灣產險業「制度化」的過程作為研究主題，認為臺灣產險業真正朝向「制度化」發展是在 1963 年《保險法》修正後才開始，並認為政府在此「朝向制度化」的過程中態度被動且消極，制度建立可謂是在整體經濟及產險市場發展的壓力下不得不的回應。〔註 47〕黃麗敏以臺灣人壽為主體，考察 1945 至 1960 年間臺灣壽險業的發展情形，指出臺灣人壽作為當時「唯一專業壽險公司」的省營事業，一方面受益於政府政策帶來可觀業務，另一方面卻也因此承受沈重政策責任。〔註48〕林文蘭從社會學的角度，以戰後臺灣壽險業探討「生命商品化」的社會基礎與運作機制，認為戰後臺灣壽險制度的發展主要受到經濟發展、社會結構及政治因素影響。〔註49〕蘇薰璇以制度論的觀點探討國家與市場間的互動關係，依國家自主性的差異，將戰後臺灣區分為威權主義型（1947〜1987）、分配主義型（1987〜2000）、重商主義型（1987〜2008）等三個不同階段，探討保險資金運用、保險契約關係、保險通路管理等三個政策議題在前述三個不同階段如何形成與發展。〔註50〕林蘭芳以嚴家淦（1905〜1993）〔註51〕與臺灣保險業間的關係為主軸，對 1945 至 1963 年間臺灣保險市場諸多重要事件（例如：戰後接收、戰爭保險、中國保險業來臺、外幣水險、保險市場開放）進行探討，〔註52〕惜受限於篇幅，相關討論未見深

〔註46〕 游能淵，〈台灣產物保險市場之研究〉（臺北：國立政治大學財政研究所碩士論文，1969 年）。

〔註47〕 李虹薇，〈臺灣產物保險業之發展（1920〜1963）〉（臺北：國立政治大學臺灣史研究所碩士論文，2014 年 7 月）。

〔註48〕 黃麗敏，〈臺灣人壽保險公司對臺灣壽險之推展（民國 34〜49 年）〉（桃園：國立中央大學歷史研究所碩士論文，2019 年 1 月）。

〔註49〕 林文蘭，〈生命商品化的社會基礎與運作機制：以戰後臺灣人身保險業為例〉（臺北：國立臺灣大學社會學研究所碩士論文，2001 年 6 月）。

〔註50〕 蘇薰璇，〈市場、國家與社會：從制度論探討臺灣戰後壽險市場的發展〉（臺北：國立臺灣大學社會學研究所博士論文，2013 年 1 月）。

〔註51〕 嚴家淦，江蘇吳縣人。上海聖約翰大學畢業。曾任德記洋行買辦、鐵道部京滬、滬杭甬鐵道管理局材料處處長、福建省財政廳廳長、戰時生產局材料處處長。1945 年來臺後歷任臺灣省行政長官公署交通處處長，財政處處長，臺灣省政府財政廳廳長、經濟部長、財政部長、臺灣省主席、行政院長、副總統、總統等職。歐素瑛等訪問、紀錄，《嚴家淦總統行誼訪談錄》（臺北：國史館，2013 年 12 月）。

〔註52〕 林蘭芳，〈嚴家淦與戰後初期臺灣保險業（1945〜1963）〉，收入吳淑鳳、陳中

入，以上課題本文皆會有更詳盡的說明與分析。

綜觀上述先行研究成果，本文認為至少還可以在三方面有所突破。首先，除了林蘭芳以外，其餘都是以產險或壽險進行單一業別研究，缺乏兩者間的比較分析，由於保險市場有其整體性，若能全面性地考察、比較分析產、壽險業在戰後接收與重整過程中的異同及其原因，當可對戰後臺灣保險市場獲得更深刻的認識。〔註 53〕其次，以戰後保險業為主題者，雖也會敘及日治時期的發展，但多只是歷史背景的交代，缺乏戰前、戰後的制度比較，殊為可惜。最末，如同金融史研究時常忽略保險業一般，上述先行研究同樣缺乏保險業之於整個金融體系的討論，這使得保險業的特殊性與歷史意義不易凸顯。

最後說明，筆者撰寫本文過程中，部分研究成果曾以單篇論文形式發表，〔註 54〕這些內容將會以兩種方式在本文再次呈現。當相關內容在架構上原即屬於本文一部分時，採原文照錄方式，不另加註，保留單篇論文的引用資料。若僅取相關內容之大意，則比照引述其它著作的方式加註。

第三節　研究方法、範圍及史料介紹

一、四個觀察視角

本文作為歷史學研究，自是採用歷史研究法，藉由史料的歸納、比較、綜合、分析，儘可能重構 1945 至 1963 年間臺灣保險市場的各個重要面向。那麼，

禹主編，《關鍵轉型——嚴家淦先生與臺灣經濟發展》（臺北：國史館，2014 年 12 月），頁 151～191。

〔註 53〕林蘭芳的研究雖不分業別，但因其焦點是「嚴家淦」個人，保險業僅是配角，故仍有許多重要議題有待討論。

〔註 54〕黃正宗，〈戰後臺灣戰爭保險金求償問題研究（1945～1957）〉，《臺灣文獻》70：2（2019 年 6 月），頁 33～83；黃正宗，〈何以分歧？戰後臺灣保險業務發展之研究（1945～1963）〉，《台灣史學雜誌》30（2021 年 6 月），頁 210～255。另曾於 2020 年 6 月 20 日第 13 屆「全國研究生歷史學論文研討會」（台灣歷史學會、國史館合辦）、2020 年 12 月 15 日「2020 年中國現代史研究生論文研討會」（中央研究院近代史研究所、國立中興大學歷史學系、國立臺灣師範大學歷史學系合辦）、2021 年 8 月 20 日「2021 年國立中興大學歷史學系青年學者與研究生工作坊」，分別以〈戰後初期臺灣保險市場發展之研究（1945～1949）〉、〈戰後臺灣保險市場的接收與重整（1945～1963）（研究計畫）〉、〈戰前臺灣保險市場的發展與變遷（1860s～1945）〉為題進行報告。論文匿名審查人、研討會（工作坊）評論人陳家豪老師、侯嘉星老師、曾獻緯老師皆提供筆者許多寶貴意見，使本文得以更臻完善，謹致謝忱。

重要面向所指為何？這涉及觀察視角。本文從保險市場參與者間的互動過程出發，選定四個觀察視角，分別是（1）業務發展、（2）監理制度、（3）組織、資本及人事、（4）資金運用。這四個觀察視角雖不能涵蓋保險市場的全部，但應已具備相當代表性，以下說明擇定這四個觀察視角的思考過程，並繪製成圖 1-3。

何謂市場（Market）？最簡單的定義莫過於買賣雙方（或稱商品需求者、供給者）進行交易（Trade）的場所。保險市場的買方我們稱之為要保人（保戶），他付錢（繳交保費）給我們稱之為保險人（保險業）的賣方，並獲得等值保險商品（保障）。不同於一般商品看得見摸得著，保險商品是抽象的，以契約形式呈現，背後體現的是「對未來的承諾」。保險業承諾未來如果發生約定的「保險事故」（例如：船沉了、房子失火了、人死了……），就會依照事先約定好的金額給付保險金給保戶，以彌補他受到的財務損失。眾多交易成果就成為保險市場的業務發展，具體地說就是有幾件保險契約？有多少保費收入？這是第一個觀察視角。

保險契約既然是「對未來的承諾」，那麼承諾能否被履行就非常重要。綜觀現代商業保險制度的發展，各國政府無不走向高度監理的道路，雖然監理力道有別，但對保險業施以相對一般產業還要嚴格的管理卻是無庸置疑的。依據保險學理論，政府對保險市場實施監理的理論基礎在於「市場失靈」。〔註55〕古典學派經濟學者相信藉由「價格機能」的引導，市場能夠調和各方的私益，進而達到公眾利益極大化（Pareto Efficiency），也就是 Adam Smith（1723～1790）所說的「看不見的手（An Invisible Hand）」。然而，某些原因會導致市場無法達成最佳效率，也就是市場失靈。〔註56〕市場既然失靈，那麼就必須被矯正，於是提供政府介入市場的理由。政府實施的保險監理制度，是本文第二個觀察視角。

保險市場的三個參與者中，保險業通常最受關注。不過，誠如哈拉瑞（Yuval Noah Harari）所指出地，公司並不是一個實質物件，而是一種在法律上稱為法律擬制（legal fiction）的集體想像。〔註57〕因而，我們若想瞭解保險業，必須

〔註55〕鄭濟世，《保險學：經營與監理》（臺北：新陸，2019 年 2 月），頁 30、58。
〔註56〕經濟學者認為導致市場失靈的原因包括獨占、公共財、外部性及資訊不對稱，其中與保險市場關係最密切者當屬資訊不對稱。參閱：吳聰敏，《經濟學原理（2 版）》（臺北：著者，2014 年 8 月），頁 166～183（外部性）、188～202（公共財）、292～311（獨占）、481～483（資訊不對稱）。
〔註57〕Yuval Noah Harari 著，林俊宏譯，《人類大歷史（二版）》（臺北：遠見天下文化，2014 年 8 月），頁 40。

從背後驅動它運作的元素著手，這包括：保險業是以什麼型態存在？資金從何而來？實際經營這個組織的人是誰？這是第三個觀察視角「組織、資本及人事」。

金融史學家 William N. Goetzmann 指出金融有四大要素，分別是將經濟價值重新配置在不同的時間點、重新配置風險、重新配置資本，及拓展重新配置的管道。〔註58〕其中第三個要素「重新配置資本」即是第四個觀察視角。既然保戶「現在」繳給保險業的保費是供「未來」使用，那麼保險業當然必須給予保戶一定報酬，作為提早使用保戶當下資金的對價。因此，保險業收到保費後，必須善用這筆資金來獲取利潤，以滿足承諾給保戶的報酬（通常已反映於保費中），其利用資金的方式不外乎是提供給其他需要的人使用，以賺取利息（債權投資）或股息（股權投資），從而達成資本重分配，這個過程即是保險業的「資金運用」。

上述以外，無論日治臺灣或戰後臺灣，皆具有殖民地特性，故本文在進行人事方面的討論時，也會特別關注被殖民者的狀況與地位。

圖 1-3：本文四個觀察視角示意圖

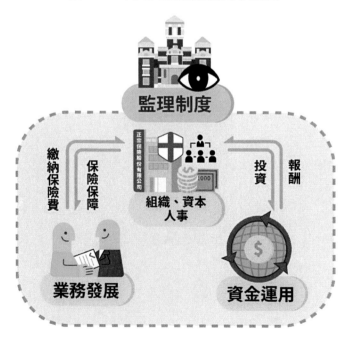

資料來源：廖婉婷女士協助繪圖，謹致謝忱。

〔註58〕William N. Goetzmann 著，吳書榆譯，《金融創造文明》（新北：聯經，2020 年 3 月），頁 20～26。

二、研究範圍

（一）以商業保險為研究對象

本文以「商業保險」為研究標的，與之相對的是「社會保險」及「政策性保險」，它們之間的差異主要在於前者以營利為目的，後者則否。一般而言，商業保險透過市場機制運作，政府僅扮演規則制定者及執法者的角色，我們熟悉的各保險公司都屬於商業保險範疇。《保險法》是我國規範商業保險的專法，簡易壽險雖也屬商業保險範疇，但因其具備一定的政策目的，〔註59〕另訂有《簡易人壽保險法》。

不同於商業保險透過市場機制運作，社會保險或政策性保險則是由國家直接主導，這類保險以提供國民基本保障為目的，通常會強制所有符合資格者都要參加，且多由政府直接擔任保險人或委託國營企業代辦，前者如全民健康保險、勞工保險、國民年金保險，後者如公教人員保險、存款保險等，〔註60〕但也有採公辦民營方式者，如強制汽車責任保險。〔註61〕各類社會保險及政策性保險通常立有專法予以規範，以前述保險業務而言，分別對應《全民健康保險法》、《勞工保險條例》、《國民年金保險法》、《公教人員保險法》、《存款保險條例》、《強制汽車責任保險法》。

社會保險及政策性保險並非本文設定的討論範圍，但由於它們與商業保險間存有千絲萬縷的關係，難以一刀切斷。例如日治時期的「戰爭保險」屬於政策性保險，但這項業務卻是戰後接收不可忽略的重點事項；又如勞工保險、公教人員保險及強制汽車責任保險，都曾經有一段以商業保險辦理的過渡期。

〔註59〕簡易壽險的政策目的為「提供國民基本經濟保障」、「便利全民投保」，設有投保金額上限、免對被保險人施以健康檢查即是前述政策目的的具體實現。參閱：《簡易人壽保險法》第1、5、6條規定。《簡易人壽保險法》，全國法規資料庫，檢索日期：2022年2月26日，網址：https://law.moj.gov.tw/LawClass/LawAll.aspx?pcode=K0050011。

〔註60〕全民健康保險由衛生福利部中央健康保險署辦理；勞工保險及國民年金保險由勞動部勞工保險局辦理；公教人員保險由臺灣銀行股份有限公司辦理；存款保險由中央存款保險股份有限公司辦理。

〔註61〕前文述及社會保險及政策性保險都是非以營利為目的，可能會有部分讀者對於公辦民營的強制汽車責任保險是否符合此一標準存有疑義，關於這點確實存在討論的空間。精確地說，強制汽車責任保險僅限制「純保費」無盈無虧。換句話說，保險公司確實是可以透過降低行政成本來獲取利潤，但相對的，國家也因此無須承擔辦理本保險的各項行政成本，故筆者認為此一公辦民營的方式仍未違背非營利的性質。

因此，本文在必要範圍內，仍會對非商業保險作介紹與討論。反倒是有些性質屬於商業保險者，因存續期間不長、業務規模有限，加上目前所知資料不多，本文暫且割捨，這是指存續期間僅一年多的臺灣畜產保險公司（1960.3.27～1961.5），〔註62〕及高雄市產物保險合作社。〔註63〕

（二）時間斷限

本文的時間斷限為 1945 至 1963 年。上限的選定為終戰當年，無須多加解釋。下限的選擇，如同前述，主要是考慮到表徵戰後臺灣保險市場制度再確立的兩件大事都發生在 1963 年。首先是《保險法》修正施行，其次是 1960 年保險市場開放後，經政府核准設立的新保險業在這一年全部成立，此後市場再度管制長達 20 餘年之久。

須稍加補充的是，雖有上述時間斷限之設定，但由於歷史有其延續性，如欲對相關課題有較深入的討論與理解，免不了要將時間軸往前後延伸。例如本文聚焦「戰後接收」，但若對「戰前遺留」沒有一定程度瞭解，勢必難以開展有意義的討論；又如先前提到戰後臺灣保險市場制度是在 1963 年再度確立，但它究竟帶來什麼影響，如果沒有經過一段時間發酵，也難以論斷。

三、史料介紹

歷史研究之良窳，極大程度取決於史料運用之廣度。本文秉持「上窮碧落下黃泉，動手動腳找東西」〔註64〕之精神，儘可能蒐集各方面的一手史料。就使用頻率而言，以政府公文書為主，包括：檔案、公報、議事錄、職員錄、統計書及其他政府出版品。當然，只有官方資料是遠遠不夠的，故也博採各種可表達民間立場的材料，包括：民意機關議事錄、公報、報章雜誌、工商名錄、企業年史、人物傳記、回憶錄、口述歷史、日記等。〔註65〕

〔註62〕〈畜產保險公司 今天上午揭幕〉，《聯合報》，1960 年 3 月 27 日，第 5 版；〈畜產保險公司 執照被吊銷〉，《聯合報》，1961 年 5 月 26 日，第 5 版。

〔註63〕高雄市產物保險合作社約 1959 年成立，惟 1967 年時已處於停業狀態。〈財稅設施 三點改進〉，《聯合報》，1959 年 6 月 2 日，第 3 版；〈全省性保險合社 財政部不准設立〉，《聯合報》，1963 年 7 月 5 日，第 5 版；〈發展合作事業 合聯社提建議〉，《經濟日報》，1967 年 5 月 2 日，第 6 版。另可參見：游彌堅，〈台灣保險業的前途〉，《今日財經月刊》2（1962 年 1 月），頁 3。

〔註64〕傅斯年，〈歷史語言研究所工作之旨趣〉，《歷史語言研究所集刊》1：1（1928 年 8 月），頁 9。

〔註65〕稍加補充的是，雖說政府公文書一般是代表官方的意識，但裡面也不乏民間的聲音，例如政府檔案中有部分保戶陳情案件，是直接表達保戶心聲的珍貴史料。

　　筆者取得上述資料的管道，除了各種正式出版品及電子資料庫外，主要仰賴各館藏機構的數位典藏系統。〔註66〕這些數位典藏系統打破時間與空間的限制，使得身為在職生，時間運用較缺乏彈性的筆者也能輕易地接觸豐富一手史料，謹借此機會對背後辛苦的工作人員致上萬分謝意。

　　雖有上述便利管道，但礙於筆者自身時間限制，本文在史料運用上至少仍存以下三點不足，有待日後改善。其一，仍有不少與本文主題密切相關的政府檔案尚未充分整理，例如金管會保險局保有1950至1961年間的業務相關檔案473卷，內容涵蓋組織沿革、主要業務運作、業務演變及重要法規之制定、修正及解釋等。〔註67〕這些檔案雖可依據《檔案法》申請閱覽、抄錄或複製，但必須於該局為之，耗費時間成本過高，只得暫且割捨。其二，未能進行口述歷史訪談。臺灣目前有系統的保險業口述歷史計畫始於2002年，由財團法人繼耘保險文教基金會董事長陳繼堯、政大風險管理與保險學系教授林建智、政大歷史學系教授張哲郎共同主持，財團法人保險事業發展中心（下稱保發中心）補助經費，共對吳幼林等8位保險業耆老進行訪談。該計畫迄今已近20年，當年受訪的8位耆老多已凋零，可惜此後未有接續計畫。其三，本文鮮少運用外文史料，但戰後臺灣保險市場的發展深受當時保險先進國家，諸如美國、日本、瑞士、菲律賓等國影響，若能補上相關的外文史料，當可開拓本文視野。

第四節　結構安排與用語說明

一、結構安排

　　本文除第一章緒論及第八章結論外，共分六章，這六章又可分作三部分。

〔註66〕依館藏機構區分，包括：國史館檔案史料文物查詢系統；國史館臺灣文獻館文獻檔案查詢系統、中華民國地方議會議事錄總庫；中央研究院臺灣史研究所臺灣史檔案資源系統、日記知識庫、臺灣總督府職員錄系統；中央研究院近代史研究所近史所檔案館館藏檢索系統、近現代人物資訊整合系統；國家圖書館政府公報資訊網、政府統計資訊網、館藏政府出版品選輯系統、全國報紙影像系統、臺灣華文電子書庫；國立臺灣圖書館日治時期圖書影像系統、日治時期期刊影像系統；國立公共資訊圖書館數位典藏服務網；國家發展委員會檔案管理局國家檔案資訊網；国立国会図書館デジタルコレクション。

〔註67〕國家委員會檔案管理局，〈金融監督管理委員會保險局民國39～50年檔案鑑定報告〉，下載日期：2022年1月5日，網址：https://www.archives.gov.tw/Publish.aspx?cnid=1650&p=2625。

第一部分即第二章，旨在重構「被接收的主體」，依循前述四個觀察視角，探討戰前臺灣保險市場的發展與變遷，並定錨於日治末期的狀態。

第二部分即第三、四章，旨在探討戰後中國政府接收與處理臺灣保險市場的過程，主軸是「是否符合期待？」此處的期待包含接受者（中國政府）及被接收者（臺灣民眾）的期待。第三章首先探討戰後初期臺灣保戶所關心的問題為何？及中國政府對臺灣的接收規劃為何？接著說明實際接收過程，進而分析實際接收結果是否與前述規劃（期待）相符，若不相符，原因為何。然而，完成接收只是一個開端，後續能否落實接收時的承諾才是關鍵。第四章聚焦在這個議題，從資產、負債兩方面討論接收後的處理過程，及從中衍生的問題與後續處理情況。

第三部分即第五至七章，主軸是新體制的「確立」與「影響」，以前述四個觀察視角收攏相關討論。第五章聚焦「組織、資本與人事」、第六章「業務發展」、第七章「監理制度與資金運用」。為深入瞭解產生什麼影響，這三章的討論特別重視比較分析，包括：戰後與日治、產壽險業，及 1960 年保險市場開放前後新舊業者的比較，從而探究形成差異的背後因素。

二、用語說明

正式進入本文的討論之前，利用簡短篇幅對相關用語進行說明，以避免讀者因為文字使用問題而與筆者產生理解上的歧異。

1. 原則上第一次出現專有名詞時會採全稱，此後採簡稱（若是出現在引註出版資訊時，仍採全稱），但當某些同類型專有名詞出現過於頻繁，且讀者通常可理解簡稱意涵時，為避免行文過於累贅，將逕採簡稱。例如不稱某某人壽保險股份有限公司，而逕稱某某人壽。又提及日治時期保險業時，沿用當時用語稱之為某某生命、某某火災或某某海上，而不使用當前習慣的某某人壽或某某產物。

2. 本文一共出現五種幣別，包括：清帝國時期的海關兩、日治時期的日圓（嚴格說應為臺灣銀行券）、美元、戰後初期和日圓以 1：1 比率兌換的舊臺幣，及 1949 年 6 月 15 日實施幣制改革後的新臺幣。前三者會以海關兩、圓、美元呈現，較無疑義。須說明的是新、舊臺幣，為避免每次都須載明幣別的繁瑣，本文採取的簡化方式為：僅在每小節（有標示子標題者皆屬之）第一次使用時載明幣別，並以括號註記「下同」。若新、舊臺幣在同小節頻繁交錯出現

時，則每次都會載明。此外，戰後初期雖然是沿用日治時期的臺灣銀行券，要到 1946 年 5 月 20 日才由臺灣銀行發行新的「臺幣兌換券」（即舊臺幣），但因臺灣銀行券的幣值在戰後已與日圓脫鉤，故只要是敘述的時間點是在戰後，一律以舊臺幣視之。

3. 照錄引用資料原文時，以「標楷體」呈現，部分資料未加標點符號，為利閱讀，筆者會加上標點符號。另筆者若欲強調部分內容時，會以「**粗體**」呈現，並非資料原文即如此。又部分原始資料提及日期、數值時係以國字呈現，筆者一律改為阿拉伯數字。

4. 囿於圖表的版面限制，有時會以較大位數呈現，例如千元、百萬元、兆元，但行文時仍會呈現原始資料的數值（最多到小數點第 2 位）。

5. 因四捨五入之故，部分數值的計算結果會產生些許落差。舉例：數值 A 為 54,321、B 為 12,345、C 為 86,420、D 為 24,680，行文時需使用到（E=A/B）、（F=C/D）及（G=E/F）等數值，則 E 為 4.40、F 為 3.50，G 若按原始數字計算後再四捨五入是 1.27（本文會呈現這個較為精確的數值），但若直接以 4.40 除以 3.50 的話，所得之值為 1.26。

6. 臺灣的「臺」，除正式名稱（包括機構名稱、出版物名稱等）就是使用「台」，或所引用的資料原文就是寫「台」外，一律寫作「臺」。

7. 引註簡體中文出版品資訊時，一律改作正體中文。

第二章　戰前臺灣保險市場的
　　　　發展與變遷

　　本文旨在探討戰後臺灣保險市場的接收與重整，勢必須先對「被接收」的對象有所認識。此外，由於現代商業保險制度源於西方，瞭解它是如何被引進臺灣，及其發展與變遷的過程，亦有助於後續討論。因此，本章依循先前提出的四個觀察視角，分別就「業務發展」、「監理制度」、「組織、資本及人事」、「資金運用」四個面向，對戰前臺灣保險市場進行探討。

第一節　業務發展

　　黃秉心將日治臺灣保險業務分為四大類，分別是產險、壽險、簡易壽險及戰爭保險，〔註1〕本文沿用其分類，說明該等業務自引進臺灣以來，迄至終戰前夕的發展過程。

一、產險業務

（一）臺灣保險業務的肇始

　　「當洋商來到中國，保障他們經商所需的許多服務也隨之而來，保險正是其中之一。」〔註2〕現代商業保險就這麼隨著外國商人的經商需求來到中國，而保險業務在臺灣的肇始，則是延續中國的發展而來。早在 1801 年，外資保

〔註 1〕黃秉心，〈臺灣保險業之史的研究〉，頁 48～59。
〔註 2〕G. C. Allen, *Western Enterprise in Far Eastern Economic Development, China and Japan*（New York: A.M. Kelley, 1968），p. 119. 中文翻譯採用：連克，《從代理人到保險公司：臺灣商人的產物保險經營 1862～1947》，頁 27。

險業便在清帝國當時唯一的通商口岸廣州展開保險業務。1842 年，清帝國因鴉片戰爭（1840～1842）失利，和英國簽訂《南京條約》，開放廣州、廈門、福州、寧波、上海五口通商，並將香港島割讓予英國，保險業務遂伴隨貿易活動擴展到這些地方。〔註3〕1858 年，清帝國再度因為戰爭失利（英法聯軍之役，又稱第二次鴉片戰爭），陸續與俄、美、英、法四國簽訂《天津條約》，開放臺灣的安平、打狗、滬尾、雞籠作為通商口岸，〔註4〕和《南京條約》簽訂後的發展相同，保險業務也隨著貿易活動來到臺灣。

　　然而，上述「保險業務肇始於開港通商後」的說法目前流傳不廣，反倒是黃秉心的說法最具影響力，他主張利物浦產物於 1836 年在臺北設立代理店，是臺灣保險業務之肇始，接著和記洋行（Boyd & Co.）於 1854 年代理廣東聯合產物保險公司業務，〔註5〕兩個時間點都在開港之前。事實上，利物浦產物創立於 1836 年，至 1848 年才首度在海外設立代理店，似乎不可能 1836 年就在臺北設立代理店。〔註6〕和記洋行則是在 1867 年才到臺灣，〔註7〕似乎同樣不可能 1854 年就在臺灣代理保險業務。〔註8〕

〔註3〕連克，《從代理人到保險公司：臺灣商人的產物保險經營 1862～1947》，頁 26 ～32、41。

〔註4〕在和俄、美、英國簽訂的條約中，原皆僅開放安平一口，與法國訂約時，始同意增設滬尾作為通商口岸，後福州海關稅務司美理登（Baron de Meritens）於 1862 年向清廷南洋大臣李鴻章（1823～1901）建議增設打狗、雞籠作為子口，在清廷同意下，從寬認定條約，名義上將安平、打狗海關合稱臺灣關，滬尾、雞籠海關合稱淡水關。四口海關設立時間依序分別為滬尾 1862 年 7 月 18 日、雞籠 1863 年 10 月 1 日、打狗 1864 年 8 月 1 日、安平 1865 年 1 月 1 日。薛化元等著，《臺灣貿易史》（臺北：外貿協會，2008 年 1 月），頁 105～107。

〔註5〕黃秉心，〈臺灣保險業之史的研究〉，頁 48。

〔註6〕杉浦和作編，《臺灣會社銀行錄（第十二版）》（臺北：臺灣實業興信所，1930 年 6 月），頁 234；Edited by Peter Borscheid and Niels Viggo Haueter, *World Insurance: The Evolution of a Global Risk Network*, p. 71.

〔註7〕李佩蓁，〈依附抑合作？清末臺灣南部口岸買辦商人的雙重角色（1860～1895）〉，《臺灣史研究》20：2（2013 年 6 月），頁 38。

〔註8〕黃秉心從何處獲得利物浦產物於 1836 年在臺北設立代理店的資訊，目前不得而知，筆者推測很有可能是他在閱讀資料時，誤將該公司的成立時間當作在臺北設立代理店的時間。有趣的是，這個不正確的說法很快就取得定於一尊的地位。就筆者所知，此後除廖漢臣、《臺灣省通志稿》、《臺灣省通志》、連克採「開港通商」說外，餘皆採「1836 年肇始」說，後來《重修臺灣省通志》亦改採此說。廖漢臣，〈外商與保險業〉，頁 87；林恭平纂修，《臺灣省通志稿（卷四）：經濟志商業篇》（臺北：臺灣省文獻委員會，1958 年 6 月），頁 65；李汝和主修，《臺灣省通志稿（卷四）：經濟志商業篇（第 1 冊）》（臺北：臺灣省文獻委

　　雖然開港之前就有外資在臺灣進行貿易，[註9] 我們無法完全排除保險業務在此時便引進臺灣的可能，[註10] 但從現有史料觀之，臺灣最早有關保險業務的文字紀錄確實是在開港通商之後。英國劍橋大學收藏的怡和洋行檔案（Jardine, Matheson & Co's Archives, JMA）中，存有美利士洋行（Milisch & Co.）和怡和洋行往來的函件，當中不時提到替船隻投保或支付保險費的事情。[註11] 特別是在 1868 年 9 月 5 日致怡和洋行的函件中稱：「寶順洋行……已成為華北保險部（North China Insurance Office）之代理，懇請將您所屬保險公司之一的代理權託付予我。」[註12] 可知最晚此時已有外資保險公司透過洋行在臺灣代理保險業務。

（二）產險業務雙支柱：海上保險、火災保險

　　既然保險業務伴隨貿易活動而來，必然是以承保船舶及船上貨物的海上保險為大宗。[註13] 業務規模方面，礙於缺乏統計資料，我們無法得知，但可間接藉由貿易規模略窺其成長趨勢。由圖 2-1 可知，貿易總額在 1894 年時已達到 1,270 萬海關兩，是開港初期 203 萬海關兩的 6.26 倍，若我們忽略 1895 年因政權移轉所致的貿易量驟減，則 1868 至 1894 年的 26 年間，臺灣貿易總額的複合年均成長率（下稱成長率）為 7.31%。[註14] 此外，由於當時保險業

　　　　會，1970 年 6 月），頁 43；袁穎生編纂，《重修臺灣省通志（卷四）：經濟志金融篇》（南投：臺灣省文獻委員會，1993 年 6 月），頁 527；連克，《從代理人到保險公司：臺灣商人的產物保險經營 1862〜1947》，頁 41。

〔註 9〕例如德籍傳教士郭士立（Charles Gutzlaff）早在 1833 年的著書中指出列強在臺灣的私下貿易已行之有年；又如：1854 至 57 年間，美商 William Robinet 與 Gideon Nye 合作在打狗建立貿易據點。薛化元等著，《臺灣貿易史》，頁 104；黃富三，〈清代臺灣外商之研究——美利士洋行（上）〉，《臺灣風物》32：4（1982 年 12 月），頁 133。

〔註 10〕例如上海雖然是在 1843 年 11 月才開港，但據云 1840 年前就有外商在上海開辦保險業務。趙蘭亮，《近代上海保險市場研究（1843〜1937）》，頁 21、26。

〔註 11〕JMA，L.135、304、384、392、449。轉引自：黃富三，〈清代臺灣外商之研究——美利士洋行（下）〉，《臺灣風物》33：1（1983 年 3 月），頁 104、107。

〔註 12〕JMA，L.372。轉引自：黃富三，〈清代臺灣外商之研究——美利士洋行（下）〉，頁 104。

〔註 13〕連克，《從代理人到保險公司：臺灣商人的產物保險經營 1862〜1947》，頁 49〜50。

〔註 14〕平均成長率的計算有兩種方式，其一是以各期成長率的算術平均數作為平均成長率，其二是採複利概念，取幾何平均數作為平均成長率，以此處為例，設成長率為 x，則計算式為 $203 * (1 + x)^{26} = 1,270$。一般而言，後者較能呈現一段期間的成長趨勢，本文涉及成長率計算時，皆採之。

僅接受西式帆船及輪船投保海上保險，〔註15〕而19世紀中葉以降，正是輪船逐漸取代帆船的時刻（圖2-2），故保險業除了受益於貿易總額的擴大外，也因為輪船取代帆船而能獲取更多業務。〔註16〕因此，我們有理由相信當時保險業務成長率不亞於，甚或凌駕於貿易總額成長率。

圖 2-1：臺灣開港後貿易統計（1868～1895）

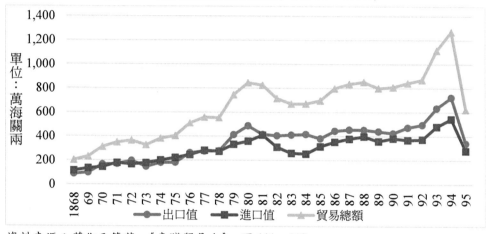

資料來源：薛化元等著，《臺灣貿易史》，頁111～112。

圖 2-2：臺灣開港後進出口帆船、輪船數統計（1868～1895）

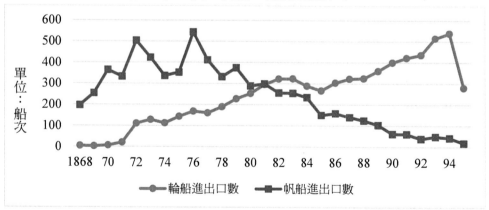

資料來源：連克，《從代理人到保險公司：臺灣商人的產物保險經營 1862～1947》，頁42～43。

　　海上保險獨占臺灣產險市場的局面一直延續到日治初期。那麼，產險業務

〔註15〕連克，《從代理人到保險公司：臺灣商人的產物保險經營 1862～1947》，頁41。
〔註16〕其實這是相互影響的過程，1862年《英國天津領事報告書》就記載：「中國帆船因不能保險而逐漸被取代。」連克，《從代理人到保險公司：臺灣商人的產物保險經營 1862～1947》，頁36、44。

的另一支柱「火災保險」到何時才具備一定規模呢？受限於 1914 年以後才有完整統計資料，我們無法精確回答這個問題。不過，時人看法或許可以給我們一些參考。1911 年《臺灣日日新報》社論指出，因為氣候及建築結構等因素，使得臺灣較日本不容易發生火災，故火災保險需求亦較低，但他們也預測，隨著 1910 年代都市計畫推行及家屋改造，需求應會有所增加。〔註17〕

事後來看，上述預測相當精準，火災保險新契約件數在 1917 年來到 1 萬 3,513 件，首度超越海上保險（6,377 件）；保費收入方面，火災保險在 1921 年來到 32 萬 5,325 圓，首度超越海上保險（20 萬 3,515 圓）。1930 年以後，火災保險保費收入大致都在海上保險的兩倍以上，成為驅動臺灣產險業務成長的主要動力來源（圖 2-3）。

圖 2-3：產險業保費收入、新契約件數統計（1914～1945）

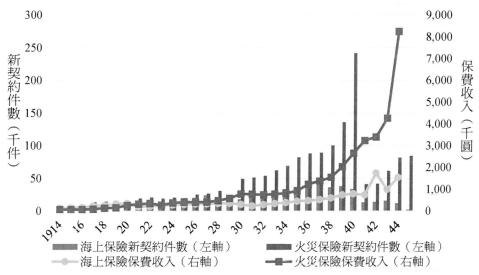

資料來源：
1. 新契約件數：臺灣省行政長官公署統計室編，《臺灣省五十一年來統計提要》（臺北：編者，1946 年 12 月），表 410（歷年保險事業），頁 1122～1125。
2. 保費收入：臺灣總督府財務局金融課，《臺灣の金融（昭和五年）》（臺北：編者，1930 年 10 月），頁 288～289（取 1914～1927 年）；臺灣總督府財務局，《臺灣金融年報（昭和十三年）》（臺北：編者，1938 年 7 月），頁 172～173（取 1928～1935 年）；臺灣總督府財務局，《臺灣金融年報（昭和十八年）》（臺北：編者，1944 年 4 月），頁 178～179（取 1936～1942 年）；1943～1944

〔註17〕〈本島の保險業（二）〉，《臺灣日日新報》，1911 年 6 月 2 日，第 5 版。在該報導中，有提到最近一年火災保險保費收入是 4 萬 5,636 圓，不過並未提到海上保險的保費收入，無法比較。

年的資料取自：善後救濟總署臺灣分署經濟技正室編，《臺灣省主要經濟統計》（出版地不詳：善後救濟總署臺灣分署，1946 年 9 月），頁 81～82。

　　1941 年以後的趨勢顯得有點異常，新契約件數大幅下降，但保費收入卻繼續成長，甚至成長速度更快。單就數據來看，這背後存在兩個原因，首先是平均保額提高，1940 年海上保險新契約平均保額是 1 萬 336 圓，翌（1941）年上升近一倍來到 1 萬 9,650 圓，1944 年進一步達到 2 萬 4,813 圓；火災保險的數字分別為 5,455 圓、1 萬 7,834 圓、3 萬 1,949 圓。第二個原因是費率提高，1940 年海上保險平均費率為 0.23%（每 100 圓保額的保費為 0.23 元），1941 和 1944 年分別為 0.28%、0.52%；火災保險的數字分別為 0.20%、0.44%、0.32%。〔註18〕在保額及費率都大幅提高的情況下，即便契約件數減少，保費收入也可能持續增加。至於保額及費率為何在短期間內大幅提高？有待進一步釐清，推測或許和 1941 年底爆發太平洋戰爭，使得保險業承擔的風險提高有關。

　　若排除 1941 年以後較為異常的數據，綜觀 1914 年至 1940 年的 26 年間，海上保險、火災保險的保費收入成長率分別為 7.21%、15.01%。值得進一步注意的是，1941 年以前海上保險保費收入和貿易總額的成長率曲線極其接近（圖 2-4），再度印證海上保險業務和貿易規模之間亦步亦趨的關係。

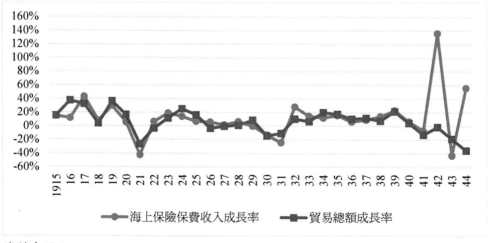

圖 2-4：海上保險保費收入與貿易總額成長率比較（1915～1944）

資料來源：

1. 海上保險保費收入成長率：同圖 2-3。
2. 貿易總額成長率：臺灣省行政長官公署統計室，《臺灣省五十一年來統計提要》，表 321（歷年輸出入貨物價值），頁 918～919。

〔註18〕 資料來源同圖 2-3。

　　除了海上保險、火災保險外，產險業也承做傷害保險，[註19]1930年以降，又陸續開辦運送保險、盜難（竊盜）保險、自動車（汽車）保險、硝子（玻璃）保險、信用保險、航空保險等新種業務，[註20]但這些業務的規模都很小，幾乎可以忽略。由圖2-5可知，除了1942年外，上述新種業務的合計保費收入占比都不到1%，其中又以傷害保險、運送保險占絕大多數。

圖2-5：新種業務保費收入占產險整體保費收入比例（1914～1942）

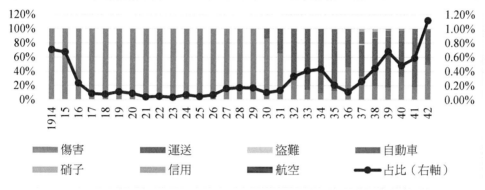

資料來源：同圖2-3。

[註19] 在臺灣，我們習慣將傷害保險歸在壽險業，因為依據我國《保險法》規定，傷害保險與人壽保險、健康保險、年金保險皆歸類為人身保險。這是以保險所涉及的法益是人身或財產來作區分，但若就保險給付的性質而言，又可區分為具有損害賠償功能的保險和不具有損害賠償功能的保險，而傷害保險、健康保險中的醫療給付即屬前者。日本則係依保險給付性質區分為生命保險（壽險）及損害保險（產險），至於傷害保險應歸類在何者似無明文規定。不過，就筆者所找到的統計資料，日本首次傷害保險業務統計是在明治44年度（1911），此後一直到昭和15年度（1940），皆僅產險業承作傷害保險業務（另有少數專營傷害保險之保險業）。因此，本文有關傷害保險的業務統計資料，戰前歸產險業，戰後歸壽險業，不過在本文討論時間區間內，傷害保險業務規模都不大，故此統計基礎差異不致產生太大影響。附帶一提，我國《保險法》第138條原本規定保險業不得同時兼營人身、財產保險業務，但以保險給付的性質來說，此規定並不合理，遂於1997年5月28日修法賦予產險業兼營傷害、健康保險之法源依據。劉宗榮，《新保險法（二版）》（臺北：著者，2011年9月），頁5～7、17～22；江朝國，《保險法基礎理論》，頁77～82；日本傷害保險業務統計見歷年《保險年鑑》（編者1911～1921年為農商務省、1922～1923年為商工省、1924年為商工省商務局、1925～1936年為商工省保險部、1937年為商工省保險局、1938～1939年為商工省監理局、1940年為大藏省監理局，出版者皆為生命保險協會）。

[註20] 各險種在臺灣的開辦時間分別為：運送保險1930年8月、盜難保險1935年11月、自動車保險1936年4月、航空保險1938年7月，硝子保險、信用保險不確定，但1937年即有保費收入紀錄。臺灣總督府殖產局編，《臺灣商業統計（第21次）》（臺北：編者，1943年7月），頁30～37。

　　綜上所述，產險業務自 19 世紀中葉引進臺灣後，有相當長一段時間都是以海上保險業務為主。1920 年代以後，火災保險成為驅動產險業務成長的主要動力，而海上保險也持續受益於貿易規模的擴大而穩定成長，至日治末期（1940），產險業已成長為一個年保費收入逾 300 萬圓的產業。

二、壽險業務

（一）後來居上的壽險業務

　　壽險業務引進臺灣的時間，約在 19 世紀末，較產險晚了近 30 年。依據日治時期的調查，至遲在 1893 年，臺北的怡和洋行、臺南的怡記洋行皆已代理美商紐約人壽的壽險業務，這是目前所知壽險業務在臺發展的最早紀錄。〔註21〕不過，相對於產險業務引進臺灣後伴隨貿易活動穩健成長，壽險業務發展初期並不順遂。日本統治臺灣以後，有隣生命、日本生命、海國生命、真宗信徒生命等 4 家日本壽險業者，及加拿大商永明人壽、宏利人壽於 1896 至 1901 年間陸續來臺拓展業務，但前述日本壽險業者在 1900 年前就全數撤離臺灣市場，直到 1902 年才又有帝國生命來臺發展，1902 至 1906 年間，日本壽險業僅帝國生命一家在臺經營業務，1906 年始有第二波日本壽險業者來臺。〔註22〕

　　日治初期壽險業務發展不順遂，主要指向當時環境衛生條件不良、疾病問

〔註21〕連克，《從代理人到保險公司：臺灣商人的產物保險經營 1862～1947》，頁 47～50。

〔註22〕邱繼正，〈日治時期臺灣生命保險產業研究（1896～1937）——兼論民營與官營之比較〉，頁 47～50。邱繼正此處有個小錯誤，他提到「至於西方的生命保險，從 1899 年的報紙中的紀載得知，在當時除了清代就已經從上海來臺經營的美籍『紐育生命』外，還有 1901 年來臺發展的加拿大籍『生產者生命』（Manufacture Life Assurance）……」1899 年的報紙怎麼可能提到 1901 年才來臺的保險業者呢？事實上，1899 年報紙上所載的是「加拿陀日出生命保險會社」，可能由於都是加拿大商，邱繼正誤以為這家壽險業者就是鈴木庄助所提到，1901 年來臺的「マヌフアクチュアラース生命（Manufacturers Life Insurance）」。1899 年這家壽險業者應該是後來翻譯作「加奈陀サン生命」的 Sun Life Insurance，該公司創立於 1865 年（宏利人壽則創立於 1887 年），現仍為知名國際金融集團，華文地區翻譯作永明金融集團。〈臺北の外國保險會社及商社〉，《臺灣日日新報》，1899 年 12 月 24 日，第 2 版；鈴木庄助，〈臺灣島人生命保險論〉，頁 26；杉浦和作編，《臺灣會社銀行錄（第 3 版）》（臺北：臺灣實業興信所，1923 年 10 月），頁 70～71。

題嚴重等因素，﹝註23﹞當時甚至有部分人士作出如下評論：

> 彼等缺乏衛生思想，屢屢為瘧疾所侵，脾臟皆肥大，嚴重者竟達臍下，只要輕輕敲打，即導致破裂，至致命者。此外，一般人之皮膚均極脆弱，易為外氣刺激所犯，至於不在意汙水之飲用而罹患腸加達兒及赤痢者甚多。又傳染病發生後，不知消毒法，其器皿直接使用等，危險情況，實難言盡。以目前之嘉義廳為例，該縣之死亡數遠比出生數大，**據統計，不出七十年，其人口將至全滅，由此可知不具保險能力**。﹝註24﹞

這樣的評論或許稍嫌誇張，但對於理解壽險業務來臺發展初期的不順遂有一定幫助。不過，隨著上述不利因素逐漸改善，壽險業務旋即開始迅速成長。1914 年時，有效契約達 2 萬 1,542 件，當年度新契約則有 5,889 件，表現已不亞於同年度的海上保險 3,974 件、火災保險 3,950 件。到 1945 年時，壽險有效契約件數達到 54 萬 9,767 件。﹝註25﹞保費收入方面，由於壽險商品具儲蓄性質，相同保額的壽險契約保費通常較產險高出不少，因此，當壽險業務開始穩健成長後，規模很快就超越產險。1914 年時，壽險保費收入已經是產險的 3.3 倍，並一直維持數倍的差距，差距最大時達 7.05 倍之多（1938），若以全期（1914～1944）累積保費來看，壽險為 2 億 4,902 萬 5,789 圓，是產險 5,208 萬 1,255 圓的 4.78 倍（圖 2-6）。﹝註26﹞

﹝註23﹞ 邱繼正，〈日治時期臺灣生命保險產業研究（1896～1937）──兼論民營與官營之比較〉，頁 52～55；曾耀鋒，〈日本統治時代の台湾における生命保険市場に関する史的研究：競争の時代から統制の時代へ〉，頁 33～36。

﹝註24﹞ 鈴木庄助，〈臺灣島人生命保險論〉，頁 27～28。中文翻譯採用臺灣省文獻委員會譯編，《臺灣慣習記事（中譯本）第五卷上》（臺中：譯編者，1990年 3 月），頁 15。鈴木庄助除了是臺灣慣習研究會的會員外，亦是帝國生命派駐臺灣的職員。曾耀鋒，〈日治時期臺灣壽險史研究的回顧與展望〉，頁 118。

﹝註25﹞ 臺灣省行政長官公署統計室編，《臺灣省五十一年來統計提要》，表 410（歷年保險事業），頁 1122～1125。另有資料為 50 萬 794 件。生命保險協會，《昭和生命保險史料（第 5 卷）》（東京：編者，1973 年 3 月），頁 50～51。蒙連克先生提供資料，特此致謝。

﹝註26﹞ 若考慮上述產險業務 1941 年以後數據較異常的問題，僅計算 1914 至 1940年，則產、壽險保費收入分別為 2,774 萬 3,624 圓、1 億 4,176 萬 5,360 圓，壽險是產險的 5.11 倍。

圖 2-6：日治壽險業務契約件數、保費收入統計（1914～1945）

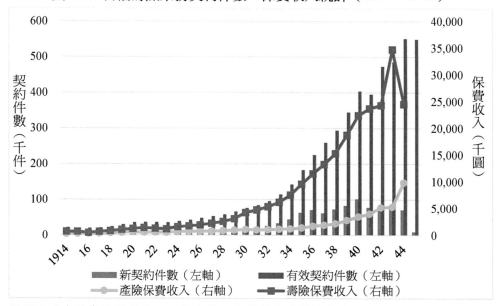

說明：此處的壽險保費收入不包含接下來要討論的簡易壽險。
資料來源：同圖 2-3。

（二）壽險業務成長的原因

　　由上可知，日治時期臺灣壽險業務發展頗為蓬勃，1914 至 1944 年的 30 年間，保費收入成長率為 12.79%。戰後《民報》曾有一篇報導提到「世界人壽保險業，除美國、加拿大、英國外，日本居第四位，台灣以人口平均居遠東第一」〔註27〕，筆者雖尚未找到統計資料辨別是否屬實，但此為時人觀察，有一定參考價值。傳統上，多以「殖民剝削」角度理解日治保險業務發展，認為日資保險業是為了吸收殖民地資金。特別是 1937 年進入戰爭時期後，殖民政府的「強迫儲蓄」政策更成為解釋保險業務成長的主要原因（尤其是壽險）。〔註28〕

〔註27〕〈省保險公司擬擴展業務〉，《民報》，1946 年 10 月 8 日，第 459 號，第 4 版。
〔註28〕例如：「在過去臺灣的人壽及損害保險事業由日政府之戰爭經濟上推進，甚為發達」、「憑著帝國主義對殖民地的經濟搾取政策，壟斷整個保險事業，不擇手段的勸諭或強制，務使臺灣同胞普遍參加，以遂其剝削的目的」〈社論：保險事業的將來〉，《民報》，1946 年 2 月 18 日，第 131 號，第 1 版；臺灣人壽保險公司籌備處，〈臺灣人壽保險公司概況〉，《臺灣銀行季刊》1：2（1947 年 9 月），頁 137。另可參閱：陳聰民，〈儉腸勒肚為「聖戰」──戰時貯蓄及保險〉，收入林金田編，《烽火歲月：戰時體制下的臺灣史料特展圖錄（上冊）》（南投：臺灣文獻館，2003 年 12 月），頁 91～114；游能淵，〈台灣產物保險市場之研究〉，頁 9。

　　然而，如前所述，吸收資金並進行「重新配置資本」本就是現代商業保險制度的核心業務，保戶在此商業行為中，亦獲得等值保險保障。因此，僅以吸收資金之目的來論斷這是一種殖民剝削，顯然是基於民族立場的說法，並不允當。關於壽險業務成長的原因，曹慧玲、曾耀鋒、邱繼正各自提出不同觀點。曹慧玲修正傳統「強迫儲蓄」的觀點，指出戰爭期間政府並未「強迫投保」，而是壽險業者巧妙結合臺灣總督府的國民儲蓄運動，形塑「投保等同愛國」的道德形象，提高民眾投保的誘因（或道德壓力）。〔註29〕不過，曾耀鋒、邱繼正相繼指出，壽險業務在戰爭之前就呈現成長趨勢。

　　曾耀鋒以「市場作用論」解釋，簡言之，在制度條件漸趨成熟後，壽險業務在市場機制自由運作下逐漸成長。〔註30〕邱繼正則認為「民營生命保險會社在 1906～1927 年間，在契約量方面始終偏少，成長幅度亦不明顯」〔註31〕，要到 1927 年 10 月 1 日簡易壽險開辦後，才促成一般壽險業務大幅成長。〔註32〕為更清楚地呈現壽險業務成長趨勢，我們將圖 2-6 中代表契約件數及保費收入的縱軸刻度調整為「對數刻度」（logarithmic scale）（圖 2-7），如此一來，曲線中之斜率即可代表契約件數及保費件數的「成長率」。可以發現，無論有效契約件數或保費收入，並未出現某個時間區段成長率（斜率）特別突出的現象。也就是說，日治時期壽險業務成長在制度漸趨穩定後便已啟動，簡易壽險的開辦及戰爭期間的「儲蓄運動」即便有助於壽險業務的推展，但就成長率的角度而言，其重要性亦不宜被過度放大。〔註33〕

〔註29〕曹慧玲，〈國家與市場：日據時期臺灣壽險市場的發展〉。

〔註30〕曾耀鋒，〈日本統治時代の台湾における生命保険市場に関する史的研究：競争の時代から統制の時代へ〉。

〔註31〕邱繼正，〈日治時期臺灣生命保險產業研究（1896～1937）——兼論民營與官營之比較〉，頁 81。

〔註32〕邱繼正，〈日治時期臺灣生命保險產業研究（1896～1937）——兼論民營與官營之比較〉，頁 97～109。

〔註33〕附帶一提，從日本本土的經驗觀之，簡易壽險的開辦對於一般壽險業務的助益似乎有限，兩者間的關係更著重於「相互取代」與「市場區隔」，這從歷次簡易壽險欲提高投保金額或擴大業務範圍時，民營壽險業者普遍持反對立場可略窺端倪。相關討論可參閱：田村祐一郎，〈簡易保険問題の史的展開（1）—簡易保険の創設及び戦前における簡易保険の拡張志向—〉，《生命保険文化研究所所報》68（1984 年 9 月），頁 1～39；田村祐一郎，〈簡易保険問題の史的展開（2）—終戦前後から昭和 30 年代まで—〉，《文研論集》71（1985 年 6 月），頁 51～84；田村祐一郎，〈簡易保険問題について〉，《文研論集》75（1986 年6 月），頁 23～87。感謝曾耀鋒老師提供文獻資訊並協助解讀內容，特此致謝。

圖 2-7：日治壽險業務契約件數、保費收入統計（1914～1945）（對數刻度）

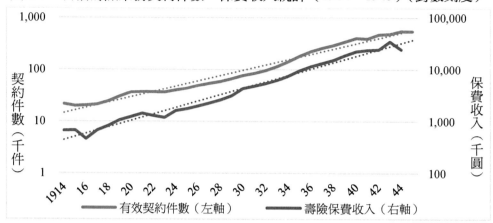

資料來源：同圖 2-3。

（三）臺灣保戶投保壽險的原因

接著進一步討論當時臺灣人投保壽險的原因。事實上，即便到現在，壽險行銷都不是一件容易的事情。相對於產險為保戶帶來的利益清楚具體，較容易被人接受，壽險則複雜許多。畢竟「生命商品化」的概念實在過於嶄新與抽象，即便是在現代商業保險的發祥地歐洲，壽險商品也一度引發爭議，〔註34〕更遑論是在避諱談論死亡的臺灣。

截至 1923 年 6 月，壽險有效契約被保險人中，日本人和臺灣人的比例為76：24，〔註35〕但到 1945 年時，臺灣人所占比例已經來到 70%。〔註36〕也就是說，自壽險業務引進臺灣以後，有很長一段時間都無法打進臺灣人的市場，而是以在臺日本人為主，要到後來才逐漸轉變。

其實，日治時期讓臺灣人接受壽險的方法和現在並沒有太大差異。在商品

〔註34〕現代商業保險的核心觀念在於風險（risk）可測，衡量風險的學問稱為精算科學（actuarial science），而風險的核心是不確定性（uncertainty），但就基督宗教的教義而言，不確定性並不存在，因為所有的事情都已經被上帝決定了。以死亡為例，什麼時候死，用什麼樣的方式死，上帝都已經幫我們決定好了，在此觀念下，意圖預測死亡等同預測上帝，自然難以被接受。1755 年的里斯本大地震造成極為嚴重的傷亡和財產損失，使得許多人開始質疑上帝的權威，某種程度消除傳遞保險觀念的阻礙。Edited by Peter Borscheid and Niels Viggo Haueter , *World Insurance: The Evolution of a Global Risk Network*, pp. 3～4; Niels Viggo Haueter, *A History of Insurance,*（Zurich: Swiss Re, 2013）, pp.6～10.

〔註35〕殖產局商工課，〈臺灣に於ける保險業〉，《臺灣時報》65（1925 年 3 月），頁83～85。

〔註36〕生命保險協會，《昭和生命保險史料（第 5 卷）》，頁 50～51。

設計上，以「儲蓄」、「還本」來淡化死亡因子，推出諸如養老保險、結婚保險、教育保險等壽險商品。〔註37〕在行銷手法上，提供額外的服務提高投保誘因，例如：簡易壽險的保戶可以在簡易壽險診療所獲得免費的基本醫療服務，也可免費使用海水浴場。〔註38〕在招攬手段上，不乏運用人情因素勸誘投保（人情保）。當然，最重要的是保險觀念的推廣，〔註39〕讓民眾瞭解保險的價值進而主動投保。在林獻堂（1881～1956）〔註40〕、吳新榮（1907～1967）〔註41〕和張麗俊（1868～1941）〔註42〕的日記中，留下一些投保壽險的一手紀錄，讓我

〔註37〕 可參見國史館臺灣文獻館蒐集的戰爭期間（1937～1945）保險單圖像，該圖錄雖僅收錄戰爭期間資料，但除了戰爭保險外，其他保險商品都不是因應戰爭才推出，而是本來就存在的，故仍具參考價值。陳聰民，〈儉腸勒肚為「聖戰」──戰時貯蓄及保險〉，頁98～114。

〔註38〕 邱繼正，〈日治時期臺灣生命保險產業研究（1896～1937）──兼論民營與官營之比較〉，頁90～93。

〔註39〕 這些資料散見於各類書籍、報刊，難以盡列。比較有趣的是官方的國語讀本也有以保險為題的選文，另外也有改寫成臺語的保險介紹文章。這些文本雖不是出自保險業，但他們在背後推波助瀾應該可以想見。臺灣總督府，《中等教科國語讀本（卷2）》（臺北：著者，1921年3月），頁206～209；楊廣堯，〈保險〉，《語苑》18：9（1925年9月），頁32～35。

〔註40〕 林獻堂，本名朝琛。臺中霧峰人。1899年，其父文欽身故後繼承家業，成為霧峰林家頂厝系族長。他在日治臺灣有跨領域的貢獻與影響，堪稱日治時期最具影響力的臺灣人之一。美國學者Meskill譽其為：「日人統治的半世紀中，臺灣的第一公民，臺灣自治運動的領袖，文化的媬姆，同時也是個慈善家。」戰後，為受邀至南京參與受降典禮的6位臺灣人之一。曾任臺灣省參議會議員、臺灣省政府委員、臺灣省通志館館長、臺灣省文獻會主任委員、彰化銀行董事長等職。1949年9月23日赴日本定居不再回臺。許雪姬總策畫，《臺灣歷史辭典》（臺北：文建會，2004年5月），頁501～502；J. M. Meskill著，溫振華譯，〈霧峯林家──一個臺仕紳家族的興起〉，《臺灣風物》29：4（1979年12月），頁7；林獻堂博物館，〈林獻堂先生簡史〉，瀏覽日期：2022年3月31日，網址：https://www.thelinfamily.org.tw/page/about/index.aspx?kind=36。

〔註41〕 吳新榮，臺南將軍人。1932年日本東京醫學專門學校畢業後返臺接手經營叔父吳丙丁開設之「佳里醫院」。除行醫外，他也醉心文化工作，為鹽分地帶文學界領袖。戰後，曾任二二八事件處理委員會北門區支會主席委員、臺南縣文獻委員會委員兼編纂組組長等職。臺灣日記知識庫，〈吳新榮日記〉，「記主小傳」，瀏覽日期：2022年3月31日，網址：https://taco.ith.sinica.edu.tw/tdk/。

〔註42〕 張麗俊，臺中豐原人。曾任下南坑第一保保正、豐原街協議會員、葫蘆墩興產信用組合常任理事、富春信託株式會社常務理事、豐原水利組合組合員、豐原慈濟宮修繕會總理等職。亦參加櫟社、東山吟會、豐原吟社等漢詩社團。臺灣日記知識庫，〈水竹居主人日記〉，「記主小傳」，瀏覽日期：2022年3月31日，網址：https://taco.ith.sinica.edu.tw/tdk/。

們得以直接觀察日治時期臺灣人投保行為的一些側面。三人之中，林獻堂是所謂的人情保，吳新榮展現出主動投保的積極面向，張麗俊則是拒絕短時間內重複投保的案例。

　　林獻堂於 1930 年 8 月，在彰化銀行支配人坂本素魯哉（1868～1938）[註43] 的介紹下，向明治生命投保 1 萬元壽險；1934 年 1 月，又在臺中州知事竹下豐次（1887～1978）[註44] 的介紹下，替長子攀龍（1901～1983）向第一生命投保 1 萬元壽險；1937 年 2 月，任職於太平生命的楊濱溪向三子雲龍（1907～1959）招攬保險，林氏因「姻誼不能卻，遂許加入二千円」。[註45]

　　吳新榮身為接受新式教育的知識分子，又因醫生身分兼任多家壽險業「囑託醫」之故，對於保險有相當程度的理解，曾多次主動替自己及家人規劃壽險。1937 年中日戰爭爆發之際，吳氏覺得「事變的進度實在不可料算，所以我們也要十分的覺悟，以備一旦之急」，因而提出遇到經濟危機時的相關解決方案，其中一項即是「保險金以充兒子之學資金」，也曾提及「萬一有什麼情況，則三個男孩子可各自分配到五千圓。有了這筆錢，孩子長大至成人的學費，就不用擔心了。一個女兒則可由母親的一份取得。」甚至將繳納保費列為極優先事項，如遇保費不足情形時，也要標會支應。[註46]

[註43] 坂本素魯哉，日本高知縣人。明治法律學校（今明治大學）畢業後進入銀行界服務。1896 年 10 月，日本銀行設置臺北出張所，聘坂本素魯哉至該所服務。1899 年臺灣銀行成立後轉入該行服務，歷任嘉義出張所、淡水出張所所長等職。1905 年受聘擔任彰化銀行支配人（總經理），此後擔任總經理之職 30 餘年，1938 年升任董事長。王振勳、趙國光主持，國立中興大學編纂，《臺中市志‧人物志》（臺中：臺中市政府，2008 年 12 月），頁 343～344。

[註44] 竹下豐次，日本宮崎縣人。東京帝大法科大學德法科畢業、高等文官考試及格。曾任臺灣總督府文教局社會課長、內務局地方課長、臺中州知事、關東州廳長官、貴族院議員、參議院議員等職，1959 年退出政界。林獻堂著，許雪姬等共同註解，《灌園先生日記（十一）》（臺北：中研院臺史所，2006 年 6 月），頁 264。

[註45] 林獻堂著，許雪姬等共同註解，《灌園先生日記（三）》（臺北：中研院臺史所，2001 年 12 月），頁 280～282（1930 年 8 月 20～22 日）；林獻堂著，許雪姬等共同註解，《灌園先生日記（七）》（臺北：中研院臺史所，2004 年 4 月），頁 45～46（1934 年 1 月 29～30 日）；林獻堂著，許雪姬等共同註解，《灌園先生日記（九）》（臺北：中研院臺史所，2004 年 12 月），頁 51、54（1937 年 2 月 5 日、2 月 8 日）；楊水心著，許雪姬等共同註解，《楊水心女士日記》（臺北：中研院臺史所，2015 年 2 月），頁 56（1934 年 1 月 29 日）。

[註46] 吳新榮，《吳新榮日記》，1937 年 9 月 12 日、1938 年 10 月 2 日、1939 年 1 月 11 日。引自：臺灣日記知識庫，網址：https://taco.ith.sinica.edu.tw/tdk/。

張麗俊在 1913 年初曾向帝國生命允諾投保，不久後的 3 月 28 日，又有日清生命的中部支所長寺腰為次郎到張氏家中招攬保險，惟遭張氏以「前日既入於帝國保險貳千円」為由拒絕。〔註 47〕

綜上所述，日治時期臺灣人購買保險的原因是多元的，也存在拒絕投保的選項，絕非「強迫儲蓄」或「殖民剝削」所能概括，政府的力量（直接或間接）固然是原因之一，但保險業者的努力亦不可忽略，現在依然常見的「人情保」也不罕見，甚至，也不乏深刻瞭解保險意義而主動投保者。

三、簡易壽險業務

不同於產、壽險業務的發展都是由民間企業所引領，簡易壽險是政府主導下的產物。簡易壽險起源於 19 世紀中葉的英國，由於當時壽險契約保投門檻較高（最低承保金額過高），且一次必須繳交一年保費，使得經濟能力薄弱的廣大勞工階級難以透過壽險商品移轉風險，然而，他們卻是最需要這份保障的一群人。1849 年，Industrial & General 壽險公司首先推出適合這群經濟能力薄弱者的小額壽險，由於這類小額壽險切合市場需求，同業紛紛跟進，其他西方國家諸如法、德、美等國亦引進這套制度。1861 年，英國政府鑒於投保此類保險者多為經濟弱勢，不容出錯，遂頒布法律將是項業務收歸國營，指定郵政機構專營，其他壽險業者不得涉入，於 1865 年施行。〔註 48〕

日本的簡易壽險基本沿襲英國制度，有「日本近代郵政制度之父」美譽的前島密（1835～1919）傳記《鴻爪痕》中提到，1875 年開辦郵政貯金業務時，原本規劃仿效英國制度，同步開辦簡易壽險業務，惟最終因死亡率經驗資料缺乏、民眾保險觀念未開等因素而作罷。〔註 49〕往後幾年雖亦曾有開辦簡易壽險的倡議，但都未能付諸實踐，〔註 50〕直到 1916 年 10 月 1 日才正式開辦。開辦當時的宣傳海報清楚指出簡易壽險的特色，包括：無須體健、保費最低十錢、

〔註 47〕張麗俊著，許雪姬、洪秋芬、李毓嵐編撰、解讀，《水竹居主人日記（三）》（臺北：中研院近史所，2001 年 8 月），頁 343～344、352（1913 年 3 月 28 日、4 月 11 日）。

〔註 48〕交通部郵政總局，《郵政七十周年紀念專輯（下冊）》（臺北：編者，1966 年 3 月），頁 328～329。

〔註 49〕簡易保險局編，《簡易生命保險郵便年金事業史》（東京：編者，1936 年），頁 21～22。

〔註 50〕邱繼正，〈日治時期臺灣生命保險產業研究（1896～1937）──兼論民營與官營之比較〉，頁 82～83。

月繳保費、郵局遍及各地（圖 2-8）。幾年後，簡易壽險業務陸續擴展至海外殖民地，依實施的先後順序分別為：南洋廳 1922 年 2 月 1 日、關東州 1922 年 11 月 1 日、樺太廳 1926 年 10 月 1 日、臺灣 1927 年 10 月 1 日、朝鮮 1929 年 10 月 1 日。〔註 51〕

圖 2-8：日本簡易壽險最早的宣傳海報（1916）

資料來源：郵政省，《郵政百年史資料第二十五卷郵政史写真集》（東京：吉川弘文館，1966 年 10 月），頁 3。轉引自：黃依婷，〈日治時期臺灣簡易生命保險研究（1927～1945）〉，頁 35。

<hr/>

〔註 51〕黃依婷，〈日治時期臺灣簡易生命保險研究（1927～1945），頁 44～45。

　　簡易壽險業務在臺灣非常成功，開辦第三年（1929），有效契約件數（7萬1,806件）就超越一般壽險（6萬6,787件），並在1944年達到高峰192萬6,605件，相當於每3.4個人有1件簡易壽險契約。[註52]保費收入方面，由於簡易壽險平均保額遠較一般壽險為低，故有效契約件數雖在一般壽險之上，但費收入仍較遜色，要到日治末期簡易壽險保費收入才超越一般壽險（圖2-9）。

圖2-9：簡易壽險有效契約件數、保費收入統計（1927～1945）

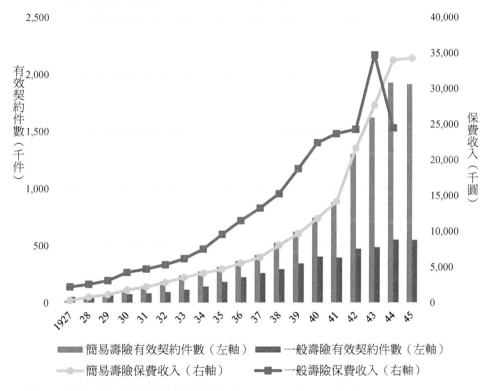

說明：資料來源的簡易壽險保費收入為月保費收入，已將其年化（乘以12）。

資料來源：

1. 簡易壽險：
   （1）1927～1944：臺灣省行政長官公署統計室，《臺灣省五十一年來統計提要》，表418（歷年簡易人壽保險），頁1138～1139。
   （2）1945：交通部郵政總局，《郵政七十周年紀念專輯（下冊）》，頁353。
2. 一般壽險：同圖2-3。

[註52] 臺灣人口總數以1943年的658萬5,841人為基準。臺灣省行政長官公署統計室，《臺灣省五十一年來統計提要》，表49（歷年全省戶口），頁45～49。

四、戰爭保險業務

就保險理論而言，戰爭所造成的損害通常不在商業保險的保障範圍，這是因為戰爭造成的損害通常極為巨大且不可預測，不具備「可保性」，但在二戰期間，日本政府為了穩定民心，在 1939 至 1940 年間先後透過國家補償機制、國家再保險機制等政策，將戰爭所致財產損害風險納入商業保險的「海上保險」保障範圍，此可謂實施戰爭保險的先聲。〔註53〕1941 年 12 月 8 日，日本襲擊美國珍珠港，太平洋戰爭爆發，日本政府擔心戰事波及本土，對一般民眾造成財產損害，遂於 12 月 18 日公布《戰爭保險臨時措置法》，將保障範圍擴及與一般民眾密切相關的「陸上財產」。依據該法規定，保險人對戰爭行為所致「火災」而產生的財產損害負賠償責任（第 1 條）；在業務經營型態上，委由政府指定的保險業辦理（第 2 條）；並明確規定保險業因為辦理戰爭保險業務而產生的虧損由政府撥款補足，惟若有獲利亦應解繳國庫（第 11 條），也就是說，戰爭保險的風險與盈虧皆是由政府承擔。〔註54〕由此，我們可以瞭解，雖然戰爭保險在形式上是由保險業辦理，但真正承擔保險理賠責任的則是政府。換句話說，政府才是戰爭保險契約實際上的保險人，性質與保險業擔任保險人並承擔理賠責任的商業保險完全不同。

1943 年 3 月 3 日，日本政府公布《戰爭死亡傷害保險法》，將戰爭保險的保障範圍從財產擴大到人身的傷害或死亡。〔註55〕也因此，受委託辦理戰爭保險業務的保險公司由產險業擴及壽險業。1943 年 9 月 10 日，日本鳥取縣發生大地震，造成 1,083 人死亡，房屋全毀 7,485 間、半毀 6,158 間，〔註56〕受此影響，日本政府於 1944 年 2 月 14 日公布《戰時特殊損害保險法》，取代原本

〔註53〕加藤由作，《保險概論》（東京：巖松堂，1944 年），頁 97；日本損害保險協會著，《戰爭保險臨時措置法の說明》（大阪：著者，1942 年），頁 1；〈第七十八回帝國議會貴族院戰爭保險臨時措置法速記錄第一號〉（1941 年 12 月 16 日），帝國議會會議錄檢所系統，網址：https://teikokugikai-i.ndl.go.jp/#/detail?minId= 007802055X00119411216&spkNum=0&single，下載日期：2020 年 8 月 15 日。

〔註54〕〈第七十八回帝國議會貴族院戰爭保險臨時措置法速記錄第一號〉；大藏省印刷局，《官報》第 4486 號（東京：日本マイクロ写真，1941 年 12 月 19 日），頁 641。

〔註55〕大藏省印刷局，《官報》第 4840 號（東京：日本マイクロ写真，1943 年 3 月 4 日），頁 145。

〔註56〕岸上東彥，〈昭和 18 年 9 月 10 日鳥取地震の被害〉，《東京大學地震研究所彙報》23：1～4（1947 年 2 月 28 日），頁 98。

的《戰爭保險臨時措置法》，將地震所致財產損害一併納入保障範圍。〔註57〕自此，日本在二戰期間所實施的一系列戰爭保險皆在法律上獲得確立，並配合相關子法及行政配套措施的訂定，分別於 1942 年 1 月 26 日、1943 年 4 月 1 日、1944 年 4 月 25 日實施。〔註58〕這個制度不久後就延伸到殖民地臺灣，分別於 1942 年 4 月 25 日、1943 年 4 月 24 日、1944 年 4 月 25 日起實施。〔註59〕

　　戰爭保險自 1942 年 4 月 25 日起在臺灣實施，至 1945 年 8 月 15 日因日本投降結束，雖僅短短 3 年多，但業務量仍相當可觀。依產、壽險業區分，產險業總共承保近 19 萬件契約，壽險業則逾 20 萬件。從表 2-1 中，我們可以觀察到幾個指標。首先是業務結構，產、壽的契約件數雖然差不多，但產險業的保費收入卻是壽險業的 5 倍以上；〔註60〕其次是理賠狀況，我們可以發現理賠明顯集中在 1945 年，這是因為盟軍從 1945 年開始對臺灣進行密集轟炸，〔註61〕造成極大的損害；最後，雖然不能排除未申請理賠的情形，但從產、壽

〔註57〕 日本地震再保險株式会社編，《家計地震保險制度と地再社：30 年の步み》（東京：編者，1997 年 3 月），頁 2；大藏省印刷局，《官報》第 5124 號（東京：日本マイクロ寫真，1944 年 2 月 15 日），頁 278～280。

〔註58〕 大藏省印刷局，《官報》第 4508、4857、5177 號（東京：日本マイクロ寫真，1942 年 1 月 21 日、1943 年 3 月 24 日、1944 年 4 月 19 日），頁 461、701、343。

〔註59〕 「戰爭保險臨時措置法ヲ朝鮮、臺灣及樺太ニ施行スルノ件」（1942 年 04 月 02 日），〈官報第 2 號〉，《臺灣總督府府（官）報》，國史館臺灣文獻館，典藏號：0072030002a004；「戰爭死亡傷害保險法ヲ臺灣ニ施行スルノ件」（1943 年 04 月 24 日），〈官報第 316 號〉，《臺灣總督府府（官）報》，國史館臺灣文獻館，典藏號：0072030316a003；「戰時特殊損害保險法朝鮮及臺灣施行令（電報揭載）」（1944 年 04 月 25 日），〈官報第 625 號〉，《臺灣總督府府（官）報》，國史館臺灣文獻館，典藏號：0072030625a002。

〔註60〕 這是因為產險業每件保險契約的平均保額約為 4 萬圓，和壽險業的 3 千圓相比，相差約 13 倍，不過因為產險以戰爭保險及地震保險為主要業務，該二險種每千元保額的保費分別是 2 圓、0.5 圓，較壽險業承作的死亡及傷害保險 3 圓（甲種）及 10 圓（乙種）低，故產、壽險業的平均保額雖然相差 13 倍，但保費收入卻只相差 5 倍。前述甲、乙種之差異在於保障的地域範圍，前者僅保障在帝國境內（日本本土及其殖民地）發生的保險事故，後者則包含境外。參閱：《戰爭死亡傷害保險法施行規則》第 9 條規定。

〔註61〕 美軍轟炸臺灣始於 1943 年 11 月 25 日，之後雖偶有空襲，但相當零星，然而到了 1945 年 1 月 3 日以後，美軍幾乎天天空襲臺灣，直至戰爭結束為止。張維斌，《空襲福爾摩沙：二戰盟軍飛機攻擊臺灣紀實》（臺北：前衛，2015 年 8 月），頁 6～7。

險業理賠金額的顯著差異看來，戰爭對臺灣所造成的財產損害遠大於人身損害。〔註62〕

表 2-1：戰爭保險在臺業務狀況（1942～1945）　　　單位：件、圓

業　別	年　度	契約件數	保險金額	保費收入	理賠金額
產險	1942	5,304	197,613,082	490,380	-
	1943	18,510	607,046,064	1,287,679	-
	1944	77,587	3,125,770,239	4,798,804	46,679
	1945	87,757	3,642,113,417	5,284,270	293,417,765
	小計	189,158	7,572,542,802	11,861,133	293,464,444
壽險	1942	-	-	-	-
	1943	6,848	17,964,000	130,488	7,000
	1944	53,146	159,309,662	627,520	25,000
	1945	148,004	440,741,000	1,368,769	1,731,650
	小計	207,998	618,014,662	2,126,777	1,763,650
總計		397,156	8,190,557,464	13,987,910	295,228,094

資料來源：黃秉心，〈臺灣保險業之史的研究〉，頁 5。

第二節　監理制度

　　監理制度具體呈現在法律制度上，其良窳取決於法律規範能否有效解決市場失靈問題，這涉及保險法學領域專業，本文不擬就制度實質內容優劣作探討，而是假定日本自西方引進，隨後又移植到臺灣的現代保險法制對於完善保險市場確實有所助益。在此前提下，討論臺灣引進現代保險法制的過程。此外，「徒法不足以自行」，法律的執行仍須仰賴人，也就是監理官，故本節分別從法律制度及主管機關探討戰前臺灣保險監理制度。

〔註62〕雖然產險業亦有承作「戰爭死亡傷害保險」業務，但其理賠金額僅 289 萬 3,650 元，加計壽險業的 248 萬 112.2 元後，仍不到產、壽險總理賠金額 7 億餘元的 1%。「接收各敵偽保險會社代辦戰爭保險部份清理結束前後資產負債表補送案」（1951-11-22），〈臺灣產物保險公司接收大成等保險會社（0040297151）〉，《臺灣省級機關》，國史館臺灣文獻館（原件：國家發展委員會檔案管理局），典藏號：0042970016179013；「各保險會社代辦戰爭保險清理後譯成中文科目之資產負債表轉送案」（1951 年 10 月 22 日），〈臺灣產物保險公司接收大成等保險會社〉，《臺灣省級機關檔案》，國史館臺灣文獻館（原件：臺灣省政府），典藏號 0042970016179012。

一、法律制度

（一）日治時期臺灣民、商法體系

如前所述，目前有關臺灣保險法律制度的研究，多半追溯至 1929 年訂定的《保險法》。這自然是受到中華民國史觀的影響，然而，臺灣在 1895 至 1945 年係屬日本殖民地，適用不同法律制度，若我們忽視這段歷史，將難以理解臺灣保險法制發展與變遷的全貌與獨特性。誠如王泰升所言：「單純觀察法條存在之時間及其內容，忽略了這些抽象的法條係施行在不同的地域社會／生活共同體（community）……將脫離人及社會的脈絡。」〔註63〕

現代商業保險制度雖在 19 世紀中葉便引進臺灣，但此時統治臺灣的清帝國並不存在與保險相關的法律，〔註64〕故臺灣保險法制的建立等同日本保險法制的移植。

日本統治臺灣初期對於統治方針曾有激烈辯論，可稱之為「特別統治主義」與「內地延長主義」的競爭。這場競爭最終由前者出線，並具體呈現在 1896 年 3 月以法律第 63 號公布的《有關應施行於臺灣之法令的法律》，也就是我們所熟悉的「六三體制」。在該體制下，臺灣總督府得在臺灣制定與日本內地法律相同效力的「律令」，反倒是內地法律必須經由特殊程序「依用」才能在臺灣施行。要到 1923 年 1 月 1 日以後，隨著日本統治臺灣的方針轉向「內地延長主義」，日本法律始大量施行於臺灣。〔註65〕

1898 年 7 月 16 日，臺灣總督府發布律令第 8 號《民事商事刑事律令》，該律令共計 4 條，內容如下：

> 第一條　凡民事、商事、刑事案件，應按民法、商法、刑法、民事訴訟法、刑事訴訟法，以及其附屬法律照辦，但左開事項暫從現行之例。

〔註63〕王泰升，《臺灣法律現代化歷程：從「內地延長」到「自主繼受」》，頁 1。

〔註64〕清帝國首度出現的保險相關法律為 1910 年完成的《保險業章程》、《大清商律》兩部草案，其中《大清商律》第 7、8 章為與保險相關之規定，惟因清帝國旋於隔年覆滅，這兩部草案未及施行。展恆舉，《中國近代法制史》（臺北：臺灣商務，1973 年 7 月），頁 34～35；中華民國史法律志編纂委員會，《中華民國法律志（初稿）》（臺北：國史館，1994 年 2 月），頁 476；趙蘭亮，《近代上海保險市場研究：1843～1936》，頁 296～298。

〔註65〕王泰升，《臺灣法律現代化歷程：從「內地延長」到「自主繼受」》，頁 15～17、27～30。

一、事限於本島人及清國人，並不干預內地人、外洋人之
　　民事、商事案件。

二、本島人及清國人之刑事案件。

第二條　雖第一條內容各項法律，倘有於臺灣已行之規定者，仍照
　　　　該規定辦理。

第三條　所有附屬法律另以府令指定。

第四條　茲將明治二十九年律令第四號裁撤。〔註66〕

由上開律令可知，僅涉及臺灣人（即本島人）及清國人（即中國人）的民、商、刑事案件，並未適用日本內地法律，而是按「舊慣」辦理。1923 年 1 月 1 日，民、商二法直接在臺灣施行，〔註67〕摒除身分別而造成的法律適用差異。換言之，日治時期臺灣有關民、商事的法律以 1923 年為界，此前多數沿用臺灣既有舊慣，此後大多適用日本內地法律。

（二）臺灣在日治時期已建立具「現代性」的保險法制

上述 1923 年以前沿用臺灣舊慣的通則在保險法制上並不適用，何以如此呢？為回答這個問題，我們必須同步回溯日本保險法制的沿革。日本是在明治維新後始由西方引進商業保險制度。在法律制度上，與保險相關的法律首見於 1890 年 3 月 27 日公布的《商法》（法律第 32 號，下稱舊《商法》）〔註68〕，然而，由於各界對該法存有爭議，使得原定翌（1891）年 1 月 1 日實施的舊《商法》未能如期施行。1893 年 7 月 1 日，經二度延長施行日期後，舊《商法》中關於公司、票據及破產等一部分規定率先施行，其餘則要到 1898 年 7 月 1 日才全面施行（表 2-2）。〔註69〕依據前述臺灣總督府 1898 年 7 月 16 日第 8 號律令，舊《商法》中與保險相關的法律幾乎是同步在臺施行，而無須等到 1923 年的「內地延長主義」時期。這是因為整個日治時期的臺灣不曾出現

〔註66〕「民事商事及刑事ニ關スル律令（附譯文）」（1898 年 07 月 16 日），〈臺灣總督府府報第 330 號〉，《臺灣總督府府（官）報》，國史館臺灣文獻館，典藏號：0071010330a001。

〔註67〕此係依據 1922 年 9 月 16 日敕令第 406 號規定。大藏省印刷局，《官報》第 3040 號（東京：日本マイクロ写真，1922 年 9 月 18 日），頁 393。

〔註68〕與保險有關的規範為第 1 編第 11 章（一般保險，第 625 至 698 條）、第 2 編第 8 章（海上保險，第 953 至 975 條）。大藏省印刷局，《官報》第 2044 號（號外）（東京：日本マイクロ写真，1890 年 4 月 26 日），頁 1～64。

〔註69〕〈商法残部の実施は七月一日〉《東京朝日新聞》，1898 年 6 月 30 日，第 4310 號，第 1 版。

由臺灣人或中國人獨資的保險業。〔註70〕換句話說，與保險相關的事項必然涉及日本人（即內地人）或外國人（即洋外人），因而不會落入沿用舊慣的例外情形。〔註71〕

表 2-2：日本舊《商法》制定及施行歷程

日　　期	法　律	內　　　容
1890.3.27	第 32 號	公布舊《商法》，並訂於 1891 年 1 月 1 日施行
1890.12.26	第 108 號	舊《商法》施行日期延至 1893 年 1 月 1 日
1892.11.12	第 8 號	舊《商法》施行日期延至 1896 年 12 月 31 日
1893.3.4	第 9 號	舊《商法》部分內容自 1893 年 7 月 1 日施行
1896.12.28	第 94 號	舊《商法》未施行部分至遲應於 1898 年 7 月 1 日施行

資料來源：大藏省印刷局，《官報》第 2044（號外）、2251、2823、2902、無編號（號外）號（東京：日本マイクロ寫真，1890 年 4 月 26 日、12 月 27 日、1892 年 11 月 24 日、1893 年 3 月 6 日、1896 年 12 月 29 日），頁 1、365、257、49、1。

當然，法制的建立無法保證市場的完善，事實上，此時日本的保險市場仍頗為紊亂，〔註72〕因此，不斷修正是必然的結果。1899 年 3 月 7 日，新《商法》（法律第 48 號）公布，並於同年 6 月 16 日施行。〔註73〕值得補充的是，在《商法》的體系中，「保險契約法」和「保險業法」並存，〔註74〕並側重於契約法部分。以舊《商法》為例，屬業法範疇的條文共 10 條（第 689 至 698

〔註70〕事實上，1923 年以前也不可能存在純臺資的保險業。王泰升，〈台灣企業組織法之初探與省思〉，收入氏著，《台灣法律史的建立（二版）》（臺北：著者，2006 年），頁 304～316。

〔註71〕1898 年 7 月 16 日的律令第 8 號雖是以例外方式排除日本內地法律的適用，但其所排除的主體（本島人、清國人）占臺灣人口的絕對多數，故所謂的例外反而是法律實務運作的常態。

〔註72〕邱繼正，〈日治時期臺灣生命保險產業研究（1896～1937）──兼論民營與官營之比較〉，頁 37～44。

〔註73〕新《商法》與保險有關的規範為第 3 編第 10 章（一般保險，第 384 至 433 條）、第 5 編第 5 章（海上保險，第 653 至 679 條）。大藏省印刷局，《官報》第 4703（號外）、4728 號（東京：日本マイクロ寫真，1899 年 3 月 9 日、4 月 10 日），頁 1～34、111。

〔註74〕保險契約法所規範的對象是因為保險契約而產生的各種權利義務關係，保險業法則針對保險業的組織、監理等事項，不同的國家有不同的立法例，有的將兩者規範在同一部法典，有的分開規範。鄭玉波著、劉宗榮修訂，《保險法論》（臺北：三民，2012 年 2 月），頁 23～24。

條），在保險相關條文 97 條中，僅占約十分之一。新《商法》施行後，「保險業法」相關規範改訂於同日公布施行的《商法施行法》（法律第 49 號）中，共計 22 條（第 95 至 116 條），〔註75〕占比提升到約五分之一。〔註76〕

1900 年 3 月 20 日，《保險業法》（法律第 69 號）公布，同年 7 月 1 日施行，《商法施行法》中有關保險業管理的相關規定亦於同日廢止。〔註77〕《保險業法》全文共 115 條。自此，「保險業法」和「保險契約法」在日本保險法體系中可謂等量齊觀，進一步確立保險業的特殊監理性質。

在臺灣，總督府於 1900 年 7 月 29 日以府令第 57 號將《保險業法》指定為 1898 年第 8 號律令所稱的附屬法律，〔註78〕《保險業法》遂也在臺灣實施，只比日本本土晚不到一個月。此後，在 1899 年的《商法》及 1900 年的《保險業法》基礎下，日本保險法制歷經多次變遷，臺灣亦隨之更迭，此處從略，讀者可參閱曾耀鋒的研究。〔註79〕

以上是針對一般商業保險的討論，但如前所述，日治時期臺灣保險市場還存在另一項重要業務，即簡易壽險。日本於 1916 年 7 月 8 日公布《簡易生命保險法》，同年 10 月 1 日施行，〔註80〕但要到 1927 年 10 月 1 日才將該項業務引進臺灣。在法制上，臺灣總督府於 1927 年 10 月 1 日，以府令第 53 號發布《關於簡易生命保險暨郵便年金之郵便劃撥特別辦理規則》，其中第 2 條規定，除有特別規定外，臺灣之簡易壽險業務準用《簡易生命保險法》。1941 年 3 月 29 日，日本政府以敕令第 320 號，明定《簡易生命保險法》自同年 4 月 1 日起，直接施行於臺灣。〔註81〕至於戰爭保險相關法制已如前述，不贅。

〔註75〕第 95 至 116 條。大藏省印刷局，《官報》第 4703 號（號外）（東京：日本マイクロ写真，1899 年 3 月 9 日），頁 34～40。

〔註76〕新《商法》中保險相關條文計 77 條，《商法施行法》計 22 條，合計 99 條。

〔註77〕大藏省印刷局，《官報》第 5013 號（東京：日本マイクロ写真，1900 年 3 月 20 日），頁 313。

〔註78〕「明治三十一年七月府令第五十四號中追加」（1900-07-29），〈明治 33 年 7 月臺灣總督府報第 790 期〉，《臺灣總督府（官）報》，國史館臺灣文獻館，典藏號：0071010790a001。

〔註79〕曾耀鋒，〈日本統治時代の台湾における生命保険市場に関する史的研究：競争の時代から統制の時代へ〉，頁 42～51、184～194。

〔註80〕大藏省印刷局，《官報》第 1182、1216 號（東京：日本マイクロ写真，1916 年 7 月 10 日、8 月 18 日），頁 217、387。

〔註81〕黃依婷，〈日治時期臺灣簡易生命保險研究（1927～1945）〉，頁 50；大藏省印刷局，《官報》第 4267 號（東京：日本マイクロ写真，1941 年 3 月 31 日），頁 1135。

綜上所述，臺灣在 19 世紀末就已藉由殖民母國的移植，完成現代保險法制的建立，並且隨著殖民母國而變遷，至 1945 年日本結束對臺灣的統治時，臺灣已具備相當程度的現代保險法制。當然，囿於臺灣的殖民地身分，所謂的現代性仍有其侷限。〔註 82〕

二、主管機關

（一）一般商業保險主管機關

日本舊《商法》自 1898 年 7 月 1 日全面施行，農商務省旋於同年 8 月 5 日以省令第 5 號訂定保險業申請許可之相關規範，其中第 1 條明定經營保險業者應經由地方長官轉陳農商務大臣申請營業許可，〔註 83〕可知農商務省是保險業的主管機關。1900 年 5 月，即《保險業法》施行前 2 個月，農商務省商工局增設保險課，此為日本第一個以保險監理為專責業務的行政單位，首任課長由矢野恒太（1865～1951）擔任。〔註 84〕爾後，伴隨組織變革，1925 年改隸商工省商務局，1927 年升格為保險部，1935 年再升格為保險局，下設生命保險、損害保險二課。1939 年廢除保險局，改隸監理局。1941 年，大藏、商工兩省事務調整，監理局業務移由大藏省管理。1943 年，監理局與銀行局合併為銀行保險局。1945 年，銀行保險局再與理財局合併為金融局。附帶一

〔註 82〕所謂現代法律制度是指基於西方所發展出的自由主義、個人主義、資本主義、立憲政治等價值觀所建立的法律體系，其內涵大體包括權力分立、司法獨立、罪刑法定、私法自治等原則，但因日本引進現代法律制度時即有所選擇，移植到殖民地臺灣時又進一步篩選，故日治時期的臺灣現代法律制度仍具相當侷限性。王泰升，《臺灣法律現代化歷程：從「內地延長」到「自主繼受」》，頁 12、225～226。

〔註 83〕大藏省印刷局，《官報》第 4530 號（東京：日本マイクロ寫真，1898 年 8 月 5 日），頁 48。

〔註 84〕保險銀行時報社編，《本邦生命保險業史》（東京：編者，1933 年 10 月），頁 102。矢野恒太，日本岡山縣人。1889 年自第三高等中學校醫學部畢業後，進入日本生命擔任社醫，自此與保險結緣，1898 年進入農商務省服務，曾負責《保險業法》起草工作，1902 年創辦第一生命保險相互會社。2017 年 12 月經日本金融廳認定為明治時期對日本金融體制建立有卓越貢獻之人物。第一生命保險株式會社，瀏覽日期：2020 年 7 月 15 日，網址：https://www.dai-ichi-life.co.jp/company/info/yano.html；株式会社エァクレーレン，《「明治期に金融制度の確立等に貢献した人物」に関する研究調査》（2017 年 12 月），頁 12～21，下載日期：2020 年 7 月 15 日。網址：https://www.fsa.go.jp/common/about/research/20180313/20180313.html。

提，本文依目前習慣，將保險業視作金融業的一環，但由上述主管機關的歸屬觀之，直到 1941 年移歸大藏省主管之前，保險業仍未直接歸屬金融主管機關管轄。〔註85〕

　　在臺灣，保險相關業務的主管體系和日本內地相仿，首先歸臺灣總督府民政部殖產課主管，之後伴隨組織變革，至日治末期時歸農商局商政課主管（表2-3），稍有不同之處有二。首先，臺灣未曾設置專責的保險監理單位，這使得我們對於保險主管機關編制的瞭解有所侷限，因為我們無法得知機關投入保險監理的人力多寡。不過，隨著上級組織的擴編，保險監理人力同步增加應該可以肯定。〔註86〕其次，臺灣保險業自始至終皆未移由金融主管機關管理。〔註87〕

表2-3：日治時期臺灣保險業主管機關及職員人數

年代	保險業主管機關	職員人數（最高職等）	臺籍職員人數（最高職等）
1898	民政部殖產課	31（5等）	0
1902	殖產局農商課	25（4等）	0
1909.5	殖產局商工課	26（6等）	1（雇，月薪27元）
1942	殖產局商政課	107（4等）	9（6等）
1944	農商局商政課	109（4等）	11（6等）

說明：臺籍職員之判斷係依姓名，惟日治末期有部分臺灣人改日本姓名，故本表可能
　　　略有低估，本文涉及類似統計時，皆有相同問題。

資料來源：中央研究院臺灣史研究所，臺灣總督府職員錄系統，網址：http://who.ith.
　　　sinica.edu.tw/mpView.action，瀏覽日期：2020 年 7 月 15 日。

（二）簡易壽險主管機關

　　接著談簡易壽險。不同於一般商業保險存在監理者（主管機關）與被監理

〔註85〕國立公文圖書館アジア歷史資料センター（網站），アジ歷グロッサリー（檢
　　　索系統），檢索日期：2022 年 4 月 2 日，網址：https://www.jacar.go.jp/glossary。
　　　條目：「昭和（日中戰爭‧太平洋戰爭期）＞戰時＞經濟‧產業政策＞商工省
　　　＞商務局、保險局」；「昭和（日中戰爭‧太平洋戰爭期）＞戰時＞金融政策＞
　　　大藏省＞監理局、銀行局、理財局、金融局」。
〔註86〕瞭解保險主管機關編制的意義在於它是衡量保險市場發展程度的一種指標，
　　　一般而言保險市場越發達，保險主管機關的編制就越大。
〔註87〕臺灣總督府財務局於 1909 年新設金融課，銀行業、信託業、無盡業、信用組
　　　合皆歸其主管，筆者判斷權責歸屬的依據是《臺灣總督府檔案》中相關公文書
　　　的承辦單位。

者（保險業）的架構，由於簡易壽險是由政府直接經營，故二者合而為一。在
日本，簡易壽險自 1916 年開辦至 1945 年為止，大部分時間皆隸屬交通主管機
關管轄，只有在 1938 至 1942 年間，曾短暫和執掌衛生保健業務的厚生省共同
管理。這種業務歸屬關係亦由臺灣所承襲，自 1927 年簡易壽險在臺開辦以來，
相關業務皆由臺灣總督府交通局遞信部負責（表 2-4）。〔註 88〕

表 2-4：日治時期簡易壽險主管機關及職員人數

年代	簡易壽險主管機關	職員人數（最高職等）	臺籍職員人數（最高職等）
1927	交通局遞信部監理課	175（4 等）	11（雇，月薪 65 元）
1929	交通局遞信部為替貯金課	165（3 等）	8（雇，月薪 70 元）
1938	交通局遞信部保險課	72（4 等）	4（雇，月薪 75 元）
1944	交通局遞信部貯蓄課	109（3 等）	20（3 等）

資料來源：中央研究院臺灣史研究所，臺灣總督府職員錄系統，http://who.ith.sinica.
　　　　　edu.tw/mpView.action，瀏覽日期：2020 年 7 月 15 日。

（三）臺灣人的地位

　　最後，我們討論臺灣人在上述兩個機關的地位。前輩學者早已指出日治時
期臺灣官僚體系「始終深具封閉性和獨占性」，〔註 89〕充斥對臺灣人的蔑視與
差別待遇。〔註 90〕由表 2-5 可知，日治末期 167 位敕任官中，只有 1 位臺籍，
即醫學博士杜聰明（1893～1986）〔註 91〕；2,296 名奏任官（含奏任官待遇），
也只有 53 位臺籍。〔註 92〕這個現象在我們所討論的兩個機關亦然，由表 2-3、

〔註 88〕黃依婷，〈日治時期臺灣簡易生命保險研究（1927～1945）〉，頁 52～61。
〔註 89〕吳文星，《日治時期臺灣的社會領導階層》（臺北：五南，2008 年 5 月），頁 167
　　　　～174。
〔註 90〕黃昭堂著、黃英哲譯，《台灣總督府（二版）》（臺北：前衛，2013 年 7 月），
　　　　頁 164～166、249～254。
〔註 91〕杜聰明，淡水人。日本京都帝國大學醫學博士，為第一位臺籍醫學博士。1922
　　　　年自京都返臺，任臺北醫學專門學校教授及中央研究所技師，同年創建藥理
　　　　教室，從事中藥、臺灣蛇毒及鴉片之研究。1925 年獲選日本藥理學會第 13 屆
　　　　會長，此時並已任臺北帝國大學醫學部教授。戰後，任臺灣大學醫學院院長。
　　　　1947 至 1954 年受聘為臺灣省政府委員。1954 年倡辦私立高雄醫學院（今高
　　　　雄醫學大學），任院長。畢生對藥理學貢獻良多。許雪姬總策畫，《臺灣歷史辭
　　　　典》，頁 399。
〔註 92〕有關日治時期官僚體系官制、待遇的討論，可參閱：蔡慧玉，〈日治臺灣的奉
　　　　給令研究：明治建制、官制釋疑及臺灣基層行政〉，收入汪榮祖編，《地方史研

表 2-4 可知，臺籍員工比例不高，且多只能擔編制外的雇員、囑託。不過，值得一提的是，日治末期這兩個機關都曾出現臺籍高等官，分別是殖產局商政課（後為農商局商政課）事務官張水蒼（1910～1980）、交通局遞信部保險課、貯蓄課長林恭平（1902～？）。另外，財務局金融課長林益謙（1911～2008）也是為數不多的臺籍高等官中的一位。〔註93〕

表 2-5：日治末期臺灣官僚體系職員統計（1945 年 9 月 1 日調查）

官　　等	總人數	占總數比例	臺籍人數	占總數比例	占該階層比例
敕任官	167	0.13%	1	0.001%	0.60%
奏任官	2,120	1.65%	29	0.02%	1.37%
奏任官待遇	176	0.14%	24	0.02%	13.64%
判任官	21,798	16.98%	3,726	2.90%	17.09%
判任官待遇	11,259	8.77%	6,250	4.87%	55.51%
其他	92,855	72.33%	65,106	50.72%	70.12%
總計	128,375	100.00%	75,136	58.53%	58.53%

資料來源：鹽見俊二著，周憲文譯，〈日據時代臺灣之警察與經濟〉，《臺灣經濟史初集》（臺北：臺灣銀行，1954 年 9 月），頁 144～146。《臺灣統治概要》亦有相同統計，惟數據略有出入，原因不明。臺灣總督府編，《臺灣統治概要》（臺北：南天書局，1997 年 12 月），頁 8。

　　張水蒼（日文名長村蒼樹），彰化芬園人。臺北高等學校、東京帝國大學法學部畢業。曾因「雙高文」及格而名震全臺（高等試驗司法科考試、高等試驗行政科考試）。1936 年 4 月，擔任臺灣總督府交通局書記與鐵道部庶務課書記，三年後晉升為交通局副參事，期間並曾兼任保險院簡易保險局事務官，不久獲拔擢升任為新竹市助役（主秘）。1941 年 1 月，轉任臺灣總督府殖產局特產課事務官，兼任該局物價調整課事務官，爾後轉調同局商政課。戰後，擔任臺中縣建設局長、臺灣省農林廳專門委員兼農牧科長等職，後開業為律師，並為內政部顧問。1967 年 11 月，受邀擔任臺北市政府參事，隔年兼任臺北市政府訴願審議委員會委員，兩年後接任訴願審議委員會主任委員。妻林綠瑛，為

究集》（嘉義：國立中正大學臺灣人文研究中心，2007 年 12 月），頁 123～188；蔡慧玉，〈日治時期臺灣行政官僚的形塑：日本帝國的文官考試制度、人才流動和殖民行政〉，《臺灣史研究》14：4（2007 年 12 月），頁 1～65。

〔註93〕日治時期臺灣保險業雖不歸金融課主管，但畢竟甚有關聯，且戰後商政課及金融課同歸財政處所轄，故仍有討論的必要。

板橋林家林祖壽長女。〔註94〕

　　林恭平，原名林德欽，臺中人。九州帝國大學法文學部畢業。1929 年 5 月任東京府書記，1933 年 6 月任靜岡縣地方事務官，1936 年 9 月任長崎縣會計課兼文書課長，1938 年 2 月任北海道廳拓殖部拓民課長。1941 年回臺灣任職，歷任臺灣總督府新竹州產業部部長、交通局遞信部保險課、貯蓄課課長。戰後留任臺灣郵電管理局（職務不詳），經該局全體員工票選為「員工福利委員會」委員，並經各委員互選為主任委員。1946 年 6 月 15 日，遭臺灣省行政長官公署（下稱長官公署）警務處以「貪污有據應予法辦」為由拘處，並於同月 17 日移送臺北地方法院訊辦。二二八事件中被捕，以內亂罪「共同參與以犯罪為宗旨之結社」，被判有期徒刑一年，褫奪公權一年，緩刑三年，後得交保。曾透過臺灣省參議會向交通部陳情，希能復職，未果。〔註95〕父林祖藩（1879～1965），上有一兄德賢，早亡，下有三弟德彰、德村、德鄉，同樣畢業於帝國大學體系。〔註96〕

　　林益謙（日文名林益夫），臺北萬華人。三歲時隨父親林呈祿（1887～1967）〔註97〕遷居東京，自幼在日本成長。東京第一高等學校、東京帝國大學法學部畢業。與張水蒼同樣「雙高文」及格。1934 年入臺灣總督財務局金

〔註94〕黃秀政總纂，李毓嵐、顧雅文、張素玢、李昭容撰稿，《新修彰化縣志（卷九）人物志：政治人物篇》（彰化：彰化縣政府，2018 年 10 月），頁 169～170；興南新聞社編，《臺灣人士鑑》（臺北：編者，1943 年 3 月），頁 305。

〔註95〕興南新聞社編，《臺灣人士鑑》，頁 324；許雪姬，〈二二八中的林獻堂〉，收入中華民國史專題第六屆討論會秘書處編，《中華民國史專題論文集（第六屆討論會）：20 世紀臺灣歷史與人物》（臺北：國史館，2002 年 12 月），頁 1042；「電復林恭平呈請復職一案未便置議」，〈三十六年請願政治〉，《臺灣省諮議會》，國家發展委員會檔案管理局藏，檔號：A386000000A/0035/2/7/1/008。

〔註96〕臺灣新民報社編，《臺灣人士鑑》（臺北：編者，1937 年 9 月），頁 456；王振勳、趙國光主持，國立中興大學編纂，《臺中市志·人物志》（臺中：臺中市政府，2008 年 12 月），頁 303～304；陳姃湲，〈放眼帝國、伺機而動：在朝鮮學醫的臺灣人〉，《臺灣史研究》19：1（2012 年 3 月），頁 121；〈訃聞〉，《臺灣民聲日報》，1958 年 11 月 21 日，第 1 版。

〔註97〕林呈祿，桃園大園人。1908 年畢業於臺灣總督府國語學校國語部，2 年後普通文官考試第 1 名及格，任臺北地方法院統計主務。1914 年赴日就讀明治大學，畢業後入研究所研究。1917 年赴中國湖南省立政治研究所任教授。1918 年返回東京投入臺灣民族運動。1923 年因治警事件被捕入獄 3 個月。歷任《臺灣》、《臺灣民報》、《臺灣新民報》、《興南新聞》主筆 25 年。戰後，為受邀至南京參與受降典禮之 6 位臺灣人之一。1947 年創辦東方出版社，任董事長。許雪姬總策畫，《臺灣歷史辭典》，頁 477。

融課服務，1937 年任曾文郡守，1940 年回財務局任事務官，1942 升任金融課課長。1944 年 6 月奉派赴印尼任軍政管部財務部專賣局長兼財務局金融課長。戰後曾任合作金庫調查室主任、華南銀行業務部經理、研究室主任、財政部專門委員。1952 年旅居日本，至 1968 年始返臺定居。赴日後創辦「國際貿易信用株式會社」、「日華信用組合」等，1985 年出任其父親創辦之「東方出版社」董事長。〔註98〕

　　以上三人皆曾直接從事金融保險監理業務。不過，戰後除張水蒼仕途較為順遂外（但仍與金融保險監理無直接關聯），皆未繼續在公部門任職，日治時期為數不多的臺籍高等官金融保險監理經驗，戰後未能獲得延續。

第三節　組織、資本與人事

　　在第一節中，我們討論戰前臺灣保險業務的發展，主要聚焦在業務的肇始、成長及規模，本節則要將焦點轉向推動這些發展的組織、資本與人事。

一、組織型態及資本屬性

（一）組織型態的轉變：從代理人到分支機構

　　現代商業保險在 19 世紀中葉隨著貿易活動被引進臺灣時，外資保險業並未直接在臺灣設立營業據點，而是尋找熟悉本地市場的合作夥伴，藉由「代理」的方式拓展業務，當時主導臺灣貿易活動的洋行即是他們的首選，而洋行之所以能夠熟悉本地市場，則是因為有「買辦商人」的存在。連克的研究指出臺灣商人如何一方面以買辦的身分協助洋行代理保險業務，另一方面則在吸取經驗後，自行成為保險代理人。富商李春生（1838〜1924）〔註99〕曾擔任寶順洋行、和記洋行買辦，協助代理多家保險業之業務。連橫（1878〜1936）〔註100〕

〔註98〕張炎憲、胡慧玲、曾秋美採訪記錄，《台灣獨立運動的先生：台灣共和國（下冊）》（臺北：吳三連基金會，2000 年），頁 434〜449；陳翠蓮撰稿，《續修臺北市志（卷九）人物志：政治與經濟篇》（臺北：北市文獻會，2014 年 11 月），頁 121〜122。

〔註99〕李春生，福建廈門人。1865 年來臺，初為英商買辦，後自營茶葉致富，成為僅次於板橋林家的北臺第二富翁。除商業成就外，亦勤撰述，著有《主津新集》等多部作品，內容涵蓋時事事務、禮教民俗、基督教教理、評論東西諸家思想等。許雪姬總策畫，《臺灣歷史辭典》，頁 382。

〔註100〕連橫，日治時期知名文人。曾於《臺閩日報》、《臺南新報》、《臺灣新聞》等報社服務。1906 年與詩友創立「南社」，1909 年加入「櫟社」，1924 年創辦

在《臺灣通史》中敘及其岳父沈鴻傑（1837～1905）「為紐西蘭海上保險代理店，臺南之有保險自此始。」沈鴻傑曾擔任 1885 年來臺開業的德商瑞興洋行之買辦。或許受岳父影響，連橫日後亦曾擔任常磐生命的代理人。〔註 101〕

這種以代理人為主要業務組織的型態一直延續到日治時期。連克詳盡地梳理 1904 年前後在臺拓展業務的保險業代理人名單，若進一步依保險業的資本屬性分類，又可分為三種類型，以下按來臺拓展業務的先後順序分別介紹。首先是以英商為主的外資保險業，他們以洋行為主要代理人，怡和、怡記、德記洋行等皆屬之；其次是總公司設於香港的華資保險業，他們以臺灣商人或商號為主要代理人，例如辜顯榮（1866～1937）〔註 102〕就曾擔任萬安保險公司的代理人；最後是日資保險業，他們以日資企業或日本人為主要代理人，例如三井物產會社、臺灣儲蓄銀行。〔註 103〕須補充的是，外資、華資、日資保險業鼎足而三的態勢僅適用於產險業，在壽險業，鮮少有外資、華資保險業涉足臺灣壽險市場的紀錄。〔註 104〕也就是說，臺灣壽險市場在 1906 年日資壽險業第二波來臺後，就幾乎都是由日資所掌控。

《臺灣詩薈》。遊歷中國時，被聘為《清史稿》名譽協修，因而得閱館中所藏臺灣相關資料。1930 年因發表呼應日本政府鴉片政策的文章，飽受批評，甚至為櫟社除名。1933 年攜眷遷居上海。著有《臺灣通史》、《臺灣詩乘》、《臺灣語典》等書。許雪姬總策畫，《臺灣歷史辭典》，頁 812。

〔註 101〕 連克，《從代理人到保險公司：臺灣商人的產物保險經營　1862～1947》，頁 47～61。

〔註 102〕 辜顯榮，鹿港人。自 8 歲起於鹿港貢士黃玉書門下習漢學，成年後從商。1891年移居臺北。1895 年日軍逼近臺北城之際，紳商決議請日軍入城，以保全人民生命財產安全，但無人敢往，遂自告奮勇赴基隆見樺山資紀上將，請求日軍入城。日軍採信並快速推進至臺北城，此為辜氏家族興盛之開端。日治時期多次敘勳或獲頒獎章，1934 年成為第一位臺籍貴族院議員。事業發展方面，1896 年買下萬華「英源茶行」，改名「大和行」，總店設於鹿港。因治臺有功，臺灣總督府給予食鹽、樟腦、鴉片及菸草之專賣權，後事業逐漸擴大並漸趨多元，跨足製糖、造林、漁業、金融、營造等諸多領域。育有 7 子 5 女，其中三子岳甫一脈在目前臺灣金融版圖占據重要地位，掌握中信、開發兩間金控公司。黃秀政總纂，李毓嵐、顧雅文、張素玢、李昭容撰稿，《新修彰化縣志（卷九）人物志：政治人物篇》，頁 261～263。

〔註 103〕 連克，《從代理人到保險公司：臺灣商人的產物保險經營　1862～1947》，頁 88～92。

〔註 104〕 除了上述紐約人壽、永明人壽、宏利人壽外，筆者所知曾在臺拓展壽險業務的外資壽險業還有爾口腰區生命，不過細節目前仍不太清楚。〈臺北商事會社〉，《漢文臺灣日日新報》，1908 年 2 月 27 日，第 2945 號，第 3 版。

進入 1910 年代後，臺灣保險業無論在組織型態和資本屬性上都產生極大轉變。組織型態方面，依據曾耀鋒的整理，除了帝國生命早在 1904 年就在臺灣設立出張所（辦事處）外，至少還有 12 家壽險業於 1910 年代在臺設立分支機構。〔註 105〕不過產險業則要到 1930 年代末期才有比較多業者在臺灣設立分支機構（表 2-6）。產、壽險業務組織型態分歧的原因，有待進一步釐清，但推測有兩個可能。其一是業務規模，如前所述，壽險業務規模是產險的數倍大，自然需要更具制度的組織來管理相關業務。其次是業務性質，一般而言，壽險業務的拓展需要更密切的人際互動，也因此需要比較綿密的組織系統。最後，須強調的是，設立分支機構和代理店之間並不衝突，反倒是在業務組織層級提升及業務規模擴大的情況下，代理店數量逐漸增加。截至 1940 年底，產、壽險業的代理店分別計有 1,743、2,744 所。〔註 106〕

表 2-6：日治時期臺灣保險業組織型態一覽表（1922～1942）

產　險					壽　險				
年度	總公司	分公司	辦事處	代理店	年度	總公司	分公司	辦事處	代理店
1922	2	0	0	16	1922	0	8	5	3
1923	2	0	1	21	1923	0	9	5	10
1924	2	0	1	21	1924	0	9	5	10
1926	2	0	1	21	1926	0	10	4	9
1928	1	0	1	21	1928	0	10	5	8
1929	1	0	1	19	1929	0	8	6	2
1930	1	0	1	19	1930	0	11	4	2
1931	1	0	2	18	1931	0	13	3	4
1932	1	0	1	17	1932	0	13	4	2
1933	1	0	4	19	1933	0	14	3	6
1934	1	0	1	20	1934	0	14	4	5
1935	1	0	0	22	1935	0	13	4	5
1936	1	0	0	21	1936	0	14	4	5
1937	1	4	3	14	1937	0	15	4	3

〔註 105〕曾耀鋒，〈日本統治時代の台湾における生命保険市場に関する史的研究：競争の時代から統制の時代へ〉，頁 52～54。

〔註 106〕〈臺灣省調查報告書（1947 年 2 月）〉，收入陳雲林總主編，《館藏民國臺灣檔案匯編》第 193 冊（北京：九州出版社，2006 年 12 月），頁 209～210。

1938	1	4	2	14	1938	0	18	1	3
1939	1	3	3	9	1939	0	16	1	2
1940	1	3	3	N/a	1940	0	18	0	N/a
1942	1	1	7	N/a	1942	0	16	0	N/a

說明：

1. 年度為資料來源的出版年度。
2. 本表係呈現在臺保險業的最高層級組織形式，而非各類型組織形式的數量，例如 1939 年產險業的代理店 9，是代表有九家保險業僅設置代理店，而不是代表全臺灣只有九家產險業的代理店。
3. 總公司設於臺灣的兩家保險業分別為「發動機船保險株式會社」、「大成火災」，詳見下文介紹。
4. 分公司包含支社、支店、支部、地方部、募集監督部、營業部等各式組織名稱；辦事處包含出張所、支所、營業所、駐在所、監督所、事務所等各式組織名稱。
5. 1940 年以後，僅收錄有在臺灣設立分支機構的保險業（僅設置代理店者未收錄）。
6. 依本表加總的產、壽險業者家數與實際情況有所出入，但因本表旨在呈現組織型態的變遷趨勢，尚不致對本文推論產生重大影響，有關產、壽險業者家數統計，請參閱圖 2-10。

資料來源：

1. 杉浦和作、佐佐英彥編，《臺灣會社銀行錄（第 2 版）》（臺北：臺灣會社銀行錄發行所，1922 年 7 月）。
2. 杉浦和作編，《臺灣會社銀行錄（第 3、5、7、9、10、12、13 版）》（臺北：臺灣實業興信所，1923 年 10 月、1924 年 6 月、1926 年 2 月、1928 年 6 月、1929 年 5 月、1930 年 6 月、1931 年 6 月）。
3. 杉浦和作編，《臺灣銀行會社錄（第 14～17 版）》（臺北：臺灣實業興信所，1932 年 4 月、1933 年 6 月、1934 年 11 月、1935 年 12 月）。
4. 鹽見喜太郎編，《臺灣銀行會社錄（第 18～24 版）》（臺北：臺灣實業興信所，1936 年 11 月、1937 年 9 月、1938 年 9 月、1939 年 10 月、1940 年 11 月、1942 年 10 月）。

（二）資本屬性的轉變：從三足鼎立到日資獨大

　　資本屬性方面，則由日治初期的三足鼎立轉變為日資獨大。此轉變基本上是國家力量刻意形塑的結果，可從兩方面觀察。首先，臺灣總督府於 1899 年補助大阪商船會社開闢「命令航路」，受此影響，原先近乎獨占臺灣海運市場的英商道格拉斯汽船公司於 1905 年撤出臺灣，海運市場自此由日資獨占，因而與海運市場密切相關的海上保險業務也就逐步由日資所掌控。其次，臺灣總督府在 1913 年 2 月 1 日修正《保險業法施行規則》時，一併修正《外國保險會社ニ關スル件》，據此要求在臺經營產、壽險業務之外國保險業應分別繳交 10 萬圓、15 萬圓保證金，此金額不可謂不多，故外資保險業紛紛離臺。自此，

臺灣保險市場基本上已由日資獨占，完成矢內原忠雄所說的「驅逐外國資本」大業。截至 1932 年，僅剩利物浦產物一家外資保險業仍在臺灣設有代理店，但到 1940 年時亦因戰爭之故撤出臺灣市場。〔註 107〕

　　經由以上討論，我們大致可歸納出日治時期臺灣保險業的兩點特徵。首先，臺灣保險業基本由日資獨占；其次，在臺保險業幾乎都是分支機構，產險業甚至在 1940 年代以前都是以代理店為主。在這種情況下，有三家保險公司特別值得一提。首先是前面提到的「臺灣家畜保險」（1900.6.16～1905.2.13），它是第一家總公司設在臺灣的保險業，且臺資持有該公司絕大多數股權，自始至終皆由臺灣人掌握經營權；〔註 108〕其次是「發動機船保險株式會社」（1919.10.18～1926.6），這是第二家總公司設在臺灣的保險業，雖然也是純日資保險業，但不同於其他保險業來自「內地日資」，它是是屬於「在臺日資」譜系；〔註 109〕最後是前面也曾提到的「大成火災」，它是日治時期最後一家將總公司設在臺灣的保險業，但不同於前述兩家保險業創立數年後即結束營業，它一直存在到戰後被接收為止，在資本屬性方面，它聚集包括「臺灣五大家族」在內的重要臺人資本，且在 1938 年以前，一直由臺資掌握過半股權，在業務表現方面，則長期執臺灣火災保險業務之牛耳，並將業務延伸至日本內地，說它是日治時期臺灣最重要的保險業者，當不為過。〔註 110〕

〔註 107〕「明治三十三年十一月府令第百五號外國保險會社ニ關スル件改正」（1913 年 02 月 01 日），〈臺灣總督府府報第號〉號外，《臺灣總督府府（官）報》，國史館臺灣文獻館，典藏號：0071020137e002；矢內原忠雄著、林明德譯，《日本帝國主義下之臺灣》（臺北：財團法人吳三連台灣史料基金會，2014 年 11 月），頁 33～39；連克，《從代理人到保險公司：臺灣商人的產物保險經營 1862～1947》，頁 66～70。

〔註 108〕有關該公司的討論，請參閱：連克，《從代理人到保險公司：臺灣商人的產物保險經營（1862～1947）》，頁 70～86；連克，〈臺灣第一家保險公司：臺灣家畜保險株式會社成立始末（1900~1905）〉，頁 37～71。

〔註 109〕該公司長期被忽略，自黃秉心〈臺灣保險業之史的研究〉以降，除了李虹薇在整理 1923 至 1937 年間臺灣產險業的表格有列入外，似無其他研究提及，可惜李虹薇亦未就該公司做進一步討論，故目前對於該公司的瞭解仍相當有限，粗略的介紹請參閱：殖產局商工課，〈臺灣に於ける保險業〉，頁 79～80；中野三郎，〈本島に於ける保險業〉，《臺灣時報》214（1937 年 9 月），頁 49。李虹薇，〈臺灣產物保險業之發展（1920～1963）〉，頁 21。

〔註 110〕連克，《從代理人到保險公司：臺灣商人的產物保險經營（1862～1947）》，頁 93～175；連克、曾耀鋒，〈經營理念與派別之爭：日治時期大成火災海上保險株式會社經營始末〉，頁 43～84；曾耀鋒，〈日本統治時代の台湾における大成火災の事業展開〉，頁 69～82。

　　最後稍加補充的是，我們雖多次強調日治時期臺灣保險市場由日資獨占，但這是從民族資本視角切入的說法。事實上，日治時期的臺灣保險市場不僅沒有獨占，反而相當競爭。〔註111〕從圖 2-10 可知，自 1932 年以後，在臺灣經營保險業務的產險業者恆在 30 家以上。壽險業方面，在 1925 至 1941 年間，除了 1941 年外，其餘年度也都在 20 家以上。〔註112〕1942 年以後，因受日本戰時統制經濟影響，遂將產、壽險業整併為 12、14 家，這 26 家保險業正是戰後被接收的主體。

圖 2-10：日治時期臺灣產、壽險業者家數（1925～1941）

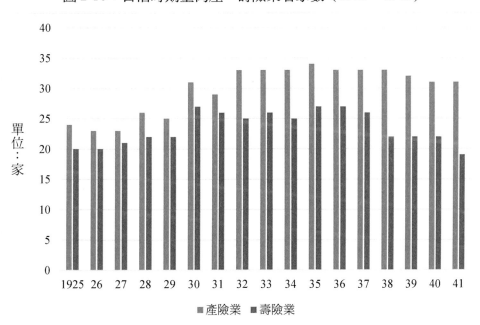

資料來源：臺灣總督府殖產局編，《臺灣商工統計（第 5～20 次）》（臺北：編者，1926 至 1942 年）。

〔註111〕日治時期臺灣保險業競爭之激烈，可在林獻堂的日記中獲得現身說法，1935 年 9 月 19 日，大成火災支配人池谷氏告知林氏：「台灣之火災保險總計有三十一會社（皆用駐在員），因是競爭甚劇，保險料由三元餘降至二元，而火事又疊出，各社皆受損失。故總督府命組織一協定會，使其保險料有一定，欲以杜絕競爭也。」林獻堂著，許雪姬等共同註解，《灌園先生日記（八）》（臺北：中研院臺史所，2004 年 4 月），頁 328（1935 年 9 月 19 日）。

〔註112〕黃秉心稱「在民國 31 年以前，臺灣之人壽保險公司獲得營業執照者，計有萬歲生命保險株式會社、……等 34 家」會讓人誤會臺灣壽險市場曾經「同時」存在 34 家保險業者，但這個數字應該是包含取得執照但後來退出臺灣壽險市場者。黃秉心，〈臺灣保險業之史的研究〉，頁 54。

二、人事組成與臺灣人的地位

接著我們想瞭解保險業內部的人事組成與臺籍職員地位。回答這個問題的最佳材料當屬各保險業內部人事檔案，不過筆者目前未能取得這方面的資料，退而求其次利用當時「工商名錄」所載職員資料進行分析。日治時期較為知名的工商名錄有三，分別是千草默仙主編的《會社銀行商工業者名鑑》、杉浦和作主編的《臺灣銀行會社錄》、竹本伊一郎主編的《臺灣會社年鑑》。這三份資料中，以《會社銀行商工業者名鑑》的職員資料最為詳盡，故採之。

表 2-7 彙整 1928 至 1943 年《會社銀行商工業者名鑑》所載保險業職員總數、幹部總數，及臺籍職員、幹部占比。進入討論之前，先說明資料判斷原則。職員以受保險業直接雇用者為限，若組織型態記載為「代理店」或「取扱店」（經銷商）者，除非明確載有職稱，否則不列入，若無明確記載組織型態則視為保險業直接雇用；董監事不列入職員計算；幹部係指從職稱可看出是主管職者，包括：支配人、支配人代理、支店（部、社）長、首席、次長、助役、參事、副參事、所長、副長、主任、係長、班長、主事、總監督、擔當、幹部社員等。

產險業部分，1928 年職員總數只有 1 位，主要是因為總公司設在臺灣的大成火災僅記載董監事資料，其餘產險業皆為代理店，其中只有千代田火災一家業者載有 1 位「臺灣總監督」。1932、1934 兩年的職員都來自大成火災，1935年後其他產險業才開始在臺聘用職員，數量穩定成長。臺籍職員方面，1940 年以前，臺籍職員有一半以上來自大成火災，1941、1942 兩年陸續降到四成、三成。1943 年的數據比較特別，無論是職員總數或臺籍職員數皆大幅上升，背後有因有待進一步釐清，但從時間點來看，當時適逢政府推動戰爭保險，產險業代辦大量戰爭保險業務，推測或許因而增加人力需求。幹部人數方面，1935 年以後占總職員數的占比介於 23.74%～36.96%，不過由於可能有不少低階職員未被記載在名鑑上，故幹部比例實際上應該會低一些，這個現象在稍後討論的壽險更為明顯。臺籍職員未曾有人擔任幹部，即便是大成火災亦然，令人稍感意外。

壽險部分，1928 年職員總數達 222 人之多，1932 年卻大幅減少約一半，這主要是因為 1928 年記載許多外勤（外務）員及雇員（合計 98 人），但 1932年以後多數業者不再記載這類職員，若排除這個因素，壽險業職員總數大致維持穩定成長。1943 年再度大幅下降，這主要反映多數業者不再記載低階職員

及幹部。以明治生命為例，1942 年記載幹部 37 位，1943 年僅剩 10 位。明治生命在臺灣的組織層級以支店最高，之下分成若干支部，各支部下又分成若干事務所，1943 年只記載到支部層級，此前則記載至事務所層級。若從幹部占總職員比例觀察，1928 年比例是 11.71%，1934 年提升至 31.15%，1934 至 1937 年大約在 50% 左右，1938 年以後達到 70% 以上。從常理判斷，一般企業經營不太可能出現 10 個職員裡面有 7 位幹部的情況。臺籍職員方面，無論在職員數或幹部數所占比例皆穩定提升，1942 年以後開始下降，反映出臺籍職員普遍只能擔任低階幹部的情況，同樣以明治生命為例，1942 年的 37 位幹部中，臺籍占 18 位，但 1943 年的 10 位幹部中，臺籍掛零。

壽險業臺籍職員中，不乏具多年資歷者，以下就筆者所知稍加介紹。陳印，1932 年便擔任日華生命次長，是當時臺籍職員在保險業位階最高者，之後一直擔任次長至 1940 年為止，可惜目前未能找到有關他的生平資料。

賴傳庚（1899～？），臺北人。南洋協會商業科、臺北高等商業學校講習科修業。1921 年進入太平生命服務，歷任出張所長、支部長等主管職，後於 1936 年 8 月升任支社長，是目前所知日治時期唯一擔任保險業分支機構負責人的臺籍職員。〔註 113〕曾參選 1935 年 11 月 22 日臺北市議員選舉，以 298 票落選。〔註 114〕

陳國基（1890～？），臺南麻豆人。蕭壠公學校、臺南廳農會設立之蠶業傳習所畢業。1928 至 1938 年間任常磐生命麻豆出張所所長，亦經營肥料製造業。〔註 115〕

劉禮樂（1894～？），新竹市人。新竹第一公學校畢業。原經商，1925 年進入日華生命服務，1929 年升任外務次長，之後歷任出張所長、支部長等職。〔註 116〕

黃火定（1900～1986），臺北人。臺北市艋舺附屬公學校畢業。1919 年 3 月進入帝國生命任職，1933 年 1 月升任彰化監督所長，之後歷任臺中出張所長、

〔註 113〕臺灣新民報社編，《臺灣人士鑑》，頁 398。

〔註 114〕〈初選舉の開票終る　臺北市會議會員當選者）〉，《臺灣日日新報》，1935 年 11 月 24 日（號外）。

〔註 115〕臺灣新民報社調查部編，《臺灣人士鑑》（臺北：臺灣新民報社，1934 年 3 月），頁 125；柯萬榮編，《臺南州名士錄》（臺南：臺南州名士錄編纂局，1931 年 3 月），頁 100。

〔註 116〕臺灣新民報社編，《臺灣人士鑑》，頁 426。

臺中西部出張所長等職。曾獲東京保險協會及臺灣保險協會之表彰。〔註117〕

　　陳天賜（1907～？），淡水人。1926年自大阪商業學校畢業，返臺後進入千代田生命服務，後轉任明治生命，歷任外務監督、大稻埕事務所長、新竹募集事務所長等職。〔註118〕

　　綜上所述，日治時期培養出一批臺籍保險從業人員，其中並有少數得以擔任中高階幹部，但整體來說，臺籍職員仍是以低階職員或幹部為主，基本上符合日治時期重要企業經營在經營和技術管理方面，以日本人為主體，臺灣人擔任較低階層工作之印象。〔註119〕

表2-7：日治時期臺灣保險業職員統計（1928～1943）

業別	出版年度	職員總數（A）	臺籍數（B）	占比（C=B/A）	幹部總數（D）	占比（E=D/A）	臺籍幹部（F）	占比（G=F/D）
產險	1928	1	0	0.00%	1	100.00%	0	0.00%
	1932	11	5	45.45%	0	0.00%	0	-
	1934	13	6	46.15%	0	0.00%	0	-
	1935	35	10	28.57%	10	28.57%	0	0.00%
	1936	40	12	30.00%	10	25.00%	0	0.00%
	1937	45	14	31.11%	13	28.89%	0	0.00%
	1938	46	13	28.26%	17	36.96%	0	0.00%
	1939	51	12	23.53%	17	33.33%	0	0.00%
	1940	53	13	24.53%	17	32.08%	0	0.00%
	1941	67	14	20.90%	20	29.85%	0	0.00%
	1942	82	15	18.29%	24	29.27%	0	0.00%
	1943	139	44	31.65%	33	23.74%	0	0.00%
壽險	1928	222	47	21.17%	26	11.71%	3	11.54%
	1932	122	28	22.95%	38	31.15%	6	15.79%
	1934	167	42	25.15%	65	38.92%	17	26.15%

〔註117〕臺灣新民報社編，《臺灣人士鑑》，頁122；張炎憲主編，《二二八事件辭典》（臺北：國史館、二二八基金會，2008年2月），頁481～482。
〔註118〕五味田恕編，《新竹州の情勢と人物》（新竹：菅武雄，1938年6月），頁160。
〔註119〕洪紹洋，〈戰後初期臺灣造船公司的接收與經營（1945～1950）〉，《臺灣史研究》14：3（2007年9月），頁141。

1935	183	48	26.23%	88	48.09%	22	25.00%
1936	186	61	32.80%	96	51.61%	30	31.25%
1937	223	85	38.12%	118	52.91%	34	28.81%
1938	201	76	37.81%	141	70.15%	52	36.88%
1939	231	88	38.10%	165	71.43%	69	41.82%
1940	242	104	42.98%	174	71.90%	80	45.98%
1941	250	112	44.80%	194	77.60%	85	43.81%
1942	218	78	35.78%	170	77.98%	59	34.71%
1943	157	37	23.57%	120	76.43%	26	21.67%

說明：年度為資料來源的出版年度。

資料來源：高砂改進社編，《會社銀行商工業者名鑑》（臺北：編者，1928 年 4 月）；
千草默仙編，《會社銀行商工業者名鑑（第 2～12 版）》（臺北：圖南協會，
1932 年 11 月、1934 年 4 月、1935 年 5 月、1936 年 6 月、1937 年 6 月、
1938 年 6 月、1939 年 7 月、1940 年 9 月、1941 年 9 月、1942 年 10 月、
1943 年 8 月）。

第四節　資金運用

　　本節所稱「資金運用」以具備前述金融四大要素中的「重新配置資本」為
限，不包含保險理賠、營業費用、職員薪酬等基於營業行為所發生的各種給付，
也不包含基於盈餘分配而給付股東的股利或紅利。以下就產險、一般壽險、簡
易壽險的資金運用進行討論。至於戰爭保險，因其業務性質特殊，保險業僅是
協助政府代辦，所收取保費非屬其資產，自無從運用。

一、產險：重新配置資本功能不明顯

　　依據《臺灣商工統計》的分類，產險業的資金運用可分為放款、投資兩
類。從圖 2-11 可知，產險業鮮少放款，1934 年以後，放款餘額皆不到 10 萬
圓，1938 年以後皆為零。投資方面，1933 年為 112 萬 7,913 圓，之後穩定成
長，1939 年來到高峰 465 萬 9,094 圓，翌（1940）年降至 347 萬 6,778 圓，
往後年度缺乏資料，狀況不明。目前所知最接近的數據是 1946 年 2 月「臺
灣省保險會社監理委員會」（下稱保險監理委員會）提交的〈檢查臺灣省各保
險會社報告書〉（下稱〈報告書〉），資料截止日為 1945 年 12 月 22 日，茲整
理如表 2-8。

圖 2-11：日治時期產險業資金運用統計（1932～1940）

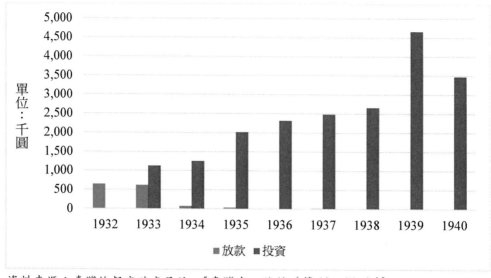

資料來源：臺灣總督府殖產局編，《臺灣商工統計（第 12～20 次）》。

依據表 2-8，與投資最為接近的會計科目應屬「有價證券、不動產及器具」，金額只有 77 萬 9,573.20 圓，若併計日本本社名義之在臺資產，也只有 244 萬 3,539.73 圓，都較 1940 年下降不少，背後原因有待進一步釐清。值得一提的是，「現金及存款」達 529 萬 4,209.18 圓，是「有價證券、不動產及器具」的 6.79 倍（若併計日本本社名義之在臺資產，則為 2.17 倍）。雖然依現有資料不確定 1940 年之前「現金及存款」的金額，但從戰後初期的數據來看，應該可以肯定產險業保有較多「現金及存款」部位，這主要是因為產險契約多屬一年期短期契約，所收取保費屬短期資金，故需配置較高比例的資金在現金及銀行存款這種可隨時運用的資產，以應付隨時可能發生的理賠需求。整體而言，相對於壽險業，產險業在「重新配置資本」的功能較不明顯。

表 2-8：產險業資產負債表（截至 1945 年 12 月 22 日）　　　單位：圓

資　產		負債及業主權益	
現金及存款	5,294,209.18	保險契約準備金	8,034,216.18
有價證券、不動產及器具	779,573.20	代理所存款未付再保險費、同業存款	331,870.30
未收保險費、代理已收未交保險費、未收再保險費、同業放款	3,639,624.92	暫收款、未付紅利金	2,503,349.46

暫付款	1,276,861.39	本支店來往帳	3,983,349.17
本支店來往帳	9,272,893.86	繳納股本金	2,500,000.00
		各種準備金及公債金	548,128.19
		利益金	2,362,249.25
合計	20,263,162.55	合計	20,263,162.55

說明：依據〈報告書〉之說明，「本支店來往帳」項下，大成火災占絕大多數，計 900
　　　萬圓存放於東京支店；「有價證券、不動產及器具」若併計日本本社名義之在臺
　　　資產，則為 244 萬 3,539.73 元。

資料來源：〈臺灣省各保險會社檢查報告書及相關文件（1946 年 2 月）〉，收入陳雲林
　　　總主編，《館藏民國臺灣檔案匯編》第 78 冊，頁 50～51。

二、壽險：以製糖業股權投資為主

　　壽險業的資金運用，一方面因為業務規模遠較產險大，可運用資金較多，
另方面所收取保費屬長期資金，可將較多資金配置在現金及銀行存款以外的
資產，因此無論放款或投資都遠高於產險業。放款方面，1914 年為 70 萬圓，
1942 年已達 811 萬 5,579 圓。若進一步區分放款類別，自 1920 年起，保單
貸款占比開始快速成長，[註120] 進入 1930 年代後，壽險業放款幾乎都是來
自保單貸款（圖 2-12）。不過，我們發現部分年度出現保單貸款占比超過 100%
的不合理現象（1932、1933、1935、1936 年），確切原因有待進一步釐清，
推測或許是因為保單貸款金額包含直接向日本總公司申辦者，但放款總額僅
限於在臺灣申辦者。同樣地，往後年度最接近的資料是戰後的〈報告書〉，截
至 1945 年 12 月 26 日，放款餘額計 1,418 萬 6,651.65 圓，其中保單貸款計
1,150 萬 2,140.23 圓，其他貸款 268 萬 4,511.42 圓。[註121] 值得注意的是，
1945 年的放款餘額較 1942 年增加 607 萬 1,072.65 圓（或 74.81%），大幅成
長背後原因有待進一步釐清。[註122] 不過，若與銀行業相比，壽險業的放款

[註120] 保單貸款（Policy loan）是指保戶以保險契約的保單價值準備金（一般而言，
　　　　長年期的壽險契經過一定保險期間後就會累積有保單價值準備金）作為擔
　　　　保，向保險業貸款。參閱：陳雲中，《保險學要義：理論與實務（修訂第 9 版）》，
　　　　頁 416～419。

[註121] 依〈報告書〉之說明，保單貸款又可區分為直接向日本總公司申貸（767 萬
　　　　4,060.8 元）、向臺灣分支機構申貸（382 萬 8,079.43 元），前者的統計數據因
　　　　為戰後帳務不全且與總公司失去聯繫之故，僅能得知截至 1943 年底的數據。
　　　　〈臺灣省各保險會社檢查報告書及相關文件（1946 年 2 月）〉，頁 57～61。

[註122] 一個可能的原因是當時正值戰爭期間，生活艱辛，提高保戶的資金需求。當
　　　　然，由於我們不太清楚〈報告書〉的統計基礎和《臺灣金融年報》是否相同，

金額又顯得微不足道，截至 1942 年底，臺灣各銀行的貸款總餘額達 8 億 4,193 萬 3,940 圓，其中臺灣銀行約占 62.02%，壽險業的放款業務規模大約與華南銀行相若。〔註 123〕

圖 2-12：日治時期壽險業資金運用統計（1914～1942）

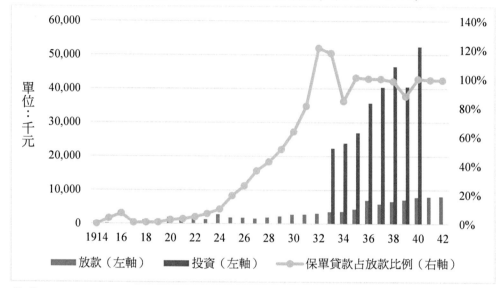

說明：
1. 1932 至 1940 年的放款金額取自《臺灣商工統計》，其餘年度取自《臺灣金融年報》，但《臺灣金融年報》的放款資料並未區分產、壽險，故 1931 年以前的數值應較實際為高。若將《臺灣金融年報》1932 至 1940 年的放款金額（不分產、壽險業）減掉《臺灣商工統計》相同年度的產險放款金額，計算出的壽險放款金額基本上與本圖金額一致，只有 1933、1939 年兩年有所出入，1933 年本圖金額較計算出之金額少 1 萬圓，1939 年則多出 83 萬 2,834 圓。
2. 保單貸款金額取自《臺灣金融年報》、投資金額取自《臺灣商工統計》。

資料來源：
1. 臺灣總督府殖產局，《臺灣商工統計（第 13～20 次）》。
2. 臺灣總督府財務局，《臺灣の金融（昭和五年）》頁 290～291（取 1914～1927）；臺灣總督府財務局，《臺灣金融年報（昭和十三年）》，頁 174～175（取 1928～1932）；臺灣總督府財務局，《臺灣金融年報（昭和十八年）》，頁 180～181（取 1933～1942）。

　　故也不排除有部分是來自於統計差異。

〔註 123〕 截至 1942 年底，華南銀行的貸款餘額為 1,270 萬 7,998 元，規模在日治銀行業中敬陪末座。臺灣省行政長官公署統計室，《臺灣省五十一年來統計提要》，表 391（歷年各銀行放款年底餘額按銀行之分配），頁 1080～1081；張怡敏，〈戰爭與金融：株式會社臺灣商工銀行之經營（1937～1945 年）〉，《臺灣史研究》29：1（2022 年 3 月），頁 95～97。

投資方面，1933 年為 2,231 萬 2,107 圓，1940 年達到 5,243 萬 9,850 圓（圖 2-12）。往後年度最接近的資料同樣來自〈報告書〉，截至 1943 年底為 8,397 萬 5,370.85 圓，其中股票 6,483 萬 7,169.61 圓、債券 1,732 萬 145 圓、不動產 181 萬 8,056.24 圓，[註 124] 分別占投資總額（不含放款）的 77.21%、20.63%、2.16%，由此可知，壽險業的投資項目中，以股權投資為主。

接著，我們對股票、公司債的細項作進一步探討。關於這方面的資料，筆者目前找到時間點最接近的資料是保險監理委員會 1946 年 5 月呈報長官公署財政處（下稱財政處）的〈各會社投資數目表〉，這份報表註明「根據 1945 年 12 月報告」，[註 125] 可知資料截止日為 1945 年底，不過這份報表並未細分股、債權數額。另有一份細分股、債權數額的報表，[註 126] 雖未註明資料截止日，但總額與〈各會社投資數目表〉相同，據此應可認定資料截止日也是 1945 年底。茲將以上資料整理如表 2-9。

由表 2-9 可知，壽險業的股權投資主要集中在製糖業，占 71.49%，其次為臺灣電力公司，占 25.60%，兩者合計達 97.10%。債權投資部分，臺灣電力公司占 45.77%、鹽水港製糖占 8.10%，另有 46.13% 標的不明。若將股債合計，投資在製糖業的資金占 49.58%、臺灣電力 32.57%、其它標的 17.85%。值得一提的是，四大製糖會社的各自前 12 大股東中（截至 1942 年 3 月），壽險業占 19 個（臺灣製糖 6、明治製糖 5、大日本製糖 5、鹽水港製糖 2）、產險業占 3 個（臺灣製糖 1、明治製糖 2），如同涂照彥所言，日治時期臺灣製糖業由日資獨占之際，又「係以人壽保險和損害保險企業居壓倒地位。」[註 127]

表 2-9：日治時期壽險業股、債權投資統計（截至 1945 年 12 月）單位：圓

被投資公司	股　　票	比例	債　　券	比例	股債合計	比例
臺灣電力	13,817,213.75	25.60%	13,048,830.00	45.77%	26,866,044.01	32.57%

〔註 124〕〈臺灣省各保險會社檢查報告書及相關文件（1946 年 2 月）〉，頁 57～61。
〔註 125〕「生命保險會社等資產處理核示案」（1946-05-23），〈賠償保險金處理辦法〉，《臺灣省行政長官公署》，國史館臺灣文獻館，典藏號：00312620003002。
〔註 126〕「臺灣省人壽股份有限公司籌備處接收企業各統計表」，〈臺灣省人壽股份有限公司籌備處接收企業概況表等〉，《臺灣省行政長官公署》，國史館臺灣文獻館，典藏號：00329510014001。
〔註 127〕就持股比例而言，壽險業占臺灣製糖 9.35%、明治製糖 15.19%、大日本製糖 11.04%、鹽水港製糖 1.92%；產險業占臺灣製糖 0.97%、明治製糖 2.54%，故雖涂照彥將產、壽險並列，但兩者在製糖業的地位還是頗為懸殊。涂照彥著、李明峻譯，《日本帝國主義下的台灣（再版）》，頁 349～350。

明治製糖	12,535,018.70	23.23%	0.00	0.00%	12,535,018.93	15.20%
大日本製糖	10,360,801.00	19.20%	0.00	0.00%	10,360,801.19	12.56%
臺灣製糖	9,035,410.00	16.74%	0.00	0.00%	9,035,410.17	10.95%
日糖興業	4,766,694.00	8.83%	0.00	0.00%	4,766,694.09	5.78%
鹽水港製糖	1,887,300.00	3.50%	2,310,215.00	8.10%	4,197,515.03	5.09%
臺灣拓殖	828,720.00	1.54%	0.00	0.00%	828,720.02	1.00%
臺灣合同鳳梨	675,000.00	1.25%	0.00	0.00%	675,000.01	0.82%
臺灣興業	63,000.16	0.12%	0.00	0.00%	63,000.16	0.08%
不明	0.00	0.00%	13,153,612.00	46.13%	13,153,612.00	15.95%
總計	53,969,157.61	100%	28,512,657.00	100%	82,481,814.61	100%

資料來源：「臺灣省人壽股份有限公司籌備處接收企業各統計表」；「生命保險會社等資產處理核示案」。

三、簡易壽險：以公共建設放款為主

不同於一般壽險業的資金運用以股權投資為主，公營的簡易壽險僅辦理放款業務，且其放款項目多具「公共性」。此外，還會依據各地區參與簡易壽險的狀況，分配各地區的貸放額度，具有「取之於斯，用之於斯」的思維。〔註128〕1929 年放款餘額為 25 萬 4,635 圓，1942 年達到 2,527 萬 8,790 圓，成長近 100 倍。放款地區方面，除了新竹州、臺東廳、澎湖廳占比相對較低外，其他行政區域落差不大，介於 10.30%～25.85%。貸款項目方面，若排除細項不明的其他，以教育設施占比最高，保健衛生設施、土木設施、產業設施依序次之，社會事業設施則占比極低，僅 0.64%（圖 2-13、表 2-10）。〔註129〕

由上可知，簡易壽險除可提供經濟相對弱勢者基本保險保障外，「重新配置資本」的功能也非常明顯，特別是簡易壽險的官辦性質，使得資金多投入公共建設，更具意義。論者曰簡易壽險對於日治時期臺灣經濟發揮「促進資本形成、協助經濟發展、安定社會秩序」力量，〔註130〕應屬公允評論。

〔註128〕黃依婷，〈日治時期臺灣簡易生命保險研究（1927～1945）〉，頁 107～108。

〔註129〕這些設施包括：學校校舍、道路、水道、消費市場、公家機關廳舍等，參閱：黃依婷，〈日治時期臺灣簡易生命保險研究（1927～1945）〉，頁 107～111；邱繼正，〈日治時期臺灣生命保險產業研究（1896～1937）——兼論民營與官營之比較〉，頁 99～100。

〔註130〕交通部郵政總局編，《郵政七十周年紀念專輯（下冊）》，頁 356。附帶一提，日治時期臺灣最重要的水利設施之一「嘉南大圳」，亦曾獲簡易壽險貸款。臺灣總督府財務局，《臺灣金融年報（昭和十三年）》，頁 177。

圖 2-13：日治時期簡易壽險貸款餘額統計（1929～1942）

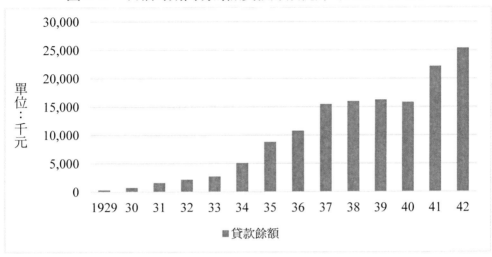

單位：千元

■ 貸款餘額

資料來源：同圖 2-12。

表 2-10：簡易壽險貸款概況表（項目、地區別）（1942）

	臺北	新竹	臺中	臺南	高雄	臺東	花蓮港	澎湖	合　計
社會事業	0.53%	0.00%	0.00%	0.00%	0.10%	0.00%	0.00%	0.00%	0.64%
保健衛生	0.52%	0.49%	3.78%	5.56%	5.21%	0.00%	0.97%	0.06%	16.58%
教育設施	5.63%	1.13%	7.64%	1.93%	1.71%	0.00%	0.13%	0.00%	18.16%
產業設施	0.74%	0.45%	1.73%	4.41%	0.31%	0.00%	0.19%	0.00%	7.83%
土木設施	4.23%	0.89%	5.35%	1.06%	3.12%	0.00%	0.00%	0.00%	14.65%
其它	12.65%	0.90%	7.35%	2.93%	9.23%	0.06%	9.01%	0.00%	42.13%
合計	24.29%	3.86%	25.85%	15.89%	19.69%	0.06%	10.30%	0.06%	100.00%

資料來源：臺灣總督府財務局，《臺灣金融年報（昭和十八年）》，頁 183。

小　結

　　本章從「業務發展」、「監理制度」、「組織、資本及人事」、「資金運用」四個觀察視角，探討戰前臺灣保險市場的發展與變遷。業務發展方面，自 19 世

紀中葉保險業務引進臺灣以來，持續穩定發展，到日治末期已具相當規模，用先前提到的「保險滲透度」來理解，1942 年是 2.74%，作為對照，同時期的美國是 4.01%，〔註131〕可略知其發展程度。監理制度方面，19 世紀末便已藉由殖民母國保險法制的移植，建立具備一定現代性的保險法制，不過在官僚體系（主管機關）方面，仍存在封閉性和獨占性。組織方面，除了 1920 年成立的大成火災外，存續到日治末期的在臺保險業皆屬分支機構或代理店型態；資本屬性方面，自 1910 年代後，臺灣保險業基本上由日資獨占，大成火災是少數臺籍資本主導的保險業，但主導地位亦在 1938 年以後喪失；人事方面，由於分支機構的設立，培養出一批臺籍保險從業人員，但多數僅能擔任低階職員或幹部。資金運用方面，產險業因為保費收入多屬短期資金的關係，重新配置資本的功能較不明顯，但屬長期資金的壽險業則不然，壽險業在製糖業及電業投資大量資金，簡易壽險則提供公共建設所需貸款，對產業資本形成及基礎建設頗具助益。

〔註131〕產險保費收入 13.96 億美元、壽險 41.81 億美元、GDP 為 1,390.6 億美元。Bureau of the *Census, Statistical Abstract of the United States 1944 ～ 45*（Washington: U.S. Government Printing Office, 1945.10），p.383, 385；Tassava, Christopher. "The American Economy during World War II". EH.Net Encyclopedia, edited by Robert Whaples. February 10, 2008. 瀏覽日期：2021 年 6 月 3 日，網址：http://eh.net/encyclopedia/the-american-economy-during-world-war-ii/。

第三章　符合預期否？戰後接收過程與分析

　　藉由上一章的討論，我們對於被接收的主體已有一定程度瞭解，接著，我們將接續探討接收者的接收過程。由此將衍生兩個問題：接收者的事前規劃為何？實際接收過程是否與規劃相符？此外，我們也不應忽略的是，處於被動地位的臺灣保戶對於接收的反應，以及最終接收結果是否符合他們的期待？本章環繞以上問題意識，展開相關問題的討論與分析。

第一節　保戶關心的問題與中國政府的接收規劃

一、戰後初期臺灣保戶關心的問題

　　如前所述，日治時期累積為數可觀的保險有效契約，而且多數契約都是臺灣保戶所擁有。由於保險契約是一種金融資產，在政權移轉的當下，關心身家性命何去何從是人之常情，戰後初期的臺灣也不例外。日本雖是在 1945 年 8 月 15 日宣布投降，但長官公署要到同年 10 月 25 日受降典禮之後才正式在臺運作，而攸關保險市場未來走向的「處理辦法」更要到翌（1946）年 2 月 16 日才由財政處公布。在這政策混沌不明的半年多中，臺灣保戶的反應究竟為何？有什麼期待？以下主要運用《臺灣省行政長官公署檔案》，及「戰後初期最具史料價值的報紙」[註1]《民報》來回答這個問題。

〔註 1〕何義麟，〈「民報」——臺灣戰後初期最珍貴的史料〉，《臺灣風物》53：3（2003 年 9 月），頁 184。

　　1945 年 10 月 17 日，彰化市民林天發致函長官公署前進指揮所，〔註 2〕一方面表達有許多壽險保戶因為狀況不明，選擇不繼續繳納保費，也提到依據保險契約約定，不繳納保費將致使契約失效，過去所繳保費恐被沒收，希望執政當局能妥善處理這個問題，以維護保戶權益；另方面建議將壽險事業收歸國營，如此則可將壽險業累積的資金用於興辦國營事業。〔註 3〕1945 年 11 月 2 日，新竹市民陳必遠致函長官公署秘書長葛敬恩（1889～1979），表示其向保險業提出戰爭保險之理賠申請已逾半年，卻遲未能獲得給付，據云是長官公署下令暫停給付，希望該署能夠解除禁令。〔註 4〕

　　1945 年 11 月 23 日，壽險保戶及保險從業人員在日本生命會社召開保險座談會，共有 30 餘人與會，會中除有代理店主表達過渡時期的困難、保戶請求返還已繳納保費外，並針對保戶契約權利、政府接收工作、職員待遇等議題進行討論，決議建議長官公署應加速接收工作、普及保險獎勵儲蓄、維持保戶福利。〔註 5〕

　　《民報》1945 年 11 月 24 日的報導指出，戰後為復興建設，民眾對資金的需求甚切，惟金融機關態度消極，民眾不易取得資金，故戰爭保險金給付對於戰後臺灣重建有莫大功用，盼望長官公署能儘速提出辦法。〔註 6〕同年 12 月 15 日的報導指出，日本投降後臺灣各保險業即呈停頓狀態，全島（壽險）投保者遂公推代表兩度開會，促請政府儘速清理，並蒐集相關資料供財政處參考。〔註 7〕1946 年 1 月 16 日，報導一則未經證實的坊間傳聞：在戰爭保險金

〔註 2〕從林天發的陳情書內容觀之，他對保險有相當程度瞭解。依據表 2-7 的資料，帝國生命也有位林天發，1941 年擔任桃園營業所所長，1942 至 1943 年擔任彰化出張所所長，筆者推測是同一個人。

〔註 3〕「接收保險會社等項處理請示案」（1945-10-17），〈關於接收保險會社及生命保險金如何之處理〉，《臺灣省行政長官公署》，國史館臺灣文獻館，典藏號：00312620006001。

〔註 4〕「新竹市市民陳必遠呈請發還保險金案」（1945-11-02），〈申請賠償戰時火災保險金〉，《臺灣省行政長官公署》，國史館臺灣文獻館，典藏號：00312620005005。

〔註 5〕〈壽險業座談會 訂促進接收〉，《民報》，1945 年 11 月 24 日，第 46 號，第 2 版。

〔註 6〕〈被炸家屋之復興 需藉戰時保險料〉，《民報》，1945 年 11 月 24 日，第 46 號，第 2 版。

〔註 7〕〈被保險者大會 呈請政府辦理〉，《民報》，1945 年 12 月 15 日，第 67 號，第 1 版。

暫停給付的情況下，新竹地區竟有保戶藉著賄賂保險業職員順利領得保險金。
〔註8〕翌日，又報導一則所謂「精通消息者」的說法：

> 生命保險會社，現尚置作不知不聞者，實大有作用，以現在狀況，
> 被保險者躊躇之間，時期經過，以前所納者，失效被銷除，便可歸
> 為會社所得，故被保險者宜趕速向會社當事者出張所或臺灣支社支
> 店接洽，如謂會社尚無方針者，可速解約，尚可拿歸幾折。〔註9〕

1946年1月21日，新營街民陳其清致函長官公署財政處長張延哲（1903
～1973）〔註10〕，表示其住宅及家產在戰爭中被炸彈命中，該等財產有向大成
火災投保保額2萬6,000圓的保險，惟該公司置之事外，並表示此類未能獲得
保險給付之情形並非個案，懇請張處長向日本交涉。〔註11〕

1946年1月23日，臺北市民黃壽梁致函財政處金融科長陳靈谷，表示其
於1944年間曾向千代田生命香港支店投保，繳納保費30萬圓，戰後英國政府
將臺灣人視為日本人處置，沒收其全部資產，返臺後因生活困難遂依保險契約
向千代田生命申請保單貸款，惟該公司告知此借款須經金融科同意始得辦理，
故懇請金融科飭令該公司同意依保險契約給予貸款。〔註12〕

1946年1月27日，《人民導報》的報導提及，壽險業以政府及總公司未
有正式通知為由推卸責任，保戶擔心「繼續繳款，又恐泥入牛海，永無消息，

〔註8〕　〈要開費接洽　才得領取保險料〉，《民報》，1946年1月16日，第98號，第
　　　　2版。
〔註9〕　〈壽險辦理若無方針　須解約折取元金〉，《民報》，1946年1月17日，第99
　　　　號，第2版。
〔註10〕張延哲，福建平和人。燕京大學畢業、美國哈佛大學碩士。歷任江蘇土地局技
　　　　正、國民政府統計處統計局科長、南京特別市戶口統計專門委員會辦事處處
　　　　長、江蘇省食糧燃料調節處管理科科長、行政院經濟會議秘書處秘書、重慶市
　　　　財政局局長。戰後曾任長官公署財政處處長、秘書處處長、浙江省政府秘書
　　　　長。後受陳儀投共之累，曾坐牢8個月，此後似即未在公部門任要職。其妻
　　　　為再興中學創辦人朱秀榮。林獻堂著，許雪姬等共同註解，《灌園先生日記（十
　　　　七）》（臺北：中研院臺史所，2010年2月），頁434～435；汪季蘭，〈教育的
　　　　先行者——朱秀榮的「再興」之路（下）〉，《傳記文學》82：1（2003年1月），
　　　　頁42；〈喪祭〉，《聯合報》，1973年3月21日，第3版。
〔註11〕「臺南州陳其清呈請向日方交涉保險金核示案」（1946-01-21），〈申請賠償戰
　　　　時火災保險金〉，《臺灣省行政長官公署》，國史館臺灣文獻館，典藏號：
　　　　00312620005004。
〔註12〕「臺北市市民黃壽梁請千代田依章借款核示案」（1946-01-23），〈申請賠償戰
　　　　時火災保險金〉，《臺灣省行政長官公署》，國史館臺灣文獻館，典藏號：
　　　　00312620005003。

非常感覺不安。」希望當局迅速明示完善辦法。〔註13〕

1946 年 2 月 11 日，彰化地區壽險保戶召開會議討論壽險契約存續問題，共 50 餘人與會，並推舉吳蘅秋（1900～1954）擔任主席，討論後作成三點決議：敦請「大公企業股份有限公司」（下稱大公企業）承辦臺省壽險事業、選舉實行委員達成前揭目的、因戰爭之故未如期繳納保費之壽險契約皆視為有效。〔註14〕無獨有偶，1946 年 2 月 20 日，在臺北市中山堂亦舉行類似會議，並作出雷同決議：

　　一、希望政府為省民生計，須趕速將日人保險事業十四家，移交大
　　　　公企業清理承辦。

　　二、派代表要求大公企業公司承辦日人遺下之省民人壽保險事業。

　　三、既繳納之人壽保險，勿使其失效。〔註15〕

上述獲得保戶青睞的大公企業，是由陳炘（1893～1947）〔註16〕發起創辦，1945 年底開始籌備，1946 年 2 月 5 日成立，資本額舊臺幣（下同）5,000 萬元，為避免股權過度集中，規定每人至多僅可認購 10 股，故股東人數達千餘人之眾，首任董事長由陳炘擔任，董監事包含林獻堂、巫永昌、施江南、陳逢源、林呈祿等重要臺籍資本家或菁英，堪稱戰後初期最具代表性的臺籍資本企業。設立之初便已將保險業務（含產、壽險）列作事業範圍，並設有保險科長一職。〔註17〕可知上述要求大公企業承接壽險事業的訴求其來有自。大公企

〔註13〕〈日營保險公司　保款如何處理　咸望明辦法〉，《人民導報》，1946 年 1 月 27 日，第 2 版。

〔註14〕〈人壽保險契約者大會〉，《民報》，1946 年 2 月 18 日，第 131 號，第 2 版。

〔註15〕〈昨開人壽保險大會　議決要案多起〉，《人民導報》，1946 年 2 月 21 日，第 4 版。

〔註16〕陳炘，臺中人。日本應慶義塾（現應慶大學）理財科畢業、美國哥倫比亞大學經濟學碩士。陳氏致力金融事業拓展，於 1926 年糾集臺人資金創立大東信託株式會社，林獻堂任社長、陳氏任專務取締役（常務董事）。1944 年，臺灣總督府強制大東信託與屏東信託、臺灣興業信託合併為臺灣信託株式會社，陳氏仍任專務取締役。戰後，為受邀至南京參與受降典禮之 6 位臺灣人之一。1946 年 2 月成立大公企業，任董事長。1946 年 4 月以漢奸罪名被捕，偵訊後無罪開釋。二二八事件中不幸遇害。王振勳、趙國光主持，國立中興大學編纂，《臺中市志·人物志》，頁 79～82。

〔註17〕李筱峰，《林茂生、陳炘和他們的年代》（臺北：玉山社，1996 年 10 月），頁 168～179；許雪姬，〈二二八中的林獻堂〉，頁 1051～1052；〈大公企業創立總會〉，《民報》，1946 年 2 月 6 日，第 119 號，第 2 版；〈大公企業調動人事〉，《民報》，1946 年 6 月 15 日，第 259 號，第 2 版。

業對保險事業的關注似乎源自陳炘對金融業的認識，陳炘之女高陳雙適（1929
～2022）回憶：

> 我不禁想起父親對保險行業必將興起，以及信託業務應該多角經營
> 遠見。「好天著存雨來糧。」這句未雨綢繆的台語俗諺，是父親經常
> 掛在嘴邊並身體力行的一句話。當年父親先後在日本與美國攻讀經
> 濟，因此對世界未來的金融走向早有預知。終戰後，**父親屢屢對大
> 哥盤谷提及，要多吸收保險方面的資訊**，儲備應對未來社會變遷的
> 能力。〔註18〕

可惜的是，由於行政長官陳儀（1883～1950）〔註19〕對大公企業的設立似乎頗
有微詞，加上主導者陳炘不幸在二二八事件中遇害，大公企業最終並沒有什麼
作為，當然也就無法對保險市場做出實質貢獻。

　　經由以上梳理，我們對於戰後初期臺灣保戶所關心的事情已勾勒出頗為
清晰的圖像。歸納而言，最受關注者有二，分別是「壽險契約效力問題」及「戰
爭保險金給付問題」。有關壽險契約效力問題，如前所述，1945 年的壽險有效
契約已達 50 餘萬件，其中屬於臺灣人者約占 70%，更重要的是，這 30 餘萬
件臺籍保戶擁有的壽險契約對應著 9,028 萬 3,342.08 元的責任準備金，〔註20〕
這筆款項是由保戶長年溢繳的保費（相對於自然保費）所積累而來，簡單地說，
可以想像成保戶在保險業的存款。〔註21〕在此情況下，保戶一方面不確定保險
業未來能否正常履約，因而對繼續繳納保費有所遲疑，另方面卻又擔心如果不
繳納保費將導致契約失效，長年積累的責任準備金將付之一炬。

〔註18〕高陳雙適口述，許月梅撰文，《靜待黎明》（臺北：玉山社，2015 年 2 月），頁
172。

〔註19〕陳儀，浙江紹興人。日本士官學校中國學生隊第 5 期砲兵科，1917 年再赴日
本陸軍大學深造，為該校第一期中國學生。1926 年歸順國民革命軍，國民政
府成立後出任國民政府軍政部兵工署長，後曾任福建省政府主席、行政院秘
書長等職。戰後奉命接收臺灣，出任首任行政長官。二二八事件後卸下行政長
官職務，先任國民政府顧問，1948 年任浙江省政府主席，1950 年因通敵叛國
被捕，於臺北遭槍決。許雪姬總策畫，《臺灣歷史辭典》，頁 826。

〔註20〕生命保險協會，《昭和生命保險史料（第 5 卷）》，頁 48～51；「臺灣人壽保險
公司接收各生命會社情形核示案」（1947-01-30），〈人壽保險公司接收清冊〉，
《臺灣省行政長官公署》，國史館臺灣文獻館，典藏號：00329520002005。

〔註21〕嚴格來說應該是「保單價值準備金」，但目前筆者未能找到相關數據。不過從
整體的角度來說，責任準備金和保單價值準備金的差異不會太大。一般而言，
保險業基於財務穩健原則，責任準備金的金額會高於保單價值準備金。

　　至於戰爭保險金給付問題，在日本投降的 1945 年 8 月 15 日之後，保險業仍持續給付戰爭保險金，直到長官公署於 11 月間下令暫停給付為止。如上所述，保險業總共給付了約 3 億元的戰爭保險金，但到 11 月間暫停給付之際，產、壽險業經審核完畢應給付而未給付的戰爭保險金仍分別有 4 億 599 萬 5,677.01 元、195 萬 6,687 元之多，〔註22〕這也就是為什麼保戶紛紛向長官公署陳情的原因。事實上，就連縣市政府都有相同的請求，例如基隆市政府「為求基隆復興迅速完成起見」，雖明知戰爭保險金「應視為日本政府之一種債務，我國臺灣省自無代其償還之必要」，但仍於 1946 年 1 月 9 日建請長官公署解除禁令，同意支付屬於臺灣人部份的保險金 1,278 萬餘元（個人 449 萬元，法人 829 萬元）。對此，行政長官陳儀批示「如予照准，其他縣市勢必援例請求」，故長官公署答復「查各保險會社正在清查監理，所請應暫從緩」〔註23〕，而這也代表當時長官公署的政策立場，在 1946 年 2 月 16 日處理辦法提出前，所有陳情案的答復皆未脫離該意旨。

　　除了上述兩個問題外，保險業應交由民營或收歸公營則是另一個被提出的重要問題，但兩種意見皆有支持者，關於這部分，涉及到更上位的戰後臺灣公營事業體制問題，將留待後續一併討論。

二、國家行局主導的金融體系接收規劃

　　在瞭解戰後初期臺灣保戶的反應後，我們將目光轉向接收者，探討他們的接收規劃為何？在正式進入討論之前，必須先指出一個困難，就是在中國政府的接收規劃中，並未提及保險業，故我們退而求其次以金融體系的接收規劃作為討論對象，並將之類推適用於保險業。

　　臺灣自 1895 年因馬關條約被割讓予日本以來，臺灣與中國就分屬兩個不同國家，雖有許多臺灣人存有祖國情懷，並期待中國協助臺灣脫離日本殖民統治，惟奈何同時期的中國政局並不穩定，難有能力提供臺灣實質幫助。最廣為人知的例子莫過於林獻堂和梁啟超（1873～1929）〔註24〕1907 年在日

〔註22〕黃正宗，〈戰後臺灣戰爭保險金求償問題研究（1945～1957）〉，頁 40～42。

〔註23〕「基隆市政府臺籍人民戰爭保險金等請解禁核示案」（1946 年 01 月 09 日），〈申請賠償戰時火災保險金〉，《臺灣省行政長官公署檔案》，國史館臺灣文獻館，典藏號 00312620005002。

〔註24〕梁啟超，廣東新會人。17 歲中舉人，同時亦為康有為受業門生，師徒二人最重要的事蹟為 1898 年推動「戊戌變法」，變法失敗後，梁氏亡命日本 14 年，

本的一段對談。林氏就爭取臺民自由問題就教梁氏，梁氏答復 30 年內中國絕對無力幫助臺灣，建議取法愛爾蘭模式，爭取日本政界人士的同情與支持，一般認為這段對談對林獻堂日後主導「臺灣議會設置請願運動」有相當程度的影響。〔註 25〕

　　1937 年 7 月 7 日，蘆溝橋事變爆發，中日開戰，但當時中國政府的立場仍僅止於聲援臺灣人的民族解放運動，要到 1941 年 12 月 9 日中國正式對日宣戰以後，外交部長宋子文（1894～1971）〔註 26〕才於隔（1942）年 11 月 3 日聲明：「我國戰後決定收復臺灣、澎湖、東北四省等失地。」〔註 27〕簡言之，在「收復失地」聲明以前，雖不乏「臺灣回歸祖國」之倡議，但皆不成氣候，要到 1942 年 11 月 3 日之後，收復臺灣才成為中國政府的既定政策。

　　收復臺灣政策形成後，各界隨即針對收復臺灣的議題進行熱烈討論，〔註 28〕但要到《淪陷區敵國資產處理辦法》於 1944 年 3 月 14 日頒布後，收復臺灣一事方見諸法令之中。〔註 29〕該辦法計 4 點，第 1 點規定「凡敵國在中國工礦事業之資本財產，及一切權益，一律沒收作為國有……」，並於該點的說明敘

　　　　至民國成立後始返國。曾任熊希齡內閣司法總長、段祺瑞內閣財政總長。1920
　　　　年自歐洲考察返國，決定放棄政治生涯，致力於教育事業，先後任教於北京大
　　　　學、南開大學、東南大學，並曾任清華學校國學研究院導師、北京圖書館館
　　　　長、司法儲才館館長。畢生著作等身，不下 1,400 萬言，並有多部膾炙人口的
　　　　經典之作。〈民國人物小傳（2）〉，《傳記文學》22：5（1973 年 5 月），頁 97。
〔註 25〕甘得中，〈獻堂先生與同化會〉，收入林獻堂先生紀念集編纂委員會編，《林獻
　　　　堂紀念集：追思錄（卷三）》（臺中：編者，1950 年 12 月），頁 28；葉榮鐘，
　　　　〈林獻堂與梁啟超〉，收入氏著，《臺灣人物群像》（臺中：晨星，2000 年 8 月），
　　　　頁 199～203。
〔註 26〕宋子文，廣東文昌人。上海聖約翰大學畢業、美國哈佛大學經濟學碩士、哥倫
　　　　比亞大學經濟學博士。歷任財政部長、外交部長、行政院長等職數十年，為近
　　　　代中國政界及金融界要人。長姐藹齡，適孔祥熙；二姐慶齡，適孫文；妹美齡，
　　　　適蔣中正。〈民國人物小傳（66）〉，《傳記文學》36：3（1980 年 3 月），頁 141
　　　　～142。
〔註 27〕鄭梓，〈抗戰時期對於「收復台灣」之輿論反應──國民政府擬訂「台灣接管
　　　　計畫」的背景分析〉，收入氏著，《戰後台灣的接收與重建──台灣現代史論文
　　　　集》，頁 1～43。
〔註 28〕有關這方面的言論，可參閱：洪卜仁編，《臺灣光復前後（1943～1946）》（廈
　　　　門：廈門大學出版社，2010 年 11 月），頁 3～16。
〔註 29〕陳翠蓮指出，中國政府對於各界關於收復臺灣的建議持保留態度，要到 1943
　　　　年 12 月開羅會議後，態度才有所轉變。對照《淪陷區敵國資產處理辦法》頒
　　　　布的時間點，的確相當吻合。陳翠蓮，《重構二二八：戰後美中體制、中國統
　　　　治模式與臺灣》（新北：衛城，2017 年 2 月），頁 51～52。

明「所謂淪陷區者，東北各省及臺灣、澎湖羣島皆在其內……」〔註30〕該辦法係因總統蔣中正（1887～1975）認為抗戰勝利為期不遠，為利未來反攻時隨軍事進展得以接收整理敵國經營之事業，俾早日恢復生產，促進戰後經濟發展，爰指示經濟部應預為擬訂相關辦法。不過，該辦法的具體執行並不是中國政府單方面可決定，外交部便指出部分事項仍有待與同盟國接洽。〔註31〕該辦法隨後略作修正，於1945年3月經行政院通過國防最高委員會備案。〔註32〕

《淪陷區敵國資產處理辦法》雖將臺灣納入，但一來該辦法內容過於簡略，二來該辦法是全國性規定，對於我們理解中國政府接收臺灣的規劃幫助有限。較詳盡的規劃，要從1944年4月17日設立的「臺灣調查委員會」（下稱臺調會）談起。臺調會隸屬於國防最高委員會中央設計局，首任主任委員為陳儀，並先後聘任沈仲九（1887～1968）〔註33〕、王芸生（1901～1980）〔註34〕、錢宗起（？～1988）〔註35〕、夏濤聲（1900～1968）〔註36〕、周一鶚（1905

〔註30〕 秦孝儀主編，《中華民國重要史料初編──對日抗戰時期（第7編：戰後中國（四））》（臺北：中國國民黨中央委員會黨史委員會，1981年9月），頁40～42。

〔註31〕 〈淪陷區敵國資產處理辦法及其他〉，《外交部》，國家發展委員會檔案管理局藏，檔號：A303000000B/0033/078.2/0001。

〔註32〕 〈淪陷區敵國資產處理辦法〉，收入臺灣省接收委員會日產處理委員會編，《臺灣省日產處理法令彙編（第1輯）》（臺北：編者，1946年9月），頁153～154。

〔註33〕 沈仲九，浙江紹興人。陳儀夫人沈蕙之堂弟。有留學日本、德國經驗。曾任上海立達學院院長、上海勞動大學代校長等職。自1933年底陳儀主持福建省政時，一直跟隨陳儀，為陳儀最重要的幕僚之一。1945年10月底起擔任長官公署顧問，1946年10月兼任長官公署設計考核委員會常務委員，1947年4月請辭獲准。陳儀投共時，沈氏作為其與中國共產黨談判的代表。林獻堂著，許雪姬等共同註解，《灌園先生日記（廿三）》（臺北：中研院臺史所，2012年7月），頁82；胡允恭（邦憲），〈地下十五年與陳儀〉（原載於〈國民黨軍倒戈內幕（下集）〉），《傳記文學》60：6（1992年6月），頁61。

〔註34〕 王芸生，原名德鵬，河北靜海人。1926年創辦《民力報》，1927年任天津大公報編輯，後任大公報資料室主任、特派員、主筆、總編輯等職。1948年投共，歷任政協委員、天津大公報社長、人大代表、政協常委、中華全國新聞工作者協會副主席、北京大公報社長等職。著有《六十年來中國與日本》。〈回首世紀北歲百人：1901年誕生的一百位人物（下篇）〉，《傳記文學》78：2（2001年2月），頁28。

〔註35〕 錢宗起（履周），浙江紹興人。戰後，曾任善後救濟總署臺灣分署署長及臺灣省政府秘書處處長。林獻堂著，許雪姬等共同註解，《灌園先生日記（十九）》（臺北：中研院臺史所，2011年7月），頁10；戴國輝，〈還給歷史真實的面貌！──從「二二八事件調查報告」談起〉，《聯合報》，1989年2月28日，第2版。

〔註36〕 夏濤聲。安徽懷寧人。曾就讀北京大學政治系。曾任中國青年黨中央常務委員

～？）〔註37〕、丘念台（1894～1967）〔註38〕、謝南光（1902～1969）〔註39〕、
黃朝琴（1897～1972）〔註40〕、游彌堅（1897～1971）〔註41〕等人擔任委
員。該委員會主要工作有三，分別為（1）擬訂《臺灣接管計畫綱要》（下稱
《接管綱要》）；（2）培訓接管臺灣之幹部；（3）編輯概況、選譯法令、研究

兼政治部長、福建省莆田縣長、福建省主席辦公廳主任等職。戰後任長官公署
宣傳委員會主任委員，1946 年改任立法委員，直至亡故，先後參加外交、財
政、經濟等委員會。曾創辦《風雲雜誌》、《民主潮》半月刊。林獻堂著，許雪
姬等共同註解，《灌園先生日記（十七）》，頁 414～415。

〔註37〕周一鶚，福建人。北京高等師範學校畢業、法國波亞芝野大學生物學碩士。曾
任國立北平師範大學、國立武漢大學及中法大學等校教授、中央經濟委員會
委員、福建省政府委員兼糧食管理局局長、國家總動員會議糧鹽組主任、中央
訓練團臺灣行政幹部訓練班副主任等職。戰後，任長官公署民政處處長。林獻
堂著，許雪姬等共同註解，《灌園先生日記（廿三）》，頁 81。

〔註38〕丘念台，臺中潭子人。丘逢甲之子。日本東京帝國大學鑛山學科畢業。曾任廣
東省立工業專門學校校長、國立中山大學教授、第四、第七戰區長官部少將參
議、中國國民黨臺灣省黨部主任委員、監察委員、總統府資政、臺灣銀行監察
人等職。著有自傳《嶺海微飆》。中華民國工商協進會編，《中華民國工商人物
志（1963）》（臺北：編者，1963 年 2 月），頁 53；〈民國人物小傳（18）〉，《傳
記文學》25：4（1974 年 10 月），頁 103。

〔註39〕謝南光，原名春木。彰化人。臺北師範學校、東京高等師範學校畢業。曾任臺
灣民眾黨政治部主任、勞農委員會主席。1931 年底舉家移住中國，創設抗日
機關「華聯通信社」。1933 年 12 月改名南光，曾任南洋華僑聯合會書記、國
際問題研究所秘書長、臺灣革命同盟會主任委員。戰後曾任中國駐日代表團
第二組（政治經濟組）副組長。1952 年前往中國，以「特別招待人」的身分
參加政治協商會，復出任中國人大代表等職，後病逝於北京。林獻堂著，許雪
姬等共同註解，《灌園先生日記（廿二）》（臺北：中研院臺史所，2012 年 2 月），
頁 53。

〔註40〕黃朝琴，臺南鹽水人。日本早稻田大學政治經濟科畢業、美國伊利諾大學
政治學碩士。1928 年至國民政府外交部服務，歷任科員、秘書、科長、駐
美國舊金山、仰光、加爾各答總領事等職。戰後以外交部駐臺灣特派員兼
臺北市長職務來臺。1946 年臺灣省參議會成立後，當選議長，並蟬聯議長
（含後續的臨時省議會、省議會）17 年之久。亦曾任第一銀行、國賓大飯
店董事長。〈民國人物小傳（45）〉，《傳記文學》31：3（1977 年 3 月），頁
129～130。

〔註41〕游彌堅，原名柏，臺北內湖人。東京日本大學政治經濟科畢業。1927 年赴中
國大陸，改名彌堅。曾任南京中央軍校少校政治教官、駐法大使館秘書、財政
部稅警總團軍需處長、兵工署科長、湖南省政府財政廳科長、財政部花紗布管
制局鄂北處處長等職。戰後，曾初任財政部駐臺灣財政金融特派員、臺北市長
等職。後轉向工商業發展，曾任臺灣紙業公司董事長、泰安產物、國語日報社
董事長等職。林獻堂著，許雪姬等共同註解，《灌園先生日記（十九）》，頁 10
～11。

專題。〔註42〕以下特別關注第（1）點，也就是《接管綱要》的擬訂。

《接管綱要》在歷經多次討論後，於 1945 年 3 月 14 日簽奉核定，同月 23 日頒發，計 16 章 82 點，分別為通則、內政、外交、軍事、財政、金融、工礦商業、教育文化、交通、農業、社會、糧食、司法、水利、衛生、土地。〔註43〕《接管綱要》無論在結構或內容上，皆係承襲 1944 年 7 月 31 日國防最高委員會通過的《復員計畫綱要》。《復員計畫綱要》旨在作為各主管機關擬訂各項復員計畫之準則，並指出「屬同一區域而須統一辦理者」訂定復員綜合計畫。〔註44〕亦即，《接管綱要》係屬《復員計畫綱要》所稱之復員綜合計畫。表 3-1 整理《接管綱要》中與臺灣保險市場接收之相關條文，並註明關係何在。

表 3-1：《臺灣接管計畫綱要》與保險市場接收相關之條文

章	點	條文內容	關　係
通則	5	民國一切法令，均通用於臺灣，必要時得制頒暫行法規。日本佔領時代之法令，除壓榨、箝制臺民、牴觸三民主義及民國法令者應悉予廢止外，其餘暫行有效，視事實之需要，逐漸修訂之。	保險相關法律制度之改制。
	9	每接管一地，應儘先辦理左列事項：（甲）接收當地官立公立各機關，……，依照民國法令分別停辦改組或維持之；但法令無規定而事實有需要之機關，得暫仍其舊。	保險監理機關之接收。
金融	26	接管後，應由中央銀行發行印有臺灣地名之法幣，並規定其與日本佔領時代貨幣（以下簡稱舊幣）之兌換率及其期間。兌換期間，舊幣暫准流通，舊幣持有人應於期內按法定兌換率換法幣，逾期舊幣一概作廢。	貨制轉換涉及各種計價基礎的改變，例如：保險費、保險金額、資產價值等。
	28	在對敵媾和條約內，應明訂敵國政府對於臺灣銀行及臺灣人民所負擔之債務，須負償還責任。	戰爭保險金之給付。

〔註42〕鄭梓，〈國民政府對於「收復台灣」之設計——台灣接管計畫之草擬、爭議與定案〉，收入氏著，《戰後台灣的接收與重建——台灣現代史論文集》，頁 47～51。

〔註43〕〈臺灣接管計畫綱要〉、〈臺灣調查委員會黨政軍聯席會第一次會議紀錄——民國三十四年六月二十七日〉，收入張瑞成編，《中國現代史史料叢編第四集：光復臺灣之籌劃與受降接收》（臺北：中國國民黨中央委員會黨史委員會，1990 年），頁 109～119、144～145。

〔註44〕秦孝儀主編，《中華民國重要史料初編——對日抗戰時期（第 7 編：戰後中國（四））》，頁 351～381。

	31	日本在臺所設立之公私銀行及其他金融機關，我國政府接管臺灣後，先予以監督，暫令其繼續營業，一方面調查情形，予以清理、調整及改組，並要時得令其停業。	保險業之接收程序。
交通	52	接管後，各項交通事業（如鐵道、公路、水運、航空、郵電等），不論官營、公營、民營，應暫設一交通行政臨時總機關，統一指揮管理。	簡易壽險之接收程序。

資料來源：〈臺灣接管計畫綱要〉，收入張瑞成編，《中國現代史史料叢編第四集：光復臺灣之籌劃與受降接收》，頁 109～119。

　　隨後，在《接管綱要》的基礎上，研訂更為詳細的《臺灣金融接管計畫草案》（下稱《金融草案》），經提報臺調會 1945 年 8 月 15 日討論，決議「修正通過」。〔註45〕《金融草案》全文計 17 點，以下針對 3 點最重要的規定進行說明，全文請參閱附錄 1。〔註46〕首先，在接管機關方面，明定由四聯總處、四行二局會同臺灣省政府成立「接管臺灣金融委員會」，該委員會在各金融機關完成改組後廢止，金融行政改由省政府財政廳設科主管（第 1 點）。〔註47〕其次，在接管步驟方面，先派員監督各金融機關，使其繼續營業，隨後進行接管及改組，其分工如表 3-2（第 2 至 4 點）。最後，中央銀行應發行地名流通券，並以適當比率兌換日治時期流通之臺灣銀行券（第 7 點）。〔註48〕

　　由上可知，在中國政府的規劃中，中央政府所掌握的國家行局在戰後臺灣金融體系的接收扮演主導地位。保險業雖未在規劃之中，但如下文所述，大陸

〔註45〕〈臺灣調查委員會座談會記錄——民國三十四年八月十五日〉，收入張瑞成編，《中國現代史史料叢編第四集：光復臺灣之籌劃與受降接收》，頁 147～149。

〔註46〕上述會議記錄並未敘明修正內容為何，故接下來討論的草案內容不確定是提報座談會討論的版本，抑或是座談會決議後的修正版本。

〔註47〕四聯總處係「中央、中國、交通、農民四銀行聯合總辦事處」之簡稱，成立於1937 年對日抗戰時期，旨在結合國家銀行力量，推行國策。四聯總處秘書處編，〈序言〉，《四聯總處重要文獻彙編》（南京：編者，出版年月不詳），不著頁碼。四行二局則是指前述中央銀行、中國銀行、交通銀行、中國農民銀行，再加上郵政儲金匯業局、中央信託局，是國民政府時期控制中國金融體系最重要的金融機構。有關四行二局體制的形成，可參閱：Parks M. Coble Jr.著，楊溪孟譯，《上海資本家與國民政府》（北京：中國社會科學出版社，1988 年），頁 231～248；邱松慶，〈南京國民政府初建時期的金融體系〉，《黨史研究與教學》（1998 年第 6 期，總第 144 期），頁 54～59。

〔註48〕〈臺灣金融接管計畫草案〉，收入張瑞成編，《中國現代史史料叢編第四集：光復臺灣之籌劃與受降接收》，頁 175～178。

地區的保險業接收也是由國家行局的中央信託局（下稱中信局）辦理，背後政策思維一致。

表 3-2：《臺灣金融接管計畫草案》有關金融機構接管及改組之分工

序號	原金融機關	負責接管機關	改組後組織
1	臺灣銀行	臺灣省政府	臺灣省營銀行
2	日本勸業銀行	中國農民銀行	中國農民銀行分行
3	臺灣商工銀行	交通銀行	交通銀行分行
4	臺灣貯蓄銀行	中央信託局	中央信託局分局
5	華南銀行	中國銀行	N/a（必要時得令其停業）
6	三和銀行	N/a	純臺籍資本銀行
7	郵政儲金及保險	郵政儲金匯業局	N/a
8	信用組合	地方政府	N/a

說明：序號 5、7、8，在草案中並未明定改組後組織為何，但參照其他金融機構之例，華南銀行應規劃作中國銀行分行（或停業）、郵政儲金及簡易壽險業務則設立分局、信用組合為縣、市營或民營。序號 6 則未明定由何機關負責接管，但既規劃改組為純臺籍資本銀行，推測應係由臺灣省政府負責。

資料來源：〈臺灣金融接管計畫草案〉，收入張瑞成編，《中國現代史史料叢編第四集：光復臺灣之籌劃與受降接收》，頁 176。

第二節　戰後接收過程

一、戰後臺灣接收體系

接著我們探討實際接收過程。臺灣之接收始於 1945 年 11 月 1 日，由長官公署及警備總部共同組織「臺灣省接收委員會」，分成民政、財政金融會計、教育、農林漁牧糧食、工礦、交通、警務、宣傳、軍事、司法法制、總務等 11 組，除軍事部分由警備總部負責外，餘由長官公署各主管單位兼任各組主任。〔註49〕依該委員會的說明，「除由本省行政長官公署視省內各機關之業務需要，**指定接收**者外，一律由本會各縣市分會接收」〔註50〕，圖 3-1 繪出三個接

〔註49〕臺灣省接收委員會日產處理委員會編，《臺灣省接收委員會日產處理委員會結束總報告》（臺北：編者，1947 年 6 月），頁 2～3。

〔註50〕臺灣省接收委員會日產處理委員會編，《臺灣省接收委員會日產處理委員會結束總報告》，頁 10。

收系統，「中央機關駐臺辦事處」及「長官公署直屬機關」兩個系統即是前述「指定接收」，不過在實際執行上，這兩個系統合而為一。〔註51〕

　　保險業接收屬於「指定接收」系統，但因主管機關不同，又可分為兩個子系統，第一個是原臺灣總督府農商局商政課主管的產險、壽險及戰爭保險，由財政處主政；第二個是原臺灣總督府交通局遞信部主管的簡易壽險，由交通處主政。以下先介紹第一個系統，最後再討論簡易壽險的接收。

圖 3-1：臺灣省接收日產手續程序圖

臺灣省接收日產手續程序圖

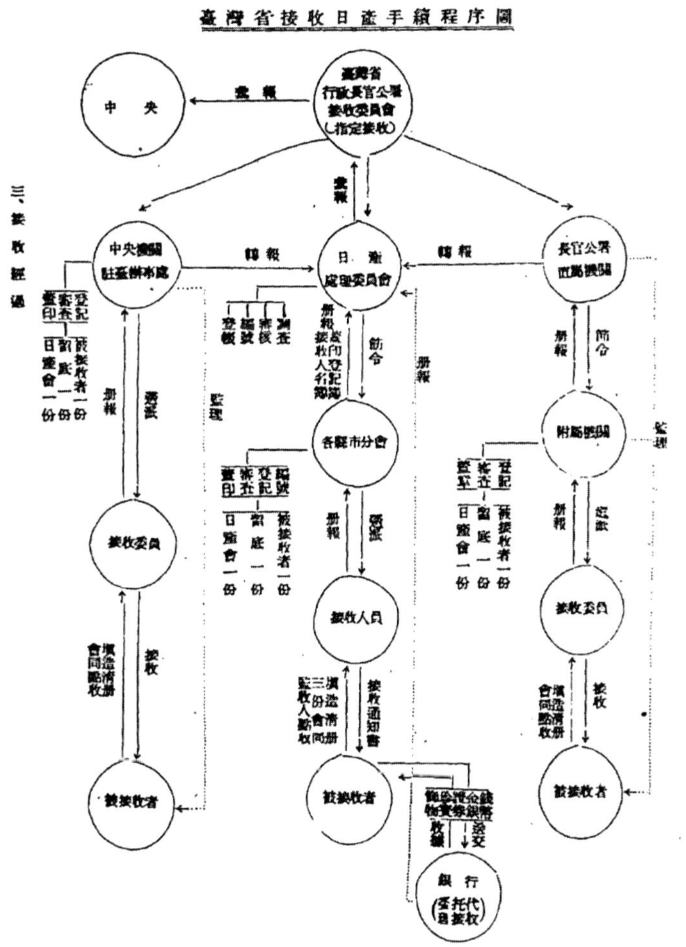

資料來源：臺灣省接收委員會日產處理委員會編，《臺灣省接收委員會日產處理委員會結束總報告》，頁13。

〔註51〕陳亮州，〈戰後台灣日產的接收與處理〉，頁87。

二、符合保戶期待的處理辦法

包含保險業在內的金融業接收程序可區分為檢查、監理、接收三步驟，職司金融業接收的財政處針對上述三步驟有以下說明：

一、檢查：光復之初，即由省分別派員檢查全省各金融機構的全部資產、人事組織、業務情況，檢查期間以一個月為限。

二、監理：檢查完成後，即繼續委派監理委員組織各金融機關監理委員會，直接負責監理各該機關業務之進行。監理之目的在求：

（一）予接收準備以充份的時間，使將來改組整理工作不生困難。

（二）各金融機關在未接收前業務均能繼續進行而不停頓，對市場金融不生影響。

（三）各金融機關在監理之下，其業務都能遵守政府意旨進行，可無越軌之虞。

三、接收：各金融機構監理工作完成之日，即為接收開始之時。〔註52〕

以上步驟大致上不錯，但在保險業卻有須稍加補充之處。依據財政處長張延哲 1945 年 11 月 30 日的簽呈，臺灣銀行、勸業銀行、三和銀行在當時已完成檢查程序，準備組織監理委員會；華南銀行、商工銀行、彰化銀行、貯蓄銀行、產業金庫、信託會社則正要準備派員檢查，至於保險會社及無盡會社並未提及。〔註53〕1945 年 12 月，「臺灣省保險會社監理委員會」奉准成立，由財政處主任秘書何宜武（1913～2001）〔註54〕兼任主任監理委員，參議文永詢、

〔註52〕臺灣省行政長官公署財政處編，《臺灣一年來之財政》（臺北：臺灣省行政長官公署宣傳委員會，1946 年 12 月），頁 56。

〔註53〕「張武等 16 員派充臺灣省各銀行監理委員案（2）」（1945-11-30），〈銀行監理檢查人員任免〉，《臺灣省行政長官公署》，國史館臺灣文獻館，典藏號：00303232096005。

〔註54〕何宜武，福建壽寧人。北京朝陽大學政治經濟系畢業。1936 年參加國家高等考試及格，分發至福建省政府民政廳服務。後歷任秘書處法制室編審、糧食局視察、秘書、幹部訓練委員會組長等職。1942 年轉任國家動員會議，歷任專員、科長等職。1944 年任重慶市政府財政局局長。戰後來臺，歷任長官公署財政處主任秘書兼「臺灣省保險會社監理委員會」主任監理委員、法制委員會委員。1946 年轉任上海市財政局專門委員。1949 年任僑務委員會第三處處長，自此皆貢獻於推動華僑經濟事業之發展。何邦立、汪忠甲主編，《何宜武與華僑經濟》（臺北：華僑協會總會，2015 年 3 月）。

楊貽清為監理委員，中國銀行及中國農民銀行行員黃一殊、諸寶戀、蔡篤伶、吳九如為監理專員，12 月 22 日「前往各保險會社實施監理，先行檢查項目，並監督業務。」〔註55〕也就是說，保險監理委員會雖於 1945 年 12 月成立，但並不表示已經進入第二步驟的監理，而是以監理委員會的身分執行第一步驟的檢查。至於從 1945 年 11 月 1 日到監理委員會成立前的這段時間，執政當局針對保險業接收是否曾有其他措施，目前不太清楚。

　　保險監理委員會的檢查工作大致在 1946 年 1 月底結束，並提交〈檢查臺灣省各保險會社報告書〉一份，該報告分兩部分，第一部分說明各保險業的財務、業務概況，第二部分提出對保險業的處理建議。1946 年 1 月 27 日的《民報》報導提及「行政長官公署財政處已派何主任秘書、文商政科長等數名為監理員，赴各人壽保險公司監理業務，現已告完畢，不日將要發表此後之經營方針，當道希望受保險人可放心繼續保險，無須廢約」，〔註56〕這應該是戰後執政當局針對保險後續施政措施所作的第一次對外說明。報告書提交財政處後，財政處長張延哲旋即於 1946 年 2 月 7 日向上簽報，2 月 13 日奉行政長官陳儀批准，2 月 16 日由財政處向各產、壽險業者發布訓令，指示相關處理辦法，並以致丑（銑）財四字第 547 號公告，針對戰爭保險部分發布處理辦法，以下擇要說明訓令及辦法之內容，全文請參閱附錄 2：

〔註55〕有關保險監理委員會成立的確切日期，目前常見的說法是 1945 年 12 月 12 日，可見於：臺灣產物保險公司，〈臺灣產物保險公司概況〉，《臺灣銀行季刊》1：2（1947 年 9 月），頁 132；秦賢次、吳瑞松，《臺灣保險史綱：1836～2007》，頁 60；李虹薇，〈臺灣產物保險業之發展（1920～1963）〉，頁 41。但時任財政處長張延哲是在 1945 年 12 月 13 日才簽報擬成立保險監理委員會，同月 15 日經行政長官批准，再於同日發出何宜武等人的人事命令，另依據張延哲 1946 年 2 月 7 日簽呈，稱何宜武等人於 1945 年 12 月 22 日前往各保險會社實施監理。是以，無論依指派主任監理委員的日期或實際開始監理（檢查）的日期，保險監理委員會成立的日期都不應該是 1945 年 12 月 12 日，一份名為〈臺灣省產物保險股份有限公司籌備處概況調查〉的資料稱保險監理委員會成立日期是 1945 年 12 月 22 日，應該是較接近事實的說法。「臺灣保險會社監理委員何宜武等 7 員派任案」（1945-12-13），〈保險會社監理委員會人員任免〉，《臺灣省行政長官公署》，國史館臺灣文獻館，典藏號：00303231375001；「日賠償戰爭保險金處理辦法公告案」（1946-02-13），〈關於日人債務〉，《臺灣省行政長官公署》，國史館臺灣文獻館，典藏號：00326620052002；〈臺灣省產物保險股份有限公司籌備處概況調查〉，收入陳鳴鐘、陳興唐編，《臺灣光復和光復後五年省情（下）》（南京：南京出版社，1989 年 12 月），頁 408～410。

〔註56〕〈人壽保險公司 監理員已派畢〉，《民報》，1946 年 1 月 27 日，第 109 號，第 1 版。

一、產險業由大成火災，壽險業由千代田生命、第一生命接受財政處委託受理新契約，責任由財政處承受；產險業舊契約交由大成火災辦理，其餘 11 家業者自 1946 年 2 月 16 日起結束營業，壽險業舊契約仍由各壽險業辦理，但應合署辦公。

二、1945 年 8 月 15 日（含）以前逾期未繳納保費之壽險契約，其契約效力按契約規定辦理，8 月 16 日後始逾期未繳納保費者，可提出補繳保費之申請，由監理委員准駁。

三、欲申請戰爭保險金給付者，應限期登記，確定應給付者，屬日本人者開立證明，以利其向日本政府求償，屬中國人者由政府向日本政府求償後轉發。

四、壽險保險金屬日本人者，由契約所屬保險業開立證明，以利其向日本總公司求償。〔註 57〕

五、各保險業在臺帳務清理完成後，即接收合併改組新公司，並派員至日本清理欠款。〔註 58〕

綜觀上述處理辦法，臺灣保戶最關心的兩個問題，即「壽險契約效力問題」及「戰爭保險金給付問題」，皆有被考慮到，並且作出合理的安排。《民報》1946 年 2 月 18 日的社論指出「財政處前已派員監理……用心調查帳項……慎重考究有效適切的處理辦法……我們可以贊成如此措施可使被保險者安心照前繼續保險，而且收不到保險金的被保險者亦可以放心，……對日人被保險者之設法，……足可給他們相當的感激和感謝……」〔註 59〕，由此可知輿論對於財政處所提出的處理辦法給予相當高的評價。不過，計劃往往趕不上變化，財政處提出的處理方案雖頗受肯定，但能否順利執行呢？關於這部分，屬於後續「接收後的處理」範疇，留待下一章探討，以下先完整交代接收、改組的過程。

三、臺灣產物、臺灣人壽的誕生

1946 年 4 月 19 日，財政處長張延哲改任長官公署秘書處長，遺缺由交通處長嚴家淦接任，4 月 25 日接篆視事。〔註 60〕5 月 13 日，交通處主任秘書黃

〔註 57〕產險業並無類似規定，原因目前尚不清楚。

〔註 58〕「日賠償戰爭保險金處理辦法公告案」；〈臺灣省各保險會社檢查報告書及相關文件（1946 年 2 月）〉，頁 53～56、62～64；〈各種保險處理方法 由長官批准公布〉，《民報》，1946 年 2 月 17 日，第 130 號，第 2 版。

〔註 59〕〈社論：保險事業的將來〉。

〔註 60〕「財政處處長張延哲嚴家淦調任案」（1946-04-19），〈財政處移交案〉，《臺灣省行政長官公署》，國史館臺灣文獻館，典藏號：00329500001007；「財政處處

秉心奉命接任保險監理委員會主任監理委員，並於 5 月 17 日與原主任監理委員何宜武完成交接。〔註61〕6 月 16 日，第二步驟的監理工作告一段落，遂於是日廢止保險監理委員會，同時成立臺灣產物籌備處、臺灣人壽籌備處，分別奉令接收日治時期的 12 家產險業及 14 家壽險業，原主任監理委員黃秉心任該二籌備處主任。〔註62〕至此，日治保險業正式消失於歷史舞台。

　　1947 年 4 月 24 日，為使黃秉心專任臺灣產物籌備處業務，促進工作效率，免其兼任臺灣人壽籌備處主任，遺缺由王紹興（1914～？）〔註63〕接任。〔註64〕5 月 10 日，經臺灣銀行、通運公司、航業公司、華南銀行、工商銀行、土地銀行等六單位出資，臺灣產物籌備處正式改制為公司，首屆董事為嚴家淦、黃秉心、劉啟光（1905～1968）〔註65〕、馮文啟、周菩提（1894～？）〔註66〕等五

　　　　長嚴家淦呈報接收日期案」（1946-04-25），〈財政處人員任免〉，《臺灣省行政長官公署》，國史館臺灣文獻館，典藏號：00303232059013。

〔註61〕「臺灣省保險會社主任監理委員何宜武請辭及黃秉心接充案」（1946-05-07），〈銀行監理檢查人員任免〉，《臺灣省行政長官公署》，國史館臺灣文獻館，典藏號：00303232097002；「臺灣省保險會社移交備查案」（1946-05-18），〈賠償保險金處理辦法〉，《臺灣省行政長官公署》，國史館臺灣文獻館，典藏號：00312620002001。

〔註62〕「臺灣產物人壽保險公司籌備處主任黃秉心離就職通知書」（1946-06-26），〈財政處附屬機關人員任免〉，《臺灣省行政長官公署》，國史館臺灣文獻館，典藏號：00303200007008；〈臺灣省產物保險股份有限公司籌備處概況調查〉、〈臺灣省人壽保險股份有限公司籌備處概況調查〉，收入陳鳴鐘、陳興唐編，《臺灣光復和光復後五年省情（下）》，頁 408～410、410～411。

〔註63〕王紹興，福建廈門人。廈門大學法商學院畢業。曾任財政部福建直接稅局第一科科長、福建區稅務管理局第一科科長、閩浙區直接稅局福州分局局長、長官公署參議、臺灣人壽籌備處主任、臺灣人壽總經理等職。林獻堂，《灌園先生日記》，1955 年 1 月 1 日。引自：臺灣日記知識庫，網址：https://taco.ith.sinica.edu.tw/tdk/。

〔註64〕「臺灣人壽保險公司籌備處主任王紹興派任案」（1947-04-18），〈人壽保險公司接收清冊〉，《臺灣省行政長官公署》，國史館臺灣文獻館，典藏號：00329520002009；「臺灣人壽公司籌備處兼主任王紹興接印視事案」（1947-04-24），〈接鈴視事〉，《臺灣省行政長官公署》，國史館臺灣文獻館，典藏號：00301200006010。

〔註65〕劉啟光，原名侯朝宗。嘉義六腳人。嘉義商業學校畢業。1927 年遭日警逮捕禁錮，出獄後潛赴中國，並改名。二戰末期任國民黨臺灣黨務工作籌備處設計委員兼秘書、軍事委員會臺灣工作團少將主任。戰後，奉命來臺接收新竹縣，後曾任華南銀行籌備處主任、董事長、臺灣省政委員、臺灣省臨時省議會議員。許雪姬總策畫，《臺灣歷史辭典》，頁 1199～1200。

〔註66〕周菩提，臺北人。臺灣總督府國語學校師範部乙科畢業。曾任教於國語學校附屬公學校、大稻埕公學校。1917 年轉至新高銀行服務，任放款股長。1923 年

人，其中嚴家淦任董事長，黃秉心任總經理，徐上珍（1907～？）〔註67〕、龔積芝等二人為首屆監察人。〔註68〕1947年12月1日，經臺灣銀行、工商銀行、華南銀行、彰化銀行、土地銀行、鐵路局、航業公司、臺灣產物等八單位出資，臺灣人壽籌備處亦改制為公司，首屆董事為羅萬俥（1898～1963）〔註69〕、王紹興、張國鍵（1907～？）〔註70〕、周菩提、林獻堂、洪瑞堅（1905～？）〔註71〕、

臺灣商工銀行合併新高銀行，歷任大稻埕分店助役、本店助役、大稻埕分行長。戰後，任臺灣商工銀行常務董事兼總經理（改名為工商銀行、第一銀行後仍續任總經理）。中華民國工商協進會編，《中華民國工商人物志（1963）》，頁193～194；楊建成，〈日治時期台灣人士紳圖文鑑〉，瀏覽日期：2022年4月3日，網址：https://blog.xuite.net/wu20130902/wu20130902/110343202。

〔註67〕 徐上珍，浙江餘姚人。日本法政大學法文學部畢業。曾任浙江地方銀行總行襄理兼發行處主任、財政部貿易委員會福建辦事處副主任、福建省驛運管理處副處長、福建省水陸聯運管理處副處長、第三戰區經濟委員會專門委員、國營中國茶葉公司福建分公司經理。戰後，曾任長官公署參議、臺灣通運股份有限公司總經理。「公署參議徐上珍聘任案」（1946-02-12），〈臺灣省參議聘解〉，《臺灣省行政長官公署》，國史館臺灣文獻館，典藏號：00303230053017；「臺灣通運公司總經理徐上珍派任案」（1946-07-01），〈通運特種股份有限公司人員任免〉，《臺灣省行政長官公署》，國史館臺灣文獻館，典藏號：00303234066002。

〔註68〕 「臺灣產物保險公司成立通知案」（1947-05-16），〈各機關成立日期及地址〉，《臺灣省行政長官公署》，國史館臺灣文獻館，典藏號：00301200010007。

〔註69〕 羅萬俥，彰化鹿港人，幼時因父親經商故，遷居南投埔里。日本明治大學法科專門部畢業、美國賓州大學政治系碩士。1928年學成返臺出任臺灣民報社專務取締役（常務董事兼總經理），達12年之久。1943年，臺灣總督府將全臺六家報社合併為一，敦請其擔任副社長。戰後，為受邀至南京參與受降典禮之6位臺灣人之一。曾任臺中縣參議會議長、國民參政員、立法委員、臺灣人壽董事長、彰化銀行董事長等職。葉榮鐘編，〈羅萬俥先生事略〉，收入氏編，《羅萬俥先生榮哀錄》（臺中：羅萬俥先生榮哀錄編輯委員會，1964年2月25日），頁1～3；臺灣新民報社調查部編，《臺灣人士鑑》，頁189。

〔註70〕 張國鍵，安徽宿松人。北京大學法律系畢業。曾任福建省研究院研究員、福建省政府人事室主任兼省訓練團教育長、秘書處科長、連江縣縣長、南安縣縣長、福建省政府民政廳秘書等職。來臺後任長官公署人事室主任、臺灣省政府人事處處長。1954年任考試院職位分類計劃委員會設計組組長，1958年任省立中興大學法商學院法律學系專任教授，1962年任國立臺灣大學法學院法律學系專任教授。著有《商事法論》、《商事法概要》等書。林獻堂著，許雪姬等共同註解，《灌園先生日記（十九）》，357；《臺灣時人誌》，檢索自：漢珍數位圖書館，《臺灣當代人物誌資料庫》。

〔註71〕 洪瑞堅，浙江瑞安人。美國俄亥俄州立大學經濟碩士、英國倫敦大學政治經濟學院研究。曾任中央軍校、中央政治學校教授、中央經濟計劃委員會專門委員、中國農民銀行副處長、中國地政研究所所長等職。來臺後任土地銀行副總經理、總經理。臺灣省政府人事處編，《臺灣省各機關職員錄》（出版地不詳：編者，

徐肇奎、〔註72〕黃秉心、王靄家等九人，其中羅萬俥任董事長，王紹興任總經理，丘斌存（1904～？）〔註73〕、簡萬銓（1907～1958）〔註74〕等二人為首屆監察人。〔註75〕

　　須補充說明的是，從保險會社監理委員會到籌備處，再到保險公司的過程，很容易讓人認為臺灣產物、臺灣人壽兩家保險公司是繼承日治時期的保險業而來，這樣的說法雖不算錯，〔註76〕但就法律地位來說並不精確，若能對此予以釐清，將有助於理解後續的討論。由圖 3-1 可知，在指定接收的系統中，行政機關（此處為財政處）可以自行執行接收工作，也可交由附屬機關來執行。在檢查、監理階段，保險監理委員會是直屬於財政處的任務性編組，稱得上是行政機關自行執行接收工作（前置作業），而 1946 年 6 月 16 日成立的臺灣產物、臺灣人壽二籌備處，及後續改組成立的保險公司則是新成立的企業組織，它們受財政處委託執行接收工作，所接收的日治保險業相關

1947 年 12 月），頁 354；臺灣省政府人事室編，《臺灣省各機關職員通訊錄》（出版地不詳：編者，1949 年 12 月），頁 266；林獻堂著，許雪姬等共同註解，《灌園先生日記（二十）》（臺北：中研院臺史所，2011 年 7 月），頁 377。

〔註72〕 徐肇奎，北平人。中華大學畢業。曾任津浦鐵路會計處主任、課長、總查賬、粵漢鐵路會計處課長、查賬主任、運輸總司令部粵漢線區科長。戰後，曾任長官公署交通處鐵路管理委員會專門委員兼臺北辦事處處長、臺灣通運公司總經理。《臺灣時人誌》、《臺灣省各機關職員錄》，檢索自：漢珍數位圖書館，《臺灣當代人物誌資料庫》。

〔註73〕 丘斌存，花蓮人。上海國立暨南大學經濟系畢業。曾任《光華日報》、《新時代周刊》、《文化半年刊》、《廣東婦女》等刊物編輯、中央銀行經研處專門委員、財政部專門委員、臺灣省政府財政廳副廳長、臺灣省政府顧問、世界紅十字會中華總會理事、彰化銀行董事。中央研究院近代史研究所建置，婦女期刊作者研究平台，網址：http://mhdb.mh.sinica.edu.tw/ACWP/author.php?no=1862，瀏覽日期：2021 年 11 月 2 日。另《臺灣省政府財政廳志》載丘斌存之籍貫為福建龍岩，並存供參。張勝彥編纂，張美孅、張靜宜、曾蓮馨撰述，《臺灣省政府財政廳志》（南投：省財政廳，1999 年），頁 273。

〔註74〕 簡萬銓，臺北人。日本東京商科大學畢業。曾任華南銀行廣東分行副理、總行營業部經理、總行協理、總經理、董事、常務董事，臺灣銀行董事、臺北銀行商業同業公會理事等職。曾應紐約歐文信託公司邀聘赴美研討金融問題，並於奉政府核准出國考察美國各大都市銀行。林獻堂著，許雪姬等共同註解，《灌園先生日記（二十）》，頁 442～443。

〔註75〕 臺灣人壽保險公司，《臺灣人壽保險公司四十年》（臺北：著者，1987 年 12 月），頁 1、71。

〔註76〕 事實上，即便是當時的官方出版品也是使用這種讓人誤會的用語「損害保險會社共 12 家均於 35 年 6 月 16 日接收改組為臺灣省產物保險股份有限公司，先設籌備處照常營業。」臺灣省行政長官公署財政處編，《臺灣一年來之財政》，頁 57。

權利義務仍歸財政處所有。換言之，雖然該二籌備處（保險公司）已經實質上使用日治保險業遺留的資源（例如：現金、辦公廳舍、器具等），但在移轉程序尚未完成之前，日治保險業的權利義務和該二籌備處（保險公司）的權利義務仍是分離的，這也就是為什麼該二籌備處對於舊有業務必須設置獨立帳冊，並在改組成立為公司不久後，各自設立專責舊業務清理組織之原因。〔註77〕從事後來看，產險業要到 1953 年 5 月 22 日、壽險業要到 1953 年 4 月 30 日才全數移轉完成，這段過程是下一章的討論重點。

圖 3-2：財政部核發予臺灣產物之營業執照

資料來源：「臺灣產物保險公司電送部頒營業執照相片准核備案」（1947-02-06），〈物產保險公司註冊登記（0036/482.1/15/1）〉，《臺灣省級機關》，國史館臺灣文獻館（原件：國家發展委員會檔案管理局），典藏號：0044821001841005。

〔註77〕臺灣產物於 1947 年 5 月 10 日成立，旋即於同月 28 日成立清理委員會；臺灣人壽於 1947 年 12 月 1 日成立，於隔（1948）年 3 月 11 日成立舊契約清理委員會。「日產清理委員會成立日期准予備查案」（1947-06-26），〈日產清理委會組織規章（0036012.2281）〉，《臺灣省級機關》，國史館臺灣文獻館（原件：國家發展委員會檔案管理局），典藏號：0040122000082；「據臺灣人壽保險公司舊契約清理委員會呈送接收日營千代田等生命保險會社各支店清理整理結束總報告等轉請查照核備見復」（1953-12-23），〈人壽保險公司接收各保險會社清冊（0042/295.3/1/1）〉，《臺灣省級機關》，國史館臺灣文獻館（原件：國家發展委員會檔案管理局），典藏號：0042953022879001。

四、簡易壽險的接收

　　不同於財政處另外設立籌備處（保險公司）執行接收工作，簡易壽險的接收自始自終皆由行政機關執行，這是因為日治時期辦理簡易壽險業務的臺灣總督府交通局遞信部本就屬於行政機關，自然就由相對應的行政機關所承接，性質與財政處所接收的保險業是企業組織截然不同。1945 年 11 月 1 日，長官公署交通處下設「臺灣郵電管理委員會」（下稱郵電委員會），就原遞信部組織加以指揮監督，處理郵電業務，同月 15 日，接收包含簡易壽險在內的郵政儲金業務，並概括承受日治時期簡易壽險契約之履約責任。〔註78〕

　　隨後，中央政府以郵電為國營交通事業，臺灣不宜獨異為由，決定將臺灣郵電業務劃歸交通部管轄，遂於 1946 年 4 月起陸續派遣郵電人員赴臺，並於同年 5 月 5 日成立「臺灣郵電管理局」（下稱郵電管理局），接收郵電委員會之業務，該委員會亦於同日廢止。自此，臺灣簡易壽險業務正式畫歸中央管轄，受郵政儲金匯業局監督。須說明的是，郵電管理局時期是臺灣郵電制度的磨合期，蓋因日治臺灣依日本制度，採郵電（郵政、電信）合辦，但中國卻是分辦。因此，交通部接收之初仍循舊制，試行郵電合辦制度，惟試辦兩年多後，當局認為困難之處頗多，遂於 1949 年 4 月 1 日裁撤郵電管理局，分設臺灣郵政管理局（下稱郵政管理局）、臺灣電信管理局，比照中國之郵電分辦制度，簡易壽險業務劃歸郵政管理局管理。〔註79〕

第三節　接收過程之影響分析

一、市場型態轉變和外省籍保險人才引進

　　以上梳理了日治保險業戰後接收的過程，在此過程中，有兩點特別值得提出討論。首先是保險市場型態的轉變。如前所述，日治時期臺灣保險市場相當競爭，即便 1942 年以後因受到戰時統制經濟影響，保險業進行整併，但仍有 12 家產險業、14 家壽險業，且皆為民營企業。然而，隨著戰後接收改組，產、

〔註78〕交通部郵政總局編，《郵政七十周年紀念專輯（下冊）》，頁 231～232、359；交通部郵政總局編，《郵政大事記第一集（下冊）》（臺北：編者，1966 年 3 月），頁 431。

〔註79〕交通部郵政總局編，《郵政七十周年紀念專輯（下冊）》，頁 359～360；交通部郵政總局編，《郵政大事記第一集（下冊）》，頁 445、563。

壽險業各僅剩一家，形成獨占市場，並成為公營事業。獨占且公營的型態遂成為戰後臺灣保險市場發展的起點。

　　其次，接收的過程中，引進了第一批影響日後臺灣保險市場發展甚鉅的外省籍人才，而他們都和嚴家淦有直接的關係。嚴家淦和臺灣保險市場的關係始於 1946 年 4 月接任財政處長，〔註80〕臺灣產物設立後更兼任董事長，直接介入保險業的經營。爾後職務雖有異動，但仍與保險業關係密切，先是擔任財政部長（1950.3～1954.6），身為金融業主管機關首長，對保險業的影響力自然不在話下，政府開放保險市場的政策也是在他二度擔任財政部長期間（1958.3～1963.12）推出。擔任臺灣省主席期間（1954.6～1958.3），決定以臺灣省政府（下稱省政府）預算墊付日治時期的戰爭保險金，使得延宕十餘年的問題能暫時畫下休止符。〔註81〕隨後雖高升行政院長（1963.12～1972.6）、副總統（1966.5～1975.4），乃至於總統（1975.4～1978.5），但對於保險市場的發展仍相當關心。〔註82〕

　　嚴家淦擔任財政處長後，就將交通處的部屬黃秉心找來協助處理保險業接收事宜。黃秉心（1913～2000），福建漳浦人。東京法政大學（法學士）、東北帝國大學（研究院）畢業。來臺前曾任福建省政府諮議參議、股長、科長、縣長。戰後來臺首先任長官公署參議、交通處主任祕書，並兼任交通部臺灣特派員辦公處祕書，襄助時任交通處長及交通部臺灣特派員嚴家淦。隨後接任保險會社監理委員會主任監理委員、臺灣產物、臺灣人壽二籌備處主任、臺灣產物首任總經理（1947～1960）等職。後歷任臺北市保險商業同業公會（下稱保險公會）理事長、友聯產物總經理（1963～1968）、中央再保險股份有限公司

〔註80〕如果將簡易壽險納入的話，則可前溯至 1945 年 10 月嚴家淦擔任交通處長之時。

〔註81〕黃正宗，〈戰後臺灣戰爭保險金求償問題研究（1945～1957）〉，頁 64～71。

〔註82〕茲舉數例：第五屆東亞保險會議（1970 年 11 月）、第十屆國際保險會議（1974 年 7 月）皆於臺北舉辦，時任副總統嚴家淦都親臨致開幕詞；1971 年 5 月 4 日在財政部的動員月會致詞時，花了相當篇幅談論保險相關事務；據說 1970 年美亞保險公司收購南山人壽，背後就是由嚴家淦居中牽線。〈東亞保險會議後天揭幕 各國代表陸續抵台〉，《經濟日報》，1970 年 11 月 8 日，2 版；〈十屆國際保險會議揭幕 嚴副總統蒞會致詞〉，《聯合報》，1974 年 7 月 16 日，第 2 版；嚴家淦，〈在財政部 60 年 5 月份動員月會致詞——民國 60 年 5 月 4 日〉，收入嚴前總統家淦先生哀思錄編纂小組編，《嚴前總統家淦先生哀思錄》（臺北：行政院新聞局，1994 年 7 月），頁 741～751；張哲郎、林建智訪談，秦賢次、吳瑞松編整，《臺灣地區保險事蹟口述歷史》，頁 377～378。

（下稱中央再保）總經理（1968～1971）等職。〔註83〕綜觀黃秉心一生，自戰後擔任保險監理委員會主任監理委員以來，就與保險結下不解之緣，此後在臺灣保險市場發展與變遷的各個關鍵時刻位居要津，發揮重大影響力，稱其為戰後臺灣保險業第一代掌門人當不為過。

除了黃秉心外，嚴家淦也向中國保險業求才。他在 1971 年的回憶提及「日本人走後，就成了真空，所以就到上海去請對保險業有經驗的人來，當時也得到上海保險業幾位先生的支持，逐漸地把保險業在臺灣建立起來。」〔註84〕其中最重要的當屬原任職於太平保險的卓東來（1909～1988）、俞慈民（1915～？），他們被任命為保險監理委員會監理委員，分別襄助產、壽險業的接收工作。〔註85〕

卓東來，福建林森人。燕京大學畢業，英國倫敦大學經濟碩士。來臺後歷任保險監理委員會監理委員、臺灣產物協理（相當於副總經理）、中國產物副總經理（1954～1960）、總經理（1960～1975）、董事長（1975～1978）、中央再保董事長（1978～1984）等職。〔註86〕

俞慈民，浙江諸暨人。東北帝國大學經濟學士，東京帝國大學大學院研究保險一年，美國芝加哥大學研究院研究社會保險一年。來臺後歷任保險監理委員會監理委員、臺灣人壽協理（相當於副總經理）、臺灣省勞工保險局經理（後改稱局長），1962 年 9 月 1 日轉任第一人壽總經理、1975 年 5 月升任副董事

〔註83〕〈黃秉心先生事略〉，收入胡健國、洪溫臨編，《國史館現藏民國人物傳記史料彙編（第25輯）》（臺北：國史館，2001 年 12 月），頁 364～367。蒙連克先生提供資料，特此致謝。〈台產物保險公司 新任首長接事〉，《聯合報》，1960年 10 月 13 日，第 5 版；〈友聯保險公司開業〉，《聯合報》，1963 年 2 月 21日，第 5 版；〈中央再保險公司明天正式成立〉，《經濟日報》，1968 年 10 月 30日，第 2 版；〈中央再保險公司 新舊總經理交接〉，《經濟日報》，1971 年 2 月16 日，第 9 版。

〔註84〕嚴家淦，〈在財政部 60 年 5 月份動員月會致詞——民國 60 年 5 月 4 日〉，頁750。

〔註85〕王紹志，〈壽險老兵俞慈民〉，《經濟日報》，1974 年 7 月 29 日，第 12 版；「保險會社監理委員監理專員卓東來及俞慈民派任案」（1946 年 05 月 02 日），〈財政處監理人員任免〉，《臺灣省行政長官公署檔案》，國史館臺灣文獻館，典藏號 00303232185019。

〔註86〕〈卓東來病逝 廿四日公祭〉，《經濟日報》，1988 年 8 月 13 日，12 版；〈三保險公司 新董事長接事〉，《經濟日報》，1978 年 2 月 5 日，2 版；〈產物保險公司董事長易新人〉，《經濟日報》，1975 年 10 月 30 日，2 版；中華民國工商協進會編，《中華民國工商人物志（1963）》，頁 180。

長。〔註87〕此外，也在大學教授保險學課程，〔註88〕1971 年受聘擔任世界保險研究會理事。〔註89〕

　　另外還有一位陶聲漢雖然在臺灣的時間相當短暫，但相當值得一提。陶聲漢（1899～1994），江西南昌人。1921 年清華學校高等科畢業後赴美留學，1923 年獲俄亥俄大學學士學位，翌（1924）年師從賓州大學有保險教育之父美譽的 S.S. Huebner（1882～1964）教授。1925 年師從密西根大學 James W. Glooel 教授學習壽險精算，同年獲得精算碩士學位，11 月 18 日取得產險副精算師（ACAS）資格。1926 年，陶聲漢返國後先任職於廣西省建設廳。1933 年受邀到上海，先後擔任中國保險副經理、中國人壽經理兼精算師。戰後來臺擔任保險監理委員會監理委員，臺灣人壽籌備處成立後改任該處籌備委員，但在臺灣人壽正式改制為公司前即離臺回到中國保險任職。〔註90〕1949 年國共易幟後，陶聲漢先是續留被接管的中國保險擔任精算師，惟日後發展不順遂，基本脫離保險領域。直到 1979 年中國改革開放後，年屆八旬的陶聲漢當選中國保險學會第一屆理事會理事，隨後撰寫壽險精算相關書籍及論文多部，填補中國多年精算研究之空白。〔註91〕歷史無法假設，但設想陶聲漢

〔註87〕王紹志，〈壽險老兵俞慈民〉；〈第一壽險公司 總經理易新人〉，《經濟日報》，1975 年 5 月 17 日，第 2 版；中華民國工商協進會編，《中華民國工商人物志（1963）》，頁 272；中國產物保險股份有限公司，《中國產物保險股份有限公司五十周年紀念》（出版地不詳：著者，1981 年 11 月），頁 20～25；中央再保險公司成立 50 周年特刊編輯小組，《中央再保險公司成立 50 周年特刊》（臺北：中央再保險公司，2018 年 10 月），頁 57～58。

〔註88〕〈俞慈民 精神無憂 鄭邦琨 心境清平〉，《經濟日報》，1968 年 6 月 21 日，第 4 版。

〔註89〕〈世界保險研究會 俞慈民出任理事〉，《經濟日報》，1971 年 11 月 12 日，第 6 版。

〔註90〕陶聲漢離開臺灣的確切時間不太清楚，但在 1947 年 4 月 24 日王紹興接替黃秉心擔任臺灣人壽籌備處主任時，移交人員清冊仍有陶聲漢在內。「臺灣省人壽保險公司籌備處業務部份移交清冊」（1947-04-24），〈臺灣省人壽保險公司籌備處新卸任主任移交清冊〉，《臺灣省行政長官公署》，國史館臺灣文獻館，典藏號：00329520013001。

〔註91〕高星，《族譜的墨跡：中國人民保險公司成立初期創始人列傳》，頁 234～249；趙守兵，《仰望百年——中國保險先驅四十人》，頁 219～223；「全省保險會社監理委員陶聲漢呈報到職日案」（1946-04-01），〈財政處監理人員任免〉，《臺灣省行政長官公署》，國史館臺灣文獻館，典藏號：00303232184023；「臺灣產物及臺灣人壽保險籌備處人員黃秉心等 14 員派代案」（1946-06-10），〈臺灣省產物保險有限公司人員任免〉，《臺灣省行政長官公署》，國史館臺灣文獻館，典藏號：00303232225001。

當初和黃秉心等人一樣久居臺灣，他或許能在臺灣充分發揮其精算長才，戰後臺灣精算研究及人才培養，也能因而提早展開。

二、接收規劃與實際不符之分析

最後處理本章一開始所提出的問題，即實際的接收情形與中國政府原先的規劃是否相符？關於這個問題，和第一節所面臨的問題一樣，我們難以單就保險業探討，故同樣是以整個金融體系為分析對象，並類推適用於保險業。表 3-3 彙整戰後臺灣金融機構接收改組的情況，可發現實際接收與原先規劃的最大差異在於，除了郵政儲金匯業局外，原先規劃占據主導地位的國家行局完全不見蹤影。

表 3-3：戰後臺灣金融機構接收改組情形

日治時期金融機構		接收日期	改組日期	戰後金融機構	
種類	名　稱			所屬	名　稱
銀行	臺灣銀行	1946.5.20	1946.5.20	省營	臺灣銀行
	日本三和銀行臺灣分行	1946.7.1	N/a	省營	
	臺灣貯蓄銀行	1946.9.1	N/a	省營	
	日本勸業銀行臺灣分行	1946.6.1	1946.9.1	省營	臺灣土地銀行
	臺灣商工銀行	1946.10.16	1947.3.1	省營	臺灣工商銀行
	華南銀行	1946.10.16	1947.3.1	省營	華南商業銀行
	臺灣信託株式會社	1947.1.20	N/a	省營	
	彰化銀行	1946.10.16	1947.3.1	省營	彰化商業銀行
金庫	臺灣產業金庫	1946.10.5	1946.10.5	省營	臺灣省合作金庫
壽險	14 家壽險會社	1946.6.16	1947.5.10	省營	臺灣人壽
產險	12 家產險會社	1946.6.16	1947.12.1	省營	臺灣產物
無盡	4 家無盡會社	1946.9.1	1947.6.1	省營	臺灣省人民貯金互濟股份有限公司
郵政	儲匯、簡易壽險	1945.11.15	1946.5.5	國營	臺灣郵電管理局

說明：

1. 三和銀行、貯蓄銀行完成監理程序後，由已完成改組之臺灣銀行接收；臺灣信託株式會社由臺灣信託公司籌備處負責接收，惟該籌備處並未完成改組，而係於 1947 年 6 月 1 日併入已完成改組的華南銀行。
2. 戰後金融機構名稱以改組完成當時名稱為準，臺灣工商銀行於 1949 年 3 月 1

日改名臺灣第一商業銀行；臺灣省人民貯金互濟股份有限公司於 1948 年 1 月改名為臺灣合會儲蓄股份有限公司。

3. 除臺灣銀行及臺灣省合作金庫於接收之日同步完成改組外，其餘金融機構皆係先成立籌備處負責接收（儲匯及簡易壽險則是由臺灣郵電管理委員會接收）。

資料來源：李為楨、張怡敏，《殖產興業‧臺灣土銀》（臺北：臺灣博物館、香港雅凱電腦語音，2009 年 6 月），頁 71；臺灣銀行經濟研究室，〈臺灣經濟日誌〉，《臺灣銀行季刊》1：2，頁 144；臺灣銀行經濟研究室，〈臺灣之金融機構〉，頁 1～2；臺灣省行政長官公署財政處編，《臺灣一年來之財政》，頁 56～57；交通部郵政總局編，《郵政大事記第一集（下冊）》，頁 431；第一銀行慶祝創立七十周年籌備委員會編，《第一銀行七十年》（臺北：臺灣第一商業銀行，1970 年 3 月），頁 279、282；臺灣中小企業銀行創立八十週年紀念特刊編輯委員會，《臺灣企銀八十年——改制十九週年紀念》（臺北：臺灣中小企業銀行，1995 年 7 月）頁 30；華南銀行編，《華南銀行改制四十年》（臺北：編者，1987 年 3 月），頁 398。

　　產生上述差異最主要的原因在於，原先中國政府接收臺灣規劃的基本邏輯是將臺灣「中國化」，而這體現在金融體系就是「由國家行局主導的國有化」〔註92〕，然而最後呈現的卻是將臺灣「特殊化」的長官公署體制。此重大轉折源於我們所熟悉的戰後「臺灣光復」其實是中、美兩國共同對臺灣所實施的「軍事占領」，長官公署則是一種具有「軍政府」性質的占領政府，擁有軍事指揮權，並兼管民政。這項設計是為了落實中、美兩國在 1945 年 8 月 29 日的「次級中美聯合參謀會議」（the Combined Chinese - United States Staff）中通過，並於同月 31 日獲中國戰區軍事領導人蔣中正、魏德邁（Albert Coady Wedemeyer, 1897～1989）批准的《占領臺灣計劃（Occupation of Formosa）》，〔註93〕這是中國政府的事先規畫中無法充分預測的因素。

　　上述統治體制的轉變反映在戰後臺灣金融體系接收，便是行政長官陳儀堅持保有臺灣金融體系的自主性，堅拒國家行局來臺設立分行。〔註94〕因此，

〔註92〕 李為楨曾指出「國民政府的計畫是使中國大陸的國有金融機構取代台灣的金融機構，將台灣的貨幣與金融納入中國大陸的體系中。」李為楨，〈戰後初期台灣金融機構之接收與金融體系機能的演變研究成果報告（精簡版）〉，頁 7。

〔註93〕 有關軍事占領體制的討論，請參見：蘇瑤崇，〈論戰後（1945～1947）中美共同軍事佔領臺灣的事實與問題〉，《臺灣史研究》23：3（2016 年 9 月），頁 85～124；楊護源，《光復與佔領：國民政府對臺灣的軍事接收》（臺北：獨立作家，2016 年 8 月）；陳翠蓮，《重構二二八：戰後美中體制、中國統治模式與臺灣》，頁 37～83。

〔註94〕 〈財政部為請仍准中央銀行赴臺設行發行臺灣地名券致行政院呈（1945 年 11 月 8 日）〉，收入陳鳴鐘、陳興唐編，《臺灣光復和光復後五年省情（下）》，頁

戰後臺灣金融機構的接收改組，基本上由長官公署主導，財政部金融特派員及四大銀行赴臺人員的任務大致只到檢查階段為止，並未扮演積極角色，〔註95〕後續雖有不少人續留臺灣，但性質上是秉承長官公署的指揮執行任務。財政部隨後在 1946 年 6 月 24 日授權長官公署財政處辦理臺灣金融機構之接收清理事宜。由下述電文內容可知，雖名為授權，但似乎只是事後對已發生的事實賦予一個合理的名目罷了。

> 查臺灣省內敵人所設金融機構為數甚多，計銀行有臺灣、臺灣商工、臺灣貯蓄、華南、彰化、日本勸業、三和等七家，另有保險、信託、產業金庫及無盡會社等三十餘家，除臺灣銀行奉院令准予改組繼續營業，日本勸業銀行改為土地銀行已報准本部備案外，其餘各金融機構亟待接收清理，**現國家行局既未在臺設行，本部駐該區財政金融特派員辦公室亦已撤銷**，為期接收工作順利進行，並符行政系統起見，所有臺灣省內敵人所設及日臺合辦金融機構之接收清理事宜，**茲決定由部授權貴署財政處就地辦理**，如有重要事項，應先行報部核准再辦，所有辦理情形均應隨時逐行報部查核，除分電貴署財政處遵照並報行政院備案外，即希查照為荷。〔註96〕

維持臺灣金融體系自主性對臺灣保險市場後續有頗為深遠的影響，從事

424～425；吳若予撰文，檔案管理局編，《二二八事件與公營事業：二二八事件檔案專題選輯》，頁 39～50；陳明通，〈派系政治與陳儀治臺論〉，收入賴澤涵主編，《臺灣光復初期歷史》（臺北：中央研究院中山人文社會科學研究所，1993 年 11 月），頁 223～302；陳翠蓮，《重構二二八：戰後美中體制、中國統治模式與臺灣》，頁 133～202。

〔註95〕「財政處銀行檢查委員張武等 12 員派兼案」（1945-10-21），〈銀行監理檢查人員任免〉，《臺灣省行政長官公署》，國史館臺灣文獻館，典藏號：00303232096001。另見《台灣之幣制與銀行》中的一段引文：「卅四年八月十五日日本無條件投降後，政府即著手準備台灣各金融機構之接收事宜。惟直至十月十七日財政部駐台灣區財政金融特派員辦公處及中央中國兩行少數人員始到達台灣。其間經過若干次之磋商，方於十一月初由財政部特派員辦公處會同台灣省行政長官公署派員分往檢查台灣，日本勸業及三和三家純日資銀行。繼駐各行監理，由該省長官公署單獨負責。」吳永福，《台灣之幣制與銀行》（南京：財政部財政研究委員會，1947 年），頁 35。

〔註96〕〈為授權財政處接收清理台灣日台合辦金融機構〉，《臺灣省文獻委員會》，國家發展委員會檔案管理局藏，檔號：A375000100E/0035/253/16/1/002；〈准財政部電以本省金融機構接收委託財政處辦理希知照〉，《臺灣省日產處理法令彙編（第 1 輯）》，頁 67。

後來看，大陸地區的保險業的接收業務是由中信局負責，而且如同接下來會說明的，是採取「停止營業」、「既有負債暫緩清償」的方針處理。雖說歷史無法假設，但試想若戰後臺灣保險業依照原先接收規劃執行，那麼上一節所提到的「符合保戶期待的處理辦法」可能就無法實現。如此一來，戰後臺灣保險市場的發展將立基於不同的起點，極大可能展現出完全不同的樣貌。

小　結

　　經由以上討論，我們已能回答本章一開始所提出的問題，即接收者的事前規劃為何？實際接收過程是否與規劃相符？接收結果是否符合臺灣保戶的期待？保險作為金融體系的一環，中國政府原先的接收規劃是「由國家行局主導的國有化」，但除了隸屬郵政系統的郵政儲金匯業局以外，實際的接收卻是由長官公署主導，國家行局未曾扮演積極角色。就保險業而言，日治時期的 12 家產險公司和 14 家壽險公司由省營的臺灣產物、臺灣人壽接收，簡易壽險業務則撥歸受郵政儲金匯業局監督的臺灣郵電管理局管理。實際與規劃產生落差的原因主要是原先規劃是以「臺灣中國化」的前提進行設計，但戰後中國政府接收臺灣的本質卻是「軍政一元化」的中、美兩國共同軍事占領。此一轉折使得戰後臺灣金融體系得以保有自主性，並在長官公署的主導下概括承受臺灣保戶保險契約之權利義務，即便是性質特殊的戰爭保險雖未能承接保險給付責任，但亦提出合理的處理方案（代向日本政府求償後轉發）。整體而言，臺灣保戶對於執政當局的安排感到滿意，但此一看似妥適的安排果真能順利實現嗎？下一章將接續討論這個問題。

第四章　接收後的處理

　　本章接續上一章結尾所提出的問題，首先討論財政處所提出的舊契約處理措施是否能順利落實？這是屬於負債處理（保險契約是保險業的主要負債）的範疇。不過，如同前文所提到，前述舊契約處理措施與大陸地區的「停止營業」、「既有負債暫緩清償」方針不相同，我們有必要對此基本前提先進行釐清。要履行契約責任需要有相對應的資產，故第二個問題是接收機關如何處理所接收的保險業資產，處理過程遇到何種問題並產生什麼影響？如同下文將會說明的，資產、負債處理過程中面臨一個共同性問題「對日求償」，故最後會對這個問題何以形成及其處理結果與影響進行討論。

　　為避免用詞解讀落差，在正式進入討論前，先對「接收」及「處理」兩個名詞進行定義。本文承襲陳亮州的定義，接收是指「政府取得日人公、私財產所有權」；處理是指「產權轉移後的清理、招標、公司籌組等過程」。〔註 1〕依此定義，產、壽險業的接收在 1946 年 6 月 16 日完成；簡易壽險的接收則是在 1945 年 11 月 15 日完成；至於戰爭保險，就此定義來說並未接收，而只是提出處置辦法，但由於戰爭保險金的理賠是臺灣保戶至為關心的問題，故仍會予以討論。

第一節　繼續經營、概括承受既有負債方針的確立

一、大陸地區與臺灣的差異

　　有關戰後中國金融機構接收過程，財政部所編《財政年鑑三編》有如下說明：

〔註 1〕陳亮州，〈戰後台灣日產的接收與處理〉，頁 6。

日本投降後，本部即於京滬、粵桂閩、鄂湘贛、晉豫綏、冀魯察熱、東北、臺灣等區分設財政金融特派辦公處，由各特派員指定國家行局分別接收各該區內之敵偽金融機構。嗣各特派員辦公處裁撤，復於部內設立清理敵偽金融機構督導委員會，直接督導原接收機關分別進行清理。台灣部分，則由本部授權台灣省行政長官公署財政處接收清理。惟**台灣原有敵人設立或日台合資經營之金融機構**，如就股權之構成言，**均屬敵性，我方接收台灣後，除保險公司幾乎全部停業清理外，其餘均繼續營業**，間加改組合併，**故與其他各地收復區敵偽金融機構於接收後一律停業者，有所不同。**……嗣為便利各被指定整理清理機關工作及劃一步驟加強效能起見，經訂定財政部督導接收敵偽金融機構整理清理辦法，規定接收敵偽金融機構後，應即清查其資產負債確數，分別加以整理清理。**於整理敵性金融機構時，應追回債權，其債務除債權債務可相互抵銷，及欠負偽性金融者外，暫不清償，俟敵國履行賠款義務後再行核議。**〔註2〕

這段內容提到臺灣金融機構「繼續營業」的特殊性，〔註3〕但並未解釋特殊性從何而來？另一個重點是，由於臺灣金融機構皆屬「敵性」，因此接收機關理應「無須」概括承受既有負債。然而，我們知道實際情形並非如此。那麼，臺灣有別於大陸地區的「繼續經營」、「概括承受既有負債」政策方針究竟如何形成？以下對此進行釐清。

二、繼續經營方針的確立

《臺灣省接收委員會日產處理委員會結束總報告》指出「本省接收日產之處理，除遵照院頒『收復區敵偽產業處理辦法』外，復因本省情形特殊，一切

〔註2〕財政部財政年鑑編纂處編，《財政年鑑三編》（南京：編者，1948年），第10篇（金融），頁228。
〔註3〕《財政年鑑三編》提到「除保險公司幾乎全部停業清理外」似乎不太準確。依據前述1946年2月16日「處理辦法」，產險業除大成火災外，其餘11家自即日起停業，並由財政處委託大成火災受理新契約及辦理其他11家產險業之舊契約，壽險業14家自即日起停止受理新契約，但仍繼續營業辦理舊契約，財政處並委託千代田生命、第一生命受理新契約。新契約之受理自1946年4月1日開始。由此觀之，戰後臺灣保險業務實質上仍屬「延續」，黃秉心便強調「在籌備期間，承接監理階段，繼續承受保險責任，於保險業務之推行，確未中斷過一天。」黃秉心，〈保險事業在臺灣（上）〉，《保險季刊》8：3（1968年9月），頁8。

處理法規均須斟酌地方情形，秉承中央方針從新草擬」〔註4〕，故我們便以 1945 年 11 月 23 日公布的《收復區敵偽產業處理辦法》作為討論的起點。該辦法第 4 點第 4 項規定「敵偽產業之負債，應就各該資產總值範圍內分別清償。其欠日偽之負債，應償還中央政府。」〔註5〕由此可知，在該辦法中，既有負債原則上應予清償。至於是否繼續營業，則無明確規定，須從別處找尋線索。〔註6〕

　　1945 年 9 月間，中國政府面對突如其來的勝利，在準備尚不充分的情況下，連忙研訂《收復區各項緊急措施辦法》，其中金融部分規定「收復區內敵偽設立之金融機關，應由政府即予封閉，並指定國家行局接收之」、「收復區內經敵偽核准設立之金融機關，一律停止營業，限期清理」；至於涉及簡易壽險業務的郵政部分則規定「接收敵偽經營之郵政機構後，照常執行業務」、「儲匯款項暫行凍結，隨後按中央對於收復區之金融政策辦理」〔註7〕。

　　隨後，財政部秉承該緊急措施辦法意旨，於 1945 年 9 月 27 日公布《收復區敵偽鈔票及金融機關處理辦法》，該辦法第 4、5 條規定「收復區內敵偽設立之金融機關，由政府指定之國家行局接收清理」、「收復區內經敵偽核准設立之金融機關，其執照一律無效，並限期清理」。不過，該辦法第 1 條規定「臺灣省及東北九省另行規定」，故並不適用於臺灣。〔註8〕為此，財政部另於 1945 年 10 月 31 日公布《臺灣省當地銀行鈔票及金融機關處理辦法》，其內容大致

〔註4〕臺灣省接收委員會日產處理委員會編，《臺灣省接收委員會日產處理委員會結束總報告》，頁 17。

〔註5〕秦孝儀主編，《中華民國重要史料初編——對日抗戰時期（第 7 編：戰後中國（四））》，頁 45～47。

〔註6〕《收復區敵偽產業處理辦法》第 5 點雖規定「業已接收之各工廠，應由經濟部督飭從早復工」，但應該不適用於金融機構。秦孝儀主編，《中華民國重要史料初編——對日抗戰時期（第 7 編：戰後中國（四））》，頁 47。

〔註7〕秦孝儀主編，《中華民國重要史料初編——對日抗戰時期（第 7 編：戰後中國（四））》，頁 387、394。另行政院於 1945 年 9 月 6 日頒布《收復區財政金融復員緊急措施綱要》，內容與《收復區各項緊急措施辦法》相仿，可茲參照，至於孰先孰後雖無明確證據，但一般而言應是先有綱要才有辦法。中國第二歷史檔案館編，《中華民國史檔案資料匯編：第五輯第三編財政經濟（一）》（南京：江蘇古籍出版社，2000 年 1 月），頁 2～6。

〔註8〕〈敵偽鈔票及金融機關　財政部規定處理辦法〉，《中央日報》，1945 年 9 月 27 日，第 2 版；〈貨幣金融管理法令（七）〉，《國民政府》，國史館藏，數位典藏號：001-012440-00011-024。有關訂定該辦法的決策過程及相關議題的分析，可參閱：鄭會欣，〈關於戰後偽中儲券兌換決策的制定經過〉，《文史哲》328（2012 年第 1 期），頁 79～93。

與上述辦法相符，稍有不同的是在第 5 條規定「臺灣省商營金融機關，除經該區財政金融特派員查明負責人確依當地正當人士業務健全者得准予重新註冊外，其餘一律停止營業，限期清理」，並依該規定公布《臺灣省商營金融機關清理辦法》。〔註9〕由此可知，臺灣金融機構除非符合條件，否則也是以「停止營業」為原則，和大陸地區並無差異。〔註10〕

不過，長官公署並未遵循《臺灣省當地銀行鈔票及金融機關處理辦法》，〔註11〕而是秉承行政長官陳儀「工商不停頓、行政不中斷、學校不停課」的方針，〔註12〕讓各保險業在保險監理委員會監理下繼續營業。金融機構「繼續營業」方針得以實現，是陳儀堅拒國家行局來臺的結果。試想若由國家行局執行接收，由於臺灣仍然存在金融需求，那麼既有金融機構「停止營業」的同時，便由國家行局分支機構取代既有金融機構。國家行局隸屬財政部，非長官公署所能掌握。作為地方政府的長官公署得以「違抗」中央政府法令，很大程度是因為前述「軍事占領」體制賦予的特殊權力所致。

三、概括承受既有負債方針的確立

前面提到《收復區敵偽產業處理辦法》規定，既有負債原則上應予清償。不過，此原則後來有所調整。1946 年初，財政部轉呈京滬區財政金融特派員辦公室意見稱：

〔註 9〕〈臺灣省當地銀行鈔票及金融機關處理辦法〉、〈臺灣省商營金融機關清理辦法〉，收入陳榮富編，《臺灣之金融史料》（臺北：臺灣銀行經濟研究室，1953年 5 月），頁 206。

〔註 10〕附帶一提，《臺灣省商營金融機關清理辦法》可算是《接管綱要》和《金融草案》的法令化，不過在繼續或停止營業原則上，存在些許落差。《接管綱要》中是以繼續營業為原則，停止營業為例外（第 31 點），但《臺灣省商營金融機關清理辦法》則是以停止營業為原則，繼續營業為例外。

〔註 11〕幾乎所有的先行研究都認為臺灣金融機構的接收是以《臺灣省當地銀行鈔票及金融機關處理辦法》、《臺灣省商營金融機關清理辦法》作為法令依據，但在筆者所能掌握的史料中，不曾在公文書或接收報告看過這樣的說法，亦即當時的主事者並不認為上述二辦法是他們執行接收業務的依據，或者說，在 1946年 5 月 24 日《臺灣省各金融機構資產處理辦法》公布前，並不存在明確法令依據。

〔註 12〕臺灣省行政長官公署民政處編，《臺灣民政第一輯》（臺北：編者，1946 年 5月），頁 46；《臺灣省接收委員會日產處理委員會結束總報告》則是說「工廠不停工、商店不停業、學校不停課」，意義基本相同。臺灣省接收委員會日產處理委員會編，《臺灣省接收委員會日產處理委員會結束總報告》，頁 2。

接收敵國銀行係沒收性質，……其所負債務我國政府自無代敵清償
之義務，即使債權人中有與敵偽無關之人民因不清理而蒙受損失，
亦可正式申請由敵國賠償，復因各敵性銀行現有之庫存多與負債數
字相去懸殊，設將債務予以清償，則勢須變賣不動產或由我政府墊
付，兩有未便，爰擬以規定凡敵性銀行於接收後，清查其資產負債
之確實數字，其債權方面迅予追回，**其債務則一律暫不予清償，俟
日本履行賠款再行核議**，故僅予整理，不予清理，……

行政院認為上述建議可行，遂於 1946 年 3 月 10 日訓令長官公署照辦。〔註13〕
因此，既有負債處理原則由「原則應予清償」變成「暫緩清償」。〔註14〕

　　不過，我們知道，財政處早在 1946 年 2 月 16 日提出的「處理辦法」就已
確立概括承受舊保險契約（戰爭保險除外）的政策方針，簡易壽險更是在 1945
年 11 月 15 日完成接收時即確立概括承受原則。在此情形下，長官公署自然無
法遵循行政院 1946 年 3 月 10 日的訓令，故於 5 月 24 日回復行政院「查本省
情形特殊，與其他淪陷收復區不同，**令開原則未盡適用**，為便於處理起見，茲
按本省實際情形，並遵照令開原則，**擬定台灣省各金融機構資產處理辦法**，通
飭所屬有關機關依照辦理。」〔註15〕

　　《臺灣省各金融機構資產處理辦法》於同日（1946.5.24）公布，〔註16〕成
為各接收機關處理金融機構的依據。對此，行政院未表示反對意見，惟要求「該
省各金融機構資產應先由財政部委任該省財政處整理清理再行移交該省日產
處理委員會處理」〔註17〕，先前提到財政部 1946 年 6 月 24 日授權財政處辦

〔註13〕「臺灣地區處理敵偽銀行資產原則」（1946-03-06），〈金融機構資產處理辦法〉，
　　　　《臺灣省行政長官公署》，國史館臺灣文獻館，典藏號：00326230001002。

〔註14〕附帶補充，在一份行政院 1946 年 3 月 27 日關於敵偽機構債權債務互相抵消
　　　　的訓令中，財政部認為「……關於金融機關方面以清算事項較為繁重，此項辦
　　　　法似應以彼此互有債權債務足資抵充之機構為限……以免在清算期間債權經
　　　　予抵銷而必須償付之負債（如繼續經營之工礦事業及與敵偽無關之人民存款）
　　　　無法支付……」，似與無須承受既有債務之觀點扞格，為何財政部在差不多的
　　　　時間點存在相互矛盾的觀點，令人費解。〈敵偽機構債權債務互相抵銷辦法
　　　　案〉，收入臺灣省接收委員會日產處理委員會編，《臺灣省日產處理法令彙編
　　　　（第 1 輯）》，頁 117～118。

〔註15〕「臺灣地區處理敵偽銀行資產原則」。

〔註16〕〈臺灣省各金融機構資產處理辦法〉，收入臺灣省接收委員會日產處理委員會
　　　　編，《臺灣省日產處理法令彙編（第 1 輯）》，頁 70～71。

〔註17〕「臺灣省各金融機構資產處理辦法抄送案」（1946-03-06），〈金融機構資產處

理臺灣金融機構接收清理事宜，可能和此有關。〔註18〕

　　約略同時，長官公署訂定《臺灣省接收日人財產處理辦法》（1946.7.13），及依該辦法第 3 條各款規定所訂之子法《臺灣省接收日人房地產處理實施辦法》（1946.8.8）、《臺灣省接收日資企業處理實施辦法》（1946.7.2）、《臺灣省接收日人動產處理實施辦法》（1946.7.3）〔註19〕。各項日產的處理至此時才有明確的法令依據。〔註20〕筆者推測長官公署接連訂定相關法令之舉措，或許與行政院 1946 年 3 月 10 日之訓令有關。

　　1946 年 12 月 25 日，財政部呈報《財政部督導接收敵偽金融機構整理清理辦法》，經行政院於 1947 年 2 月 6 日准予備案。該辦法第 14 條規定「凡本部前此公布敵偽金融機構之接收整理清理有關法令，與本辦法有牴觸者，應參酌本辦法修正之。」〔註21〕由此可知，該辦法理應成為金融機構接收機關執行「日產處理」業務的依據，參照長官公署（省政府）與臺灣產物、臺灣人壽往來公文書，也確實都提到保險業之清理係依該辦法辦理。〔註22〕

　　不過，若審視《財政部督導接收敵偽金融機構整理清理辦法》及其相關補充規定之內容，〔註23〕即可發現該辦法仍是以「舊有債務暫緩清償」為原

　　　　理辦法〉，《臺灣省行政長官公署》，國史館臺灣文獻館，典藏號：003262300
　　　　01001。
〔註18〕筆者無法充分肯定的原因在於，行政院是在 1946 年 10 月 23 日才發送該指
　　　　令，但財政部早在 1946 年 6 月 24 日就予以授權。
〔註19〕所載日期部分為行政院核定日，部分為長官公署上呈行政院之日。〈臺灣省接
　　　　收日人財產處理辦法〉、〈臺灣省接收日人房地產處理實施辦法〉、〈臺灣省接
　　　　收日資企業處理實施辦法〉、〈臺灣省接收日人動產處理實施辦法〉，收入臺灣
　　　　省接收委員會日產處理委員會編，《臺灣省日產處理法令彙編（第 1 輯）》，頁
　　　　25～26、51～53、67～70、93～94。
〔註20〕陳亮州，〈戰後台灣日產的接收與處理〉，頁 98。
〔註21〕〈行政院關於核備實施財政部督導接收敵偽金融機構整理清理辦法令〉，收入
　　　　中國第二歷史檔案館編，《中華民國史檔案資料匯編：第五輯第三編財政經濟
　　　　（二）》（南京：江蘇古籍出版社，2000 年 1 月），頁 489。
〔註22〕案例繁多，無法盡列，茲產、壽險業各舉一列。「臺灣產物保險公司請速整理
　　　　清理敵偽金融機構案」（1948-09-09），〈接受放偽金融機構整理法理辦法
　　　　（0037/266.2/13/4）〉，《臺灣省級機關》，國史館臺灣文獻館（原件：國家發展
　　　　委員會檔案管理局），典藏號：0042662004030007；「臺灣人壽保險公司接收日
　　　　產毋庸歸公產公務整理委員會整理案」（1948-05-18），〈接受放偽金融機構整
　　　　理法理辦法（0037/266.2/13/4）〉，《臺灣省級機關》，國史館臺灣文獻館（原件：
　　　　國家發展委員會檔案管理局），典藏號：0042662004030004。
〔註23〕〈行政院關於核備實施財政部督導接收敵偽金融機構整理清理辦法令〉、〈財
　　　　政部督導接收敵偽金融機構整理清理辦法施行細則〉，收入中國第二歷史檔案

則，例如該辦法第 7 條規定「接收敵偽金融機構後，……整理敵性金融機構時，……其債務除依第八條辦理外，暫不清償，俟敵國履行賠款後再行核議。」[註24]因此，臺灣產物、臺灣人壽在執行「日產處理」業務的過程中，無法完全符合該辦法規定。財政部 1948 年 3 月 8 日致省政府財政廳（下稱財政廳）的訓令中就提到「仍有多數機構未據將原始清冊接收報告及清理結束總報告造報前來，其已造送結束報告者，**清算辦法亦與部頒辦法參差不齊。**」不過，財政部也在這次訓令中補充「其債務除普通商民、盟國僑民、前身純係日方經營或日台合資經營，現由我政府接收之公私企業者得予清償外，其餘一律扣留報部核辦。」[註25]追認臺灣「概括承受既有負債」實際處理作法。附帶一提，隸屬中央的郵政系統負責的簡易壽險，雖承襲「概括承受既有負債」方針，但似乎並不認同，《郵政七十周年紀念專輯》中便曾提到「接收時原應將日制簡易壽險及郵便年金契約全部凍結，聽候對日交涉索回其解走之資金，再行轉發。」對於郵電委員會概括承受舊契約履約責任之「思慮不周」頗有微詞。[註26]

綜上所述，長官公署並沒有遵循中央「停止營業」、「既有債務暫緩清償」的原則，而是採取「繼續營業」、「概括繼承舊有負債」的作法，日治保險業接收後的各項處理措施都在此基礎上展開。

第二節　舊契約清理

一、產險

依據 1946 年 2 月 16 日的「處理辦法」，大成火災受財政處委託受理民眾投保新契約，並接續辦理其餘 11 家產險業之舊契約，該 11 家產險業則自同日

館編，《中華民國史檔案資料匯編：第五輯第三編財政經濟（二）》，頁 486～489、543～545。

[註24] 第 8 條規定債務得予清償的例外情形，主要是金融機構和其它機構（含其它金融機構）間相互存在債權債務關係而可抵銷時，我們所討論的舊保險契約並不在其中。另外，第 7 條後段規定「至清理偽性金融機構時，……其債務除敵偽性及附逆者一律扣留報部核辦外，餘得酌予償付」，但如前所述，日治金融機構皆屬敵性而非偽性。

[註25] 〈財政部關於臺灣省原有金融機構接收整理清理指示限期結束的訓令〉，收入中國第二歷史檔案館編，《中華民國史檔案資料匯編：第五輯第三編財政經濟（二）》，頁 545～546。

[註26] 交通部郵政總局編，《郵政七十周年紀念專輯（下冊）》，頁 359。

起結束營業。為此，財政處於 3 月下旬訂定《臺灣省行政長官公署財政處委託承受新舊損害保險契約辦法》，規範委託事宜的執行細節，並自 1946 年 4 月 1 日施行。〔註27〕《民報》同年 3 月 27 日的報導提到各保險業「訂於四月一日起開始工作，以副被保險者之希望」，紀錄了舊契約清理的開始。〔註28〕

　　大成火災受委託的時間並不長，只有兩個多月，其階段性任務在 1946 年 6 月 16 日臺灣產物籌備處成立後宣告結束。這段時間裡，舊契約由 1946 年 4 月 1 日的 4 萬 1,544 件，因契約期滿或其他原因失效而減少為 1946 年 6 月 15 日的 1 萬 6,608 件，期間並收取保費舊臺幣（下同）371 萬 3,978.06 元，完成 10 件保險理賠，給付保險金計 54 萬 5,056.5 元（另有 5 件完成審核應付未付保險金 47 萬 5,479 元）；〔註29〕新契約部分，累計承保 1,472 件（交接前已有 3 件滿期或解約），收取保費 189 萬 9,599.48 元。這些未結業務皆在 1946 年 6 月 16 日交由臺灣產物籌備處接續處理。〔註30〕

　　臺灣產物籌備處接手後，約略產生 10 天的業務空窗期，該籌備處於 1946 年 6 月 28 日設立營業部繼續營業及整理舊契約，並公告 1946 年 4 月 1 日之前投保的未到期契約保戶應向該籌備處辦理登記核驗，俾使舊契約繼續有效，進入所謂「驗證」階段。驗證期限以保戶所在區域而不同，臺北地區至 7 月 27 日，其它地區至 8 月 27 日，逾期未登記者，契約以失效論。〔註31〕

〔註27〕「大成會社承受新舊損害保險契約辦法等送核案」（1946-04-23），〈賠償保險金處理辦法〉，《臺灣省行政長官公署》，國史館臺灣文獻館，典藏號：00312620002002。

〔註28〕〈以副被保險者希望 各會社將開始辦公〉，《民報》，1946 年 3 月 27 日，第 168 號，第 2 版。

〔註29〕〈臺灣產物保險公司概況〉稱賠付金額為 161 萬 5,474.29 元，黃秉心、孫堂福、李虹薇等人皆從其說，惟在無其他相關佐證資料情況下，本文採檔案所載之原始數據。筆者猜測 161 萬 5,474.29 元的金額或許是把籌備處期間給付的舊契約理賠也算進去。臺灣產物保險公司，〈臺灣產物保險公司概況〉，頁 133；黃秉心，〈保險事業在臺灣（上）〉，頁 8；孫堂福，〈臺灣之產物保險〉，《臺灣銀行季刊》20：1（1969 年 3 月），頁 358；李虹薇，〈臺灣產物保險業之發展（1920～1963）〉，頁 42。

〔註30〕「大成火災海上保險株式會社委託業務移交清冊電送案」（1946-09-13），〈接收各會社〉，《臺灣省行政長官公署》，國史館臺灣文獻館，典藏號：00329770001004。

〔註31〕〈台灣省產物保險股份有限公司籌備處公告〉，《民報》，1946 年 7 月 1 日，第 288 號（晨刊），第 1 版；〈人壽與產物保險 開始繼續生效登記〉，《民報》，1946 年 7 月 1 日，第 289 號（晚刊），第 2 版。

8 月上旬，籌備處以「偏遠鄉村，未及辦理手續者多紛紛投函要求展緩」為由，將驗證期限延長 1 個月，即臺北地區展延至 1946 年 8 月 27 日，其他地區至 9 月 27 日。〔註 32〕有關「驗證」程序的性質，如前所述，就法律地位而言，戰後成立的兩家保險業（含籌備處）並非延續日治保險業而來，它們只是受政府委託執行接收業務，日治保險業的權利義務是移轉給政府，若要進一步將舊契約履約責任過繼到該二保險業，則必須再進行一次移轉，他們當時選擇了「驗證」的作法。與之相對，在監理階段（1945.12～1946.6.15），日治保險業依然存在，各項業務雖受政府監理，但仍是以其名義行使，自無驗證之必要。1946 年 9 月 27 日，即驗證期限屆滿之時，計有 1,915 件契約完成驗證。〔註 33〕

據統計，臺灣產物籌備處接收之時（1946.6.16），舊契約件數計有 1 萬 6,608 件，其中有 8,556 件在 1946 年 9 月底前期滿，亦即驗證期限（1946.9.27）後仍未到期之舊契約計有 8,052 件，僅 1,915 完成驗證，驗證率約 23.78%。至於驗證率為何不高，目前不太清楚，或是因為產險契約的短期特性，使得保戶覺得契約即將屆滿，額外耗費精力辦理驗證效益有限所致。

臺灣產物籌備處接手不久後，擬向上海保險同業辦理舊契約之分保，惟上海分保集團不願接受，並建議籌備處可登報註銷該等舊契約云云，但籌備處考量「各項登記手續甫已辦竣，若遽爾公告退保殊有未妥……為公司信譽計，擬由本公司全部繼續負責保至期滿。」〔註 34〕舊契約在 1947 年 2 月 15 日全數屆滿，日治時期產險舊契約的清理到此宣告結束。

籌備處在舊契約清理過程中，同樣面對保險給付的問題。據統計，計有 256 件應付未付舊契約（火災保險 17 件、海上保險 239 件），總計應理賠金額為 128 萬 3,258.27 元（火災保險 123 萬 675.13 元、海上保險 5 萬 2,583.14 元）。針對這些應付保險金，籌備處於 1946 年 9 月 10 日向財政處請示係由該籌備處先行墊付再與日本總公司清算，或暫停支付待與日本總公司清算完畢後再行支付，財政處答復「應先查明應行賠償發生日期及保險者屬於我國人抑日本

〔註 32〕〈本省產物人壽保單登記核驗　限期延月一月〉，《民報》，1946 年 8 月 9 日，第 362 號，第 2 版。

〔註 33〕「大成火災海上保險株式會社委託業務移交清冊電送案」

〔註 34〕「產物保險公司繼續上海分保團業務核備案」（1946-10-18），〈賠償保險金處理辦法〉，《臺灣省行政長官公署》，國史館臺灣文獻館，典藏號：00312620003009。

人，分別具報以憑核辦」。〔註35〕財政處的答復雖未臻明確，但應可推知若保險者屬國人，即應先行支付保險金，這與黃秉心的說法「在籌備期間，承接監理階段，繼續承受保險責任」〔註36〕也可呼應。

　　綜上所述，產險舊契約的清理在顧及保戶的權益下順利完成，雖然驗證比率不高，但這可能是產險契約的特性所致，而發生保險事故的保戶雖不免受到物價膨脹影響，使得領取的保險金實際價值有所減損，蒙受一定程度損失，但相對後續要討論的壽險保戶而言，其所蒙受的損失可算是微乎其微。正如曾耀鋒所說，戰後臺灣保戶對產險並未留下壞印象，一定程度是因為舊契約清理尚稱完善之故。〔註37〕

二、壽險

　　由於臺灣產物、臺灣人壽二籌備處的初始人事組成是延續保險監理委員會而來，且主任監理委員黃秉心同時擔任二籌備處主任，〔註38〕故舊契約清理程序大致相同。然而，由於產、壽險契約性質的差異，清理結果卻有極大落差，以下主要專注在產、壽險契約清理過程不同之處，相似處則簡略敘之。

〔註35〕「前十二保險會社水險賠償等項核示案」（1946-09-10），〈申請賠償戰時火災保險金〉，《臺灣省行政長官公署》，國史館臺灣文獻館，典藏號：00312620005010。

〔註36〕黃秉心，〈保險事業在臺灣（上）〉，頁8。

〔註37〕曾耀鋒，〈日本統治時代の台湾における大成火災の事業展開〉，頁80。

〔註38〕臺灣產物籌備處主任黃秉心、籌備委員文永詢、卓東來、專員張煥三、黃傑民、徐開安、方志川；臺灣人壽籌備處主任黃秉心、籌備委員楊貽清、陶聲漢、俞慈民、專員陳眉壽、諸寶懋、殷梅生、吳文愷，全數皆為保險監理委員會成員。「臺灣產物及臺灣人壽保險籌備處人員黃秉心等 14 員派代案」；「臺灣保險會社監理專員張煥 3 等 3 員派任案」（1946-02-23），〈保險會社監理委員會人員任免〉，《臺灣省行政長官公署》，國史館臺灣文獻館，典藏號：00303231375002；「臺灣省各銀行會社監理專員姚守成等 21 員派充案」（1946-02-17），〈銀行監理檢查人員任免〉，《臺灣省行政長官公署》，國史館臺灣文獻館，典藏號：00303232096009；「華南銀行監理專員賈新葆等 3 員任免案」（1946-05-24），〈華南銀行監理人員任免〉，《臺灣省行政長官公署》，國史館臺灣文獻館，典藏號：00303232227001；「保險會社監理人員何宜武等 7 員任用案」（1945-12-15），〈財政處附屬機關人員任免〉，《臺灣省行政長官公署》，國史館臺灣文獻館，典藏號：00303232213008；「全省保險會社監理委員陶聲漢等 8 員任免案」（1946-03-27），〈財政處監理人員任免〉，《臺灣省行政長官公署》，國史館臺灣文獻館，典藏號：00303232184013；「臺灣省保險會社主任監理委員何宜武請辭及黃秉心接充案」；「臺灣保險會社監理委員何宜武等 7 員派任案」；「保險會社監理委員監理專員卓東來及俞慈民派任案」。

（一）監理及驗證

在監理階段，財政處委託千代田生命及第一生命兩家壽險業受理新契約，但在舊契約處理上，不同於產險業是委託單一業者，而是仍由各壽險業者自行辦理，至於監理階段的業務情形，受限於史料，目前不太清楚。接著，和產險業相同，於 1946 年 6 月 16 日，由臺灣人壽籌備處承接舊契約，並同樣於 6 月 28 日進入驗證階段，並因驗證情況不佳，將期限延長 1 個月，與產險稍有不同處有二。第一，原訂驗證期限不分區域，皆至 1946 年 8 月 15 日止；〔註39〕第二，由於壽險契約多屬長年期，需持續繳納續期保費，故另有「如有未繳保費者應即按期繳清」之規定。〔註40〕

驗證成果如何呢？依據籌備處 1947 年 1 月 17 日上呈的接收報告，截至 1946 年 11 月，計有效契約 21 萬 6,707 件、失效契約 12 萬 707 件，〔註41〕相對接收之時臺籍保戶契約件數 34 萬 8,931 件，〔註42〕驗證率約 62.11%。關於此一驗證成果，由於兩份同樣出自於籌備處的史料內容略有出入，先行研究之解讀亦有再商榷之處，故值得進一步討論。

由前文可知，壽險契約的驗證期限經延長後到 1946 年 9 月 15 日（或 9 月 27 日），但因驗證成果不佳，籌備處決定放寬驗證程序。前述 1947 年 1 月 17 日的報告提及「其中失效契約，職處經籌劃，擬以簡捷方法促使全部在最短期間內復活」〔註43〕，依其語意，此時所謂「簡捷方法」應尚未施行。若此，則 62.11% 的驗證率應是驗證程序放寬前的成果。不過，籌備處 1947 年 9 月刊登於《臺灣銀行季刊》的文章卻是說「同（按：1946 年）年十月初旬，更簡化驗證手續，凡已經繳清保費的契約，均作為已經辦迄驗證手續」，並指出截至

〔註39〕此處有一個小問題，即壽險契約的驗證期限延長到何時？若延長一個月，則應該是 1946 年 9 月 15 日，但《民報》的報導並沒有明確指出這個時間點，反倒是和產險契約混為一談，皆稱臺北地區至 1946 年 8 月 27 日，其它地區至 9 月 27 日。〈人壽與產物保險　開始繼續生效登記〉。

〔註40〕〈台灣省人壽保險股份有限公司籌備處公告〉，《民報》，1946 年 7 月 1 日，第 288 號（晨刊），第 1 版；〈人壽與產物保險　開始繼續生效登記〉。產險契約之所以沒有繳清欠繳保費之規定，推測係因產險契約期間通常在 1 年以下（即僅 1 期），契約生效時保費即已繳清，無續期保費，故自無欠繳保費之問題。

〔註41〕「接收各生命會社清冊檢送案」（1947-01-17），〈人壽保險公司接收清冊〉，《臺灣省行政長官公署》，國史館臺灣文獻館，典藏號：00329520002003。

〔註42〕生命保險協會，《昭和生命保險史料（第 5 卷）》，頁 50～51。

〔註43〕「接收各生命會社清冊檢送案」。

1947年7月底，有效契約計21萬4,961件，[註44]驗證率約61.61%，和8個月前（1946年11月底）的數據62.11%相差無幾。若此，那麼62.11%的驗證率則應該是驗證程序放寬後的結果。

何以兩分同樣出自籌備處的說法產生出入，目前不太清楚，但不管如何，舊契約驗證率大約六成應該沒有爭議，之所以強調這點，是因為黃麗敏同樣依據上述兩份史料，卻得出「驗證率高達96%」的結論。她根據籌備處1947年1月17日的報告，認為「為了使這些失效契約的保戶權益不致於喪失，臺壽籌備處以最簡便的方法，促使這些失效契約全部在最短時間內復效，因此最後總計有337,414件契約前來驗證並為有效契約……」[註45]，但經由上述討論可知，復效並非毫無條件，而是要「繳清保費」後才視為完成驗證程序，絕不代表12萬餘件的失效契約全數復效，且無論是1946年11月底或1947年7月底的統計數據，驗證率都只有六成多。是以，驗證率高達九成之說似有誤讀史料之虞。

黃麗敏的研究雖有上述瑕疵，但仍極具貢獻，理由在於她指出一個過去經常被引用，卻未甚符合事實的論述，新光集團創辦人吳火獅（1919～1986）[註46]的言論可作為代表：

> 光復初期，『臺灣人壽』出面接收日據時代十四家日本保險公司的分公司，也是**在匆促中草率完成**。許多通告保戶續保的通知由於各種原因並沒有交到保戶的手上，因此當時只有少數保戶得以辦理續保手續。**大多數保戶因未能辦理續保而損失了本身應有的利益**，這造成人民對保險事業的非議，信心也大打折扣。[註47]

[註44] 臺灣人壽保險公司籌備處，〈臺灣人壽保險公司概況〉，頁137。
[註45] 黃麗敏，〈臺灣人壽保險公司對臺灣壽險之推展（民國34～49年）〉，頁28。
[註46] 吳火獅，臺灣新竹人。新竹第一公學校畢業後進入位於臺北迪化街的「平野商店」擔任學徒，因表現良好，日籍老闆小川光定另開設「小川商行」交由吳火獅管理，為其日後縱橫商場奠定良好基礎。戰後創設新光商行，新光二字各取自故鄉「新」竹及事業上的貴人小川「光」定。以新光商行為起點，事業版圖日漸擴大，成為橫跨紡織、能源、保險、證券、百貨等諸多領域的「新光集團」。另據周炳燈的回憶，吳火獅在日治時期曾擔任大北火災在新竹的代理人，與保險早有淵源，不過吳火獅本人在口述傳記中則自承在創辦新光產物、新光人壽之前，他對保險完全外行。黃進興，《半世紀的奮鬥——吳火獅先生口述傳記（13版）》（臺北：允晨文化，1992年9月）；張哲郎、林建智訪談，秦賢次、吳瑞松編整，《臺灣地區保險事蹟口述歷史》，頁103。
[註47] 黃進興，《半世紀的奮鬥——吳火獅先生口述傳記（13版）》，頁182～183。《新光人壽三十年史》中亦有類似敘述。新光人壽三十年史編輯委員會編，《新光人壽三十年史》（臺北：新光人壽，1993年7月），頁44。

林文蘭、蘇薰璇皆從此說，蘇薰璇更進一步以口述訪談強化，指出「當時臺灣人壽通知曾購買日據時期保單之保戶續保的作法是刊登報紙」，但受訪者直言「表面上好像說台灣人壽有登了幾天報紙，那時候誰看得懂中文！」，並據此認為執政當局通知續保的不當措施，是日治末期 34 萬餘件臺灣人壽險契約最終僅十分之一完成改保的主要原因之一。〔註48〕此說不全然錯誤，但卻不精確，原因在於他們將「驗證程序」和「改保程序」混作一談，接著對此進行討論。

圖 4-1：舊保險契約驗證申請書

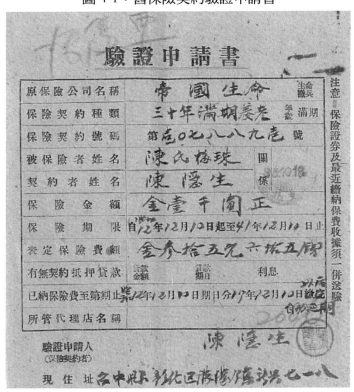

說明：保險契約之要保人為陳隱生先生（1913～2006），彰化福興人。1932 年自
　　　彰化商工補習學校畢業（今國立彰化高級商業職業學校）。早年曾於辜顯
　　　榮企業大和拓殖會社任職，1937 年移居鹿港後轉業成為一位殷實商人。
　　　晚年熱心宗教活動，曾在 2000 年以 88 歲高齡筊得鹿港洽興街鎮安宮李
　　　府千歲值年爐主。
資料來源：陳明信先生（故陳隱生先生之二公子）提供。蒙國立彰化女子高級
　　　中學李昭容老師轉介並提供陳隱生先生小傳。特此向兩位致謝。

〔註48〕林文蘭，〈生命商品化的社會基礎與運作機制：以戰後臺灣人身保險業為例〉，
　　　頁 56～57；蘇薰璇，〈市場、國家與社會：從制度論探討臺灣戰後壽險市場的
　　　發展〉，頁 62～63。

圖 4-2：蓋有臺灣人壽「驗迄」戳章的原日本生命保險單

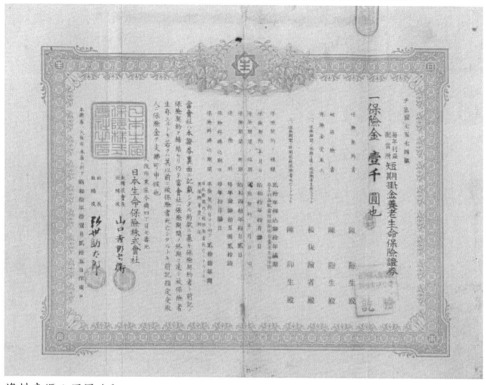

資料來源：同圖 4-1。

（二）契約改保

若以產險契約清理的經驗作為標準，或許可以說，臺灣人壽籌備處在完成驗證程序並繼承舊契約履約責任後，即已完成清理，後續只須依約履行，隨著時間流逝，等待契約終止即可。當然，由於壽險契約的長年期特性，契約終止的時間可能是戰後 10 年、20 年，甚或更長，但理論上並不複雜。不過，實際發展卻顯得曲折許多，此一曲折發展是在戰後初期「惡性物價膨脹」的特殊歷史時空所產生。

物價膨脹（inflation），是指一個國家或地區物價長期上漲，導致貨幣購買力下降的現象，若物價上漲的情況過於嚴重，經濟學家定義每個月超過 50%，那麼便稱之為「惡性物價膨脹（hyperinflation）」。〔註49〕惡性物價膨脹對於保

〔註49〕吳聰敏，《經濟學原理（2 版）》，頁 520～521。有關戰後初期臺灣惡性物價膨脹問題，已有諸多研究成果，本文不再討論，可參閱：潘志奇《光復初期臺灣通貨膨脹的分析》（臺北：聯經，1980 年）；吳聰敏，〈臺灣戰後的惡性物價膨脹（1945～1950）〉，頁 129～159。

戶（特別是壽險）所造成的損害不言可喻。舉例而言：1937 年時，臺籍保戶之壽險契約平均保額約 1,300 圓，以當時的物價水準，大約可購買白米 6,500 餘公斤，足以支撐一個普通家庭相當時日的生活所需，〔註 50〕但同樣的保額到 1949 年時恐怕連煮一頓飯所需的白米也買不起了。

　　臺灣人壽籌備處當然清楚物價膨脹的危害，故在 1947 年 7、8 月間向財政廳簽呈稱：

> 近因**通貨貶值，所保壽險彌難達到保險目的**，舊有保戶頓失信心，**自動放棄權益停繳保費者日多**，茲值籌備處即屆結束新公司行將成立之際，亟需推展新業務，廣為招攬保戶。而**招攬保戶之對象又不脫乎舊契約之保戶，是以對舊契約之處理方針必須慎重考慮**，方克無損於新業務之推行。謹就目前實際情形擬具《舊契約清理計畫》一種（以接收前各生命保險會社所遺留之不動產照市價估計現值作為舊契約準備金，並以其原準備金之比例**將舊契約之保險金額一律提高五倍**），並為適應目前經濟環境，設計《保額累進保險辦法》及**請組織清理委員會以清理舊有債權債務**。〔註 51〕

依據籌備處簽報的《清理委員會組織規程草案》，該委員會原定於 1948 年 7 月 1 日成立，〔註 52〕隨後臺灣人壽於 1948 年 1 月 8 日呈報財政廳，擬提早自 1948 年 1 月 15 日成立舊契約清理委員會，並自同日開始受理舊契約改保，惟財政廳認為仍應按財政部核備之原草案辦理。〔註 53〕最終，舊契約清理委員會

〔註 50〕郵政管理局保險科科長苟清如也提到，依日治時期簡易壽險的平均保額（217 至 290 圓）及當時的物價水準（每百斤約 10 餘圓），約可購買白米 2,000 餘斤（1,200 餘公斤）。苟清如，〈臺灣郵政簡易人壽保險及代理業務〉，《交通建設》4：3（1955 年 3 月），頁 29。

〔註 51〕「臺灣人壽保險公司籌備處結束清理事宜奉財政部核示各點轉知案」（1947-11-22），〈人壽保險公司接收備品清冊等卷（0036/295.2/4/1）〉，《臺灣省級機關》，國史館臺灣文獻館（原件：國家發展委員會檔案管理局），典藏號：0042952001653003；〈臺灣省財政廳為清理臺灣人壽保險有限公司舊有契約債權債務致財政部代電稿（1947 年 9 月）〉，收入陳鳴鐘、陳興唐編，《臺灣光復和光復後五年省情（下）》，頁 412～418。

〔註 52〕〈臺灣省財政廳為清理臺灣人壽保險有限公司舊有契約債權債務致財政部代電稿（1947 年 9 月）〉。

〔註 53〕「臺灣人壽保險公司舊契約清理委員會應依組織規程成立等情核復案」（1948-01-19），〈人壽保險公司接收備品清冊等卷（0036/295.2/4/1）〉，《臺灣省級機關》，國史館臺灣文獻館（原件：國家發展委員會檔案管理局），典藏號：0042952001653004。

於 1948 年 3 月 11 日成立，主任委員由董事長羅萬俥兼任。不過，改保計畫仍如期於 1948 年 1 月 15 日開始。〔註 54〕

依據原先的規劃，舊契約保險金額可提高 5 倍，此規劃直到 1948 年 1 月 8 日所呈報的草案中仍未改變。〔註 55〕不過，到了 1948 年 1 月 12 日臺灣人壽正式公告之時，保險金額可提高倍數改為「五至十倍」，此間轉折的原因推測可能與物價上漲幅度有關，後續將會說明。改保期限方面，則和原先規劃的 6 個月相同，即 1948 年 1 月 15 日至 7 月 15 日。〔註 56〕不過，由於改保情況不甚踴躍，加上物價持續向上奔騰，改保期限一而再，再而三的延長，倍數也不斷增加，最終延長至 1951 年 3 月 31 日（共計 7 次），倍數調整至 2 萬 4,000 倍。關於這段改保過程，黃麗敏已有詳實的整理，〔註 57〕此處不再贅述，而擬將焦點置於改保倍數與物價水準間的分析，並據此推測改保倍數訂定基礎及保戶當時的想法。以下彙整相關數據如附錄 3，作為分析討論基礎。

正式討論前，先對相關數據進行說明。平均保額採「所有」臺籍保戶契約平均保額，並按歷次改保「最高倍數」重新計算改保後平均保額。不採「實際」辦理改保契約平均保額，是因為每次改保契約保額不盡相同，難以進行跨時間購買力比較。時間點方面，除 7 次改保時間外，同時列出 1937 年 6 月、1945 年 7、8 月、1946 年 7、10 月、1947 年 8 月等 6 個時間點。1937 年 6 月是中日戰爭即將爆發之時，可代表非戰爭期間的正常物價水準；1945 年 7、8 月反映戰爭結束前後的物價水準；1946 年 7、10 月是舊契約驗證程序開始及結束的時間，也就是保戶決定是否辦理驗證時所面臨的物價水準；1947 年 8 月是臺灣人壽籌備處提出改保方案的時間。為了方便比較，一併計算每個時間點物價水準相對於以上 6 個時點物價水準的倍數。此外，雖然物價指數是經濟學家縝密估計的結果，但一般人對它的感受並不直接，故同時列出切身相關的米價水準，並計算平均保額在不同時間點所能購買的白米數量，提供直觀的參考數據。〔註 58〕

〔註 54〕「據臺灣人壽保險公司舊契約清理委員會呈送接收日營千代田等生命保險會社各支店清理整理結束總報告等轉請查照核備見復」。

〔註 55〕「臺灣人壽保險公司舊契約清理委員會應依組織規程成立等情核復案」。

〔註 56〕〈台灣人壽保險股份有限公司公告〉，《民聲日報》，1948 年 7 月 21 日，第 2 版。

〔註 57〕黃麗敏，〈臺灣人壽保險公司對臺灣壽險之推展（民國 34~49 年）〉，頁 31～36。

〔註 58〕1 公斤生米約可提供 3,500 大卡的熱量，若以每位成人一天需要 2,000 大卡熱

依據附錄 3，驗證開始時（1946 年 7 月），物價指數為 15,202.66，是 1937 年 6 月的 152 倍、1945 年 7 月的 62.82 倍、1945 年 8 月的 12.98 倍。可知無論以何時作為基數，物價膨脹都已相當嚴重，但即使如此，仍有逾六成舊契約保戶願意辦理「驗證」，以使契約繼續有效，代表多數保戶可接受此時物價水準，或者說他們可能預期未來物價將逐漸平穩。事後幾個月的發展確實符合他們的期待，驗證程序結束時（1946 年 10 月），物價指數只比 7 月略為成長 2.06%，11 月甚至還比 7 月微幅下降 2.49%。〔註 59〕可惜的是，從 1946 年 12 月開始，物價上漲之勢復萌。臺灣人壽籌備處提出改保方案時（1947 年 8 月），物價指數為 45,365.93，是驗證開始時（1946 年 7 月）的 2.98 倍。改保方案正式公告時（1948 年 1 月），物價指數為 101,097.79，是驗證開始時（1946 年 7 月）的 6.65 倍。物價短短幾個月間快速上漲，或許是我們先前提到第 1 次改保倍數由原先規劃的 5 倍調整為 5 至 10 倍的理由。

接著，開啟一段改保倍數追趕物價的戲碼，為便於掌握這個過程，我們將改保倍數與物價間的關係繪製成圖 4-3。橫軸是每次改保的起始時間，縱軸是倍數。其中第 1 條折線（藍色）代表改保倍數（取最高倍數）；第 2 條折線（紅色）代表每次改保開始時的物價指數相對 1946 年 10 月（驗證結束）的物價指數倍數；第 3 條折線（綠色）則是改保開始時的物價指數相對 1945 年 8 月（戰爭結束）的物價指數倍數。

我們可以觀察到，第 1 至 4 次改保時，第 1、2 條折線（藍色、紅色）大致重疊，由此可推測這幾次的改保倍數是以 1946 年 10 月（驗證結束）的物價作為標準，也就是要讓平均保額的購買力與驗證程序結束時比肩。第 5 次改保倍數調整幅度遠超過前面幾次，明顯超過物價漲幅，究其原因，或許是考慮到物價上漲速度實在過快，故超前部署。第 6 次改保倍數特別值得注意，若以 1946 年 10 月的物價作為基準，那麼第 5 次改保倍數仍高於物價漲幅（1,200 大於 991），但仍然大幅提高。第 1 條折線（藍色）也因此向上與第 3 條折線（綠色）大致重疊，這代表第 6、7 次改保倍數是希望能夠讓平均保額購買力達到 1945 年 8 月時（戰爭結束）的水準。若以實際米價來看，平均保額在 1945

<hr>

量，日治末期臺灣人家庭每戶約 6 人計算，則 100 公斤的米大約可支持一個家庭 1 個月的生活。不過這是相當保守的估計，一來 1 家 6 口包含孩童，所需熱量不用這麼高，二來當經濟困頓時，也會相應減少熱量攝取，三來可搭配其他較為廉價之糧食作物，故若僅以「維生」為目標，當可支持更長的時間。

〔註 59〕1946 年 11 月的物價指數為 14,824.53、米價為每公斤 23.85 元。

年 8 月（戰爭結束）可購買白米 244 至 915 公斤不等，1946 年 10 月（驗證結束）降為 79 公斤，第 1 至 4 改保介於 49 至 193 公斤，第 5 次改保以後介於 282 至 1,877 公斤。

圖 4-3：壽險舊契約改保倍數及物價指數比較圖

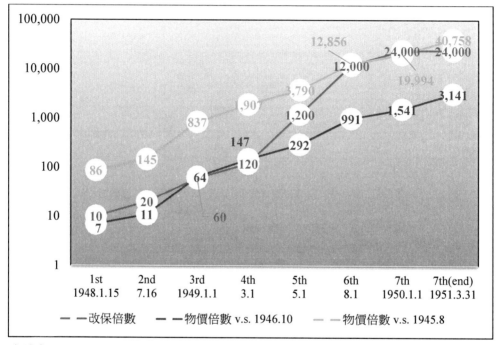

資料來源：同附錄 3。

　　最後補充說明，未辦理改保不等同契約失效。事實上，只要完成驗證程序且後續依約繳納保費的話，契約仍然有效，只不過發生保險事故時，只能按照原保額賠付。不過，從第 6 次改保（1949.8.1～1949.12.31）開始，臺灣人壽針對未改保契約「無條件」〔註 60〕按原保額的 1,200 倍賠付，到第 7 次改保（1950.1.1～1951.3.31），更進一步以原保額的 2,400 倍賠付。〔註 61〕若以購買力衡量，未改保契約在第 7 次改保後大致恢復到驗證結束時（1946.10）的水準。

<hr>

〔註 60〕完成改保後，必須按重新核算的費率繳納保費，若無未申請改保，則繼續按原訂費率繳納保費，而無條件是指不用申請改保，也不用按新費率繳納保費，由臺灣人壽逕自提高賠付金額。

〔註 61〕「據臺灣人壽保險公司舊契約清理委員會呈送接收日營千代田等生命保險會社各支店清理整理結束總報告等轉請查照核備見復」。

（三）清理成果

雖然臺灣人壽（含籌備處）在舊契約改保上付出相當的心力，但結果卻不盡人意，最終只有 3 萬 4,377 件舊契約完成改保，相對日治末期臺籍保戶總契約件數 34 萬 8,931 件，改保率僅 9.85%；就算以完成驗證的 21 萬 6,707 件作為基礎（截至 1946 年 11 月底），也只有 15.86%。更糟糕的是，完成改保的舊契約中，後來又有將近半數進入失效狀態（可能是不願繼續繳納保費）。截至 1953 年 4 月 30 日清理工作結束之時，扣掉因已賠付保險金而終止的契約 2,775 件外，有 1 萬 5,637 件契約失效，有效契約僅剩 1 萬 5,965 件。〔註62〕日治時期累積的業務成果近乎付之一炬。

不過，若將這個結果歸咎於行政措施不當恐怕未甚恰當，畢竟臺灣人壽已經在嚴峻環境下提出儘可能維護舊契約保戶權益的方案。臺灣人壽董事長羅萬俥稱「全部清理工作尚未盡如所期，不無遺憾，然在清理過程中隨時察酌社會經濟狀況，分期調整改保契約保額，及一再展延改保期限……對于舊契約持有人利益之維護，可謂已盡本會之能事矣」〔註63〕，應可算是頗為公允的自我評價。

事實上，我們若單純以購買力衡量，舊契約保戶最終不願申請改保毋寧是心理層面的影響大於實質層面。第 7 次改保的購買力在改保開始時（1950.1.1）是驗證結束時（1946.10）的 15.90 倍，即便到改保結束時（1951.3.1），也仍有 7.80 倍。〔註64〕如果說多數舊契約保戶能夠接受驗證當時的購買力，那麼沒有理由不願意申請改保。合理的解釋是，對於舊契約保戶來說，歷經戰後長達 5 年以上的惡性物價膨脹，對於平穩的物價已經不再抱有期待，因此多選擇放棄改保。然而，命運捉弄人之處或許也在於此，他們可能未曾想到，隨著 1950 年 6 月 15 日韓戰爆發，美國重啟對中華民國的軍事和經濟援助，困擾臺灣經濟多時的惡性物價膨脹即將獲得控制。

綜上所述，戰後壽險舊契約清理過程尚稱完整周延，造成清理結果未盡人

〔註62〕　「據臺灣人壽保險公司舊契約清理委員會呈送接收日營千代田等生命保險會社各支店清理整理結束總報告等轉請查照核備見復」。

〔註63〕　「據臺灣人壽保險公司舊契約清理委員會呈送接收日營千代田等生命保險會社各支店清理整理結束總報告等轉請查照核備見復」。

〔註64〕　（1,125.95÷585.65）÷（1,876.58÷15,515.56）=15.90；（1,125.95÷1,193.85）÷（1,876.58÷15,515.56）=7.80。若以可購米量計算，則分別是 23.76、9.96 倍。相關數值詳見附錄3。

意的主要原因是惡性物價膨脹，這是屬於接收機關難以控制的外部條件。相對接下來要討論的簡易壽險，臺灣人壽面對物價膨脹所採取的補救措施算是積極許多。

三、簡易壽險

簡易壽險同樣是長年期契約，因此舊契約清理過程所面臨的主要問題也是物價膨脹。如前所述，郵電委員會於 1945 年 11 月 15 日接收包含簡易壽險在內的郵政儲金業務時，就概括承受舊契約履約責任，隔（1946）年 5 月 5 日移交郵電管理局接管後亦然。依據郵電管理局 1946 年 5、6 月份的工作報告，該局接管之時計有舊契約 184 萬 4,929 件、郵政年金 5,095 件，惟部分保戶「或因不明真相或因住址變更」，未繳納保費的情形相當普遍，該局遂於同年 6 月 15 日公告《恢復受理繳納逾期保費辦法》，以維護保戶權益並保持營業。〔註 65〕

然而，隨著貨幣持續貶值，有效契約件數持續下滑，自 1946 年 5 月 5 日至 1948 年 5 月 6 日止，已有 29 萬 3,000 餘件舊契約解約或失效，加上返國日籍保戶 26 萬 8,000 餘件、死亡及滿期 9 萬 3,000 餘件，剩餘有效契約僅約 120 萬件。面對這種情況，郵電管理局並非毫無對策。1948 年 1 月 1 日，該局在郵政儲金匯業局授意下，開始招攬新契約，並提最高投保金額上限為舊臺幣 11 萬元，〔註 66〕企圖打破簡易壽險業務的頹勢。成效也還不錯，不到 5 個月的時間（1948.1.1～5.27），就已收到 1 萬 1,000 餘件的投保申請（其中有 6,000 餘件已完成承保）。〔註 67〕可惜，隨著 1948 年下半年物價上漲速度加快，郵電管

〔註 65〕〈交通部臺灣郵電管理局工作報告及代電（1946 年 5 月～8 月）〉，收入陳雲林總主編，《館藏民國臺灣檔案匯編》第 102 冊，頁 397、416。另依《郵政七十周年紀念專輯（下冊）》所載，光復時有效契約計 191 萬 3,201 件，兩相對照，有效契約在戰後 8 個多月間大約減少近 7 萬件。交通部郵政總局，《郵政七十周年紀念專輯（下冊）》，頁 356。

〔註 66〕作為對照，日本簡易壽險開辦之時（1916.10.1），保額上限為 250 圓，到終戰之前共提高 5 次，分別提高為 350 圓（1922.9.1）、450 圓（1926.5.1）、700 圓（1938.10.1）、1,000 圓（1942.4.1）、2,000 圓（1944.4.1），戰後則在 1946 年 10 月 1 日大幅提高至 5,000 圓。臺灣的簡易壽險自 1926 年 10 月 1 日開辦，故只經歷 450、700、1,000、2,000 圓等 4 個保額上限。簡易保險局，《簡易生命保險郵便年金事業の概要》（東京：著者，1947 年 8 月），頁 7～10。

〔註 67〕〈交通部臺灣郵電管理局第 1～36 次局務會議紀錄（1947 年 11 月～1948 年 9 月）〉，收入陳雲林總主編，《館藏民國臺灣檔案匯編》第 232 冊，頁 131～132、155。

理局對推動簡易壽險業務逐漸失去信心。1948 年 6 月 17 日，該局視察室在第 29 次局務會議指出：

> 最近各局儲金業務，**因幣值貶落關係，無甚發展**，總而言之，此項儲金、壽險、年金業務，為郵政兼營事業，應在不虧成本原則下辦理……（2）**壽險：因舊契約月收保費 1、2 元，賠款僅數百元**，在受益人到局領款往返途中，誠不敷車費之用，此外尚須向醫生取具証明書，及里長鄰長証明之手續，因此受益人往往表示拋棄賠款而**不取。至新契約賠款，雖已增至台幣拾壹萬元，但因目前物價飛漲，亦不受人重視。**（3）年金：為日治時代產物，自日人撤退本省後，所餘寥寥。本省人士對此亦不感興趣，誠無進展希望。〔註 68〕

1948 年 7 月 8 日，有關單位更在第 32 次局務會議中提出，是否積極推動簡易壽險業務，應視郵政儲金匯業局召集的業務會議（1948.6.15～6.22）決議再行決定。〔註 69〕言下之意似乎暗指若無作出相應決議，壽險業務就無須再積極推動。

　　1949 年 5 月 11 日，郵政管理局召開郵電分辦後的第 1 次局務會議，此時舊契約有效契約僅剩 75 萬 6,059 件，1948 年 1 月 1 日開辦的新契約有效契約也只剩 5,329 件。〔註 70〕一個多月後，就發生大家熟悉的「幣制改革」（1949.6.15）。在幣制改革下，4 萬元舊臺幣兌換 1 元新臺幣，若以日治簡易壽險平均保額 284 圓（每年應繳保費約 18 圓）為基準，〔註 71〕換算後不到新臺幣 1 分，根本無法收付。〔註 72〕於是，郵政管理局於 1949 年 6 月 20 日（幣制改革後 5 天）宣布所有契約（含新、舊契約）一律停止收付，聽候清理。同年 10 月，郵政儲金匯業局擬定清理辦法，自 11 月 1 日實施。依清理

〔註 68〕〈交通部臺灣郵電管理局第 1～36 次局務會議紀錄（1947 年 11 月～1948 年 9 月）〉，收入陳雲林總主編，《館藏民國臺灣檔案匯編》第 232 冊，頁 185。

〔註 69〕〈交通部臺灣郵電管理局第 1～36 次局務會議紀錄（1947 年 11 月～1948 年 9 月）〉，收入陳雲林總主編，《館藏民國臺灣檔案匯編》第 232 冊，頁 210、219。

〔註 70〕〈臺灣省郵政管理局第一次局務會議紀錄（1949 年 5 月 11 日）〉，收入陳雲林總主編，《館藏民國臺灣檔案匯編》第 291 冊，頁 37～41。

〔註 71〕依據 1944 年的數據計算。臺灣省行政長官公署統計室，《臺灣省五十一年來統計提要》，表 418（歷年簡易人壽保險）。

〔註 72〕依據 1949 年 6 月 15 日公布的《新臺幣發行辦法》第 4 條規定，當時新臺幣的輔幣面額最小為 1 分。《臺灣省政府公報》夏：62（增刊）（1949 年 6 月 15 日），頁 771。

辦法，日治時期繳納的保費暫不清理，須待對日清算索償後再行決定如何發還，戰後所繳保費（含新、舊契約），則按繳費年度，以 10 至 30 倍發還，但因發還金額甚微（多則新臺幣 10 餘元，少則數分），故實際申請清理的保戶極少，僅 9 萬 3,609 件，只占應清理總件數 154 萬 3,412 件（其中新契約 4,946 件、舊契約 153 萬 8,466 件）的 6.07%。〔註 73〕總而言之，不論保戶是否申請清理，日治簡易壽險累積的業務成果全數歸零。保戶則是血本無歸，求償無門。〔註 74〕

　　若將郵政管理局和臺灣人壽的舊契約清理過程進行比較，可發現郵政管理局的作法相對消極許多，究其原因，或許如他們自己所述「當局……曾設法計畫改善清理辦法以增加清理後保戶之利益，惟因財源無著，未能實現」〔註 75〕，這涉及到資產面的處理，將於下一節說明。

四、戰爭保險 〔註 76〕

　　如前所述，戰爭保險理賠責任是由日本政府承擔，而非受政府委託辦理是項業務的保險業，因此，財政處在 1946 年 2 月 16 日公告的「處置辦法」中開宗明義指出「查本省各項戰爭保險原屬日本政府保證，委託本省各保險會社代辦，此項保險金自應由日本政府負責賠償。」〔註 77〕所提出的辦法是向日本政

〔註 73〕 該數值含郵政年金，但因郵政年金件數有限，影響不大。交通部郵政總局，《郵政七十周年紀念專輯（下冊）》，頁 360、363～364。

〔註 74〕 須強調的是，郵政管理局雖是在幣制改革後才作出「一律停止收付，聽候清理」的決策，但充其量只能說幣制改革提供一個作出上述決策的時機，而不能說幣制改革是造成上述決策的原因。如同薛化元一再強調的，「4 萬元換 1 元讓臺灣人變窮」是一種誤解，真正使臺灣人變窮的是惡性物價膨脹，4 萬元換 1 元只是「結果」而非「原因」。同理，真正讓簡易壽險舊契約喪失價值的也是惡性物價膨脹，即使沒有幣制改革，在缺乏像臺灣人壽所提出，可提升舊契約價值的改保方案的情況下，簡易壽險舊契約都會喪失價值。故事 StoryStudio，〈二二八後的日子！回到 1950 年時局常識大考驗 ft.薛化元老師！〉（錄影資料），17 分 40 秒至 19 分 30 秒，瀏覽日期：2022 年 4 月 3 日，網址：https://www.youtube.com/watch?v=0oR5PqriQ_U&t=14s；民視台灣學堂，〈戰後初期的台灣：四萬換一塊 2017.03.14——薛化元〉（錄影資料），瀏覽日期：2022 年 4 月 3 日，網址：https://www.youtube.com/watch?v=Oj04q6jc65I。

〔註 75〕 交通部郵政總局，《郵政七十周年紀念專輯（下冊）》，頁 364。

〔註 76〕 本小節改寫自拙作〈戰後臺灣戰爭保險金求償問題研究（1945～1957）〉，除引用原始資料原文部分註明出處外，其餘不另加註。

〔註 77〕 「日賠償戰爭保險金處理辦法公告案」；〈台灣省行政長官公署財政處公告〔致丑（銑）財四〕字第 547 號〉，《民報》，1946 年 2 月 17～21 日，第 1 版。

府索取保險金後再行轉發。嚴格來說，戰爭保險契約涉及的並不是舊契約清理問題，而是保險金「求償」問題。

　　日本 1945 年 8 月 15 日宣布投降後，產、壽險業仍然持續賠付戰爭保險金。直到長官公署於 1945 年 11 月間下令暫停給付為止，共支付約舊臺幣（下同）3 億元保險金，〔註78〕但仍有經審核完畢應給付而未給付的保險金 4 億 795 萬 2,364.01 元，其中產險業占了絕大部分，計 4 億 599 萬 5,677.01 元。上述未付保險金扣除日本人部分 8,358 萬 4,667.6 元，剩餘的 3 億 2,436 萬 7,696.4 元就是應向日本政府求償的金額。然而，由於對日求償過程並不順利，受災保戶遲遲未能領到應得的保險金，〔註79〕他們為維護自身權益，遂展開一連串的救濟行動，並以「戰爭損害保險金償還促進會」（下稱促進會）最具代表性。

　　1946 年 4 月 21 日，促進會在彰化市中山堂（現彰化藝術館）成立，成員包括許多當時臺籍領導菁英。〔註80〕救濟活動依訴求重點的差異，大致可區分為四個階段。第一階段從 1946 年 8、9 月間開始，距離政府公告的對日求償時程（1946 年 4 月）大約 4 個月。〔註81〕在此階段，促進會相信政府能順利對日求償，因此將焦點置於求償金額的「實質價值」（即應考慮物價水準）。第二

〔註78〕附帶一提，吳聰敏在討論戰後臺灣惡性物價膨脹的成因時，曾指出臺灣銀行對保險業提供巨額放款是 1945 年 8 月至 12 月間通貨發行增加的主要原因。不過，臺灣銀行對保險業放款並不是因為保險業經營困難，而是將這些放款用作支付戰爭保險金。換言之，真正的借款者其實是日本政府，而非保險業，故這項放款的會計科目稱作「命令融資」。諷刺的是，鉅額放款造成的通貨發行增加導致戰後初期物價膨脹（部分原因），回過頭來又對保險業本業造成傷害。當然日治末期的通貨發行增加只是戰後臺灣惡性經濟物價膨脹的開端，後續情況越來越嚴峻則主要導因於國民政府的對臺經濟政策。吳聰敏，〈臺灣戰後的惡性物價膨脹（1945～1950）〉，頁 129～159（有關臺灣銀行對保險業的鉅額放款的敘述見頁 137～138）。

〔註79〕此處在產、壽險業有個小分歧，由於歸屬壽險業的應付保險金金額不大，僅 195 萬 6,687 元，臺灣人壽於 1948、1949 年間先行墊付。

〔註80〕包括：監察委員李緞；國大代表陳反、楊金虎、劉傳來（曾任省參議員）、吳三連、黃及時、呂世明；立法委員劉明朝（曾任省參議員）、黃國書、林慎；省參議員陳文石、韓石泉、李崇禮、顏欽賢、謝漢儒、呂永凱、陳茂堤等。

〔註81〕依據 1946 年 2 月 16 日公告的「處置辦法」，各保險公司應該在兩個月內，即 1946 年 4 月 15 日之前完成評定，隨後彙整資料送交長官公署報請中央政府對日交涉求償。

階段從 1948 年 2 月間開始，由於對日求償遲無下文，促進會遂主張省府先以日產標售所得墊付戰爭保險金，並要求自行派員赴日交涉，顯示出他們對於政府的對日求償承諾已失去信心，惟兩項訴求政府皆未同意。第三階段始於 1952 年 2 月間，時值《中日和約》談判之際，促進會重燃對日求償信心，直接向日本政府代表陳情，希望藉此機會解決懸宕已久的求償問題。然而，1952 年 4 月 28 日簽訂的《中日和約》並未解決戰爭保險金求償問題，而是把問題往後推移，因為和約第 3 條規定：

> 關於日本國及國民在臺灣及澎湖之財產及其對於在臺灣及澎湖之中華民國當局及居民所作要求（包括債權在內）之處置，及該中華民國當局及居民在日本國之財產及其對於日本國及日本國國民所作要求（包括債權在內）之處置，**應由中華民國政府與日本國政府間另商特別處理辦法**。本約任何條款所用「國民」及「居民」等名詞，均包括法人在內。〔註82〕

1953 年上半年間，促進會有感政府似無依《中日和約》第三條與日本政府協商之意願，遂再度要求政府先行墊付保險金，進入救濟活動的最後階段，並在 1954 年 7 月間推舉代表常駐省議會奔走請願。省政府秘書長謝東閔就曾表示促進會代表「三天兩天，就來找我，每次府會，亦必前來等候消息」，〔註83〕此一情況，一直持續到省政府於 1956 年提出墊付方案為止。

促進會鍥而不捨的努力終獲成果，臨門一腳則是省主席嚴家淦的關鍵意見。他在省政府第 389 次委員會議（1955.2.15）中提及「……過去由於處理上有些偏差，故有一部分未能領到〔戰爭保險金〕，現在擬出補救方案，乃為對彼等之一種救濟，不能稱為政府應負之賠償責任……」，〔註84〕已透露將朝向墊付方向處理。經過幾次討論後，墊付方案最終經第 437 次委員會議（1956.1.17）通過，總墊付金額新臺幣（下同）426 萬 4,255 元。隨後，省府將墊付方案送請臨時省議會審議，經第 2 屆第 3 次臨時大會（1956.4.30～5.3）

〔註82〕《中華民國與日本國間和平條約》，全國法規資料庫，網址：https://law.moj.gov.tw/LawClass/LawAll.aspx?pcode=Y0010076，檢索日期：2021 年 1 月 15 日。

〔註83〕「省府委員會第 399 次會議紀錄」（1955 年 04 月 26 日），〈01 委員會議〉，《臺灣省政府委員會議檔案》，國史館臺灣文獻館，典藏號 00501039903。

〔註84〕「財政廳簽為奉交省民張祥傳呈請補償戰事保險賠償金一案請將會商結果報請鑒核案」（1955 年 02 月 15 日），〈01 委員會議〉，《臺灣省政府委員會議檔案》，國史館臺灣文獻館，典藏號 00501038911。

第 5 次會議審議通過。隔（1957）年 1 月 29 日，臺灣產物依據前開決議，開始受理墊付戰爭保險金之申請。最後，總計墊付 5,086 件，共 306 萬 898.24 元，占符合申請資格 9,292 件的 54.74%，計畫墊付金額 426 萬 4,255 元的 71.78%。

墊付結束之後，戰爭保險金求償問題暫告落幕，它的特殊之處在於，這是戰後眾多求償未果的對日債權中，第一個由我國政府出資墊付的個案，要到 40 幾年後的 2000 年 7 月 19 日，《日據時代株式會社台灣銀行海外分支機構特別當座預金處理條例》實施後，才有第二個政府墊付案例出現。關於對日求償問題，將於第四節作更詳細的分析與說明。

綜上所述，除了性質特殊，原本就不屬保險業責任的戰爭保險外，接收機關皆概括承受日治舊保險契約，並依約給付保險金，雖說受惡性物價膨脹之累，壽險及簡易壽險的處理結果不盡人意，但若對比中央政府的「停止營業」、「既有債務暫緩清償」方針，接收機關也可以選擇簡單地按規行事即可。當然，概括承受背後存在「有利未來業務推展」的動機，但這對舊契約保戶終究是好事一件。設想當初是由中信局執行保險業接收，想來不會違背中央政府的政策方針，如此一來，保戶將受到更大的傷害。類似地，簡易壽險若非長官公署主導的郵電委員會先行作出概括承受決定，以至於後續接手的郵電管理局不得不蕭規曹隨，結果可能也有所不同。從這個層面來說，雖說結果不盡人意，但執政當局及接收機關為此所付出的努力或許應該得到適度的正面評價。

第三節　資產的處理

上一節按業務別討論舊契約清理過程，不過，在資產處理的討論上，因為資產屬性不會因為業別差異而有所不同（不論產、壽險業，現金就是現金），故本節改以資產處理過程中所面臨的問題作為分類標準，歸納出三類問題，分別進行討論，並在最後一小節說明總處理結果。

一、資不抵債問題

站在舊契約保戶立場，接收機關概括承受既有負債自然是值得讚許的決策，但中央法令「既有債務暫緩清償」方針亦有其道理，就像京滬區財政金

融特派員辦公室在大陸地區所觀察到的「各敵性銀行現有之庫存多與負債數字相去懸殊，設將債務予以清償，則勢須變賣不動產或由我政府墊付」，臺灣保險業的接收也同樣面臨這種「資不抵債」的問題，其中又以壽險業較為嚴重。

　　從帳面上來看（表4-1），壽險業在接收時並沒有「資不抵債」問題，甚至在扣除基本無法實現的「舊日本總公司（支店）往來」後，資產數額還大於負債。不過，實際的情況是，帳面上有一項重要負債未計入，即責任準備金舊臺幣（下同）9,028 萬 3,342.08 元。〔註85〕雖然資產部分也有 8,248 萬 1,814.61元的有價證券未計入，但如下所述，臺灣人壽最終並未取得這些有價證券的所有權。換句話說，該公司實際可立即運用的資產只有不足 1,000 萬元的現金、存款，卻必須承擔多達 9,000 萬元以上的負債。臺灣人壽籌備處便曾在 1947年 1 月 17 日向財政處表達此一困難：

> 已收保費應作責任準備金者計達9,028 萬 3,342.08 元，此 9,000 萬元以上之責任準備金在日人榨取之下又被悉數匯往日本各該生命保險會社本店……前項已被日人匯往日本各該生命保險會社之責任準備金……即為職處接收後對於本省契約者之負債，除此而外，僅有幾棟房屋及由各該生命保險會社本店名義投資於本省各公私生產事業機構股權……暨各會社器具而已。……一面依照臺灣省各金融機構資產處理辦法第三條……之規定分向各有關生產事業機構洽辦清算承掌股權，一面就已接收少數存款……作短期不動產抵押投資，並將一部不動產加以運用收取資金……然以洽辦債權債務相互間之清算及償付殊非短期可以完竣，現款投資及不動產運用之收入仍屬有限，為業務上需要起見，**謹特簽奉財政處得向臺灣銀行透支台幣壹仟萬元，以資維持慘淡經營。**〔註86〕

向臺灣銀行申請透支某種程度類似於「政府墊付」。1948 年 1 月啟動「改保方案」以後，資金已不足以支付保險金，臺灣人壽遂於 1948 至 1953 年間，三度出售房地產，出售金額分別是 3 億 2,000 萬元（1948.6.17）、新臺幣 35 萬元

〔註85〕這是已經剔除非臺籍保戶責任準備金的數值。總額為 1 億 4,304 萬 4,555.44元，非臺籍保戶責任準備金為 5,276 萬 1,213.36 元。生命保險協會，《昭和生命保險史料（第 5 卷）》，頁 50～51。
〔註86〕「接收各生命會社清冊檢送案」。

（1950.6.26）、新臺幣 40 萬 6,000 元（1953.4.21）。〔註87〕印驗了「勢須變賣不動產或由我政府墊付」的預測。

表 4-1：日治時期 14 家壽險業接收時之資產負債表（1946.6.15）

單位：舊臺幣元

資　產			負　債		
現金	31,892.23	0.10%	暫收款項	968,147.32	3.15%
銀行存款	7,607,470.80	24.76%	保戶存款	54,535.41	0.18%
郵局存款	1,073,719.63	3.49%	銀行透支	2,492,789.29	8.11%
郵局存款基金	15.00	0.00%	預收保費	4,097.00	0.01%
壽險貸款	633,704.46	2.06%	舊日本總公司往來	27,066,510.59	88.09%
營業用房地產	156,004.33	0.51%	代理店存款	37,635.69	0.12%
營業用器具	6,560.00	0.02%	支出準備金	10,000.00	0.03%
暫記欠款	413,081.58	1.34%	保單押款	92,630.58	0.30%
舊日本公司支店往來	18,881,884.21	61.45%	暫收款項	968,147.32	3.15%
舊日本總公司往來	1,589,164.89	5.17%			
代理店欠款	332,848.75	1.08%			
資產合計	30,726,345.88	100.00%	負債合計	30,726,345.88	100.00%

說明：

1. 本表有兩項重要科目未計入，分別為資產項下的有價證券 8,248 萬 1,814.61 元，及負債項下的責任準備金 9,028 萬 3,342.08 元。

2. 營業用房地產、營業用器具係原始帳面價值，另有一份基準日（1946.6.15）相同的資產負債表係記載資產價值重估後的數值，營業用房地產為 1,271 萬 4,000 元、營業用器具為 20 萬 2,533.50 元，另在該表中，資產項下之舊日本公司支店往來為 9,692 萬 4,909.04 元、負債項下為 1 億 2,735 萬 4,696.44 元，與本表落差極大，原因不太清楚。

資料來源：「據臺灣人壽保險公司舊契約清理委員會呈送接收日營千代田等生命保險會社各支店清理整理結束總報告等轉請查照核備見復」；「臺灣省人壽股份有限公司籌備處接收企業各統計表」。

〔註87〕「據臺灣人壽保險公司舊契約清理委員會呈送接收日營千代田等生命保險會社各支店清理整理結束總報告等轉請查照核備見復」。

圖 4-4：日本生命臺北支店

說明：臺灣人壽於 1948 年 6 月 17 日將原為日本生命臺北支店所有，位於臺北市重慶
　　　南路一段 30 號的房地產售予臺灣工商銀行（後改名為第一銀行），該銀行總行
　　　目前仍坐落於此。
資料來源：臺灣建築會，《臺灣建築會誌》8：4（出版地不詳：1936 年 7 月），無頁碼。

　　簡易壽險面臨同樣的問題。據統計，日治簡易壽險業務所收取的保費中，
扣除保險給付外，有將近八成的資金被解繳至日本，〔註88〕更不幸的是，簡易
壽險和儲匯業務留存在臺灣的資金還有部分被凍結無法運用，〔註89〕郵電管
理局 1946 年 8 月 2 日及 10 日致郵政儲金匯業局的代電就提到：

　　　查本區郵政儲金總額，約共臺幣 3 億 4,800 萬元，其中日僑存款約 2

　　　億元，最近臺灣行政長官公署財政處以奉令日人儲款不許動支，以

〔註88〕累計收取保費總額計 1 億 7,744 萬 5,631.28 圓，累計支付保險金 5,605 萬
　　　8,292.65 圓，結餘款項 1 億 2,138 萬 7,338.63 圓中，有 9,663 萬 9,243.94 圓（占
　　　79.61%）解繳至日本，剩餘積存金放款 2,398 萬 5,159.85 圓、保單貸款 76 萬
　　　2,934.84 圓。交通部郵政總局，《郵政七十周年紀念專輯（下冊）》，頁 358～
　　　359。
〔註89〕〈交通部臺灣郵電管理局第 1～36 次局務會議紀錄（1947 年 11 月～1948 年
　　　9 月）〉，頁 226。

抵賠償，故將本局存放臺灣銀行公庫之準備金 1 億 7,000 萬元，及
日本銀行千元券 1,200 餘萬元，連同本區所屬各局之存款，**全部予
以凍結，致本區各局對於日人以外之儲金及匯款，均無法支付**，業
務有陷於停頓之虞，情形嚴重，請轉呈行政院電令臺省長官公署即
予解凍。〔註90〕

相對於壽險業（含簡易壽險），產險業「資不抵債」的問題則和緩許多，
雖然臺灣產物籌備處在 1946 年 11 月 16 日致財政處的代電中稱：

所接收十二會社中，除大成火災海上保險株式會社外，其餘十一家
均係日本國內分設在台支店，前在日本經營時期各該會社所收括保
險費大部被集中於日本總社，故於接收時總計該十二會設普通及戰
爭保險現存資產僅 2,443 萬 1,751.08 元，而負債部分總金額竟達 7
億 3,378 萬 9,572.89 元，超過資產金額達 7 億 935 萬 7,821.81 元之
鉅，自整個資產觀之已呈破產。〔註91〕

不過，這段敘述是納入戰爭保險業務負債後的情況，但我們知道戰爭保險的負
債並未被接收機關所承受，故若單看產險業自身的情況（表 4-2），接收之時的
現金及銀行存款約有 240 萬元，和負債總額約 266 萬其實相去不遠。也就是
說，即便其它資產項目未能實現，也能在無須變賣不動產的情況下清償所繼承
的負債。

表 4-2：日治時期 12 家產險業接收時之資產負債表（1946.6.16）

單位：舊臺幣元

資　產			負　債		
現金	525,642.56	12.99%	應付保險金	1,947,987.32	48.14%
郵政儲金存款	85,821.15	2.12%	應付解約金	72,841.35	1.80%
銀行存款	1,786,417.53	44.15%	暫收款項	149,947.34	3.71%
有價證券	408,150.00	10.09%	應付款項	103,596.30	1.80%
不動產	1,029,781.79	25.45%	稅金準備金	84,482.00	2.09%

〔註90〕〈交通部呈請行政院電令臺灣省行政長官公署免予凍結臺灣郵電管理局存放
臺灣銀行存款〉，收入薛月順編，《臺灣省政府檔案史料彙編：臺灣省行政長官
公署時期（一）》，頁 125～126。

〔註91〕「臺灣產物保險公司接收損害保險會社表冊電送案」（1946-11-16），〈接收各
會社〉，《臺灣省行政長官公署》，國史館臺灣文獻館，典藏號：00329770001018。

應收款項	34,345.42	0.85%	應付清算費用	91,202.79	2.56%
暫付款項	20,126.65	0.50%	應納政府接收日人債權	212,581.03	2.25%
器具	101,526.35	2.51%	負債合計	2,662,638.13	65.81%
家具	53,988.00	1.33%	業主權益		
支部往來	368.19	0.01%	資本金	2,500,000.00	61.79%
			損益	（1,116,470.49）	（27.59%）
			業主權益合計	1,383,529.51	34.19%
資產合計	4,046,167.64	100%	負債及業主權益合計	4,046,167.64	100%

說明：
1. 本表為清理後的數值，清理前之資產總額為 1,337 萬 6,106.94 元、負債總額 1,770 萬 3,676.51 元、業主權益負 432 萬 7,569.57 元（其中虧損為 706 萬 5,275.78 元）。清理前後差異包括：資產項有價證券減少 25 萬 9,880 元、再保險借減少 1 萬 6,547.65 元、分公司往來減少 905 萬 3,511.65 元，總計減少 932 萬 9,939.3 元；負債項暫收款項減少 3,517.99 元、應付保險金減少 6 萬 8,551.64 元、稅金準備金減少 11 萬 2,179 元、應付款項減少 14 萬 4,029.94 元、本店勘定減少 691 萬 7,061.13 元、保險責任準備金減少 796 萬、職員退職準備金減少 13 萬 9,482.50 元、應付清算費用增加 9 萬 1,202.79 元、應納政府接收日人之債權增加 21 萬 2,581.03 元，總計減少 1,504 萬 1,038.38 元；權益項法定公積減少 7 萬 500 元、特別公積減少 13 萬 1,500 元、資產收益減少 3 萬 721.52 元、前年度繰越利益金減少 4,984.69 元、虧損減少 594 萬 8,805.29 元，總計增加 571 萬 1,099.08 元。
2. 本表所列現金金額包含一部分存款，係因東京海上火災帳冊未單獨列出該二會計科目；不動產、器具、家具係原始帳面價值，資產價值重估後（基準日 1946 年 6 月 16 日），金額分別為 389 萬 3,844.66 元、19 萬 6,948.47 元、10 萬 4,846 元。

資料來源：《財政部國有財產局》，國史館藏：〈日新火災海上保險株式會社臺北支店清算狀況報告書〉，數位典藏號：045-010202-0096；〈日本火災海上保險株式會社臺北支店清算狀況報告書〉，數位典藏：045-010202-0059；〈日產火災海上保險株式會社臺北支店清算狀況報告書〉，數位典藏號：045-010202-0093；〈安田火災海上保險株式會社臺北支店清算狀況報告書〉，數位典藏號：045-010202-0157；〈同和火災海上保險株式會社臺北支店清算狀況報告書〉，數位典藏號：045-010202-0156；〈千代田火災海上保險株式會社臺北支店清算狀況報告書〉，數位典藏號：045-010202-0008；〈大正海上火災保險株式會社臺北支店清算狀況報告書〉，數位典藏號：045-010202-0015；〈大成火災海上保險株式會社清算狀況報告書〉，數位典藏號：045-010202-0020；〈大倉火災海上保險株式會社臺北支店清算狀況報告書〉，數位典藏號：045-010202-0030；〈大阪住友海上火災保險株式會社臺北支店清算狀況報告書〉，數位典藏號：045-010202-0022；〈東京海上火災保險株式會社

臺北支店清算狀況報告書〉，數位典藏號：045-010202-0201；〈興亞海上火災保險株式會社臺北支店清算狀況報告書〉，數位典藏號：045-010202-0640。

　　附帶一提，以上討論皆將現金、銀行存款的運用視作理所當然，但此處其實再度出現中央法令與地方實務不同調之情形。關於所接收之現金、存款，行政院係規定「（一）接收敵偽事業切存款現金均封存中央銀行（二）恢復事業時如需動用前項存款，需呈請行政院核准。」對此，長官公署於 1946 年 1 月 25 日以訓令表示「本省接收敵方機構，以使各類事業能在指示之方針下繼續進行為原則，此項封存存款現金辦法暫難適用……」〔註92〕這種不同調的現象再次凸顯臺灣的「繼續營業」、「概括繼承舊有負債」方針和中央「停止營業」、「既有債務暫緩清償」的差異。即便是直屬中央政府的經濟部資源委員會（下稱資委會）在臺各事業也面臨相同問題〔註93〕。1947 年間，日產清理處奉行政院命令，要求資委會在臺各事業接收日資企業的現金、銀行存款、證券應繳交公庫，經該委員會各事業機關聯席會議討論，認為該命令難以遵從，要求行政院收回成命，其中一項理由為：

> 會屬在臺事業接收日資企業後即行賡續開工，現金及銀存比即有增減情形，且各事業有於接收後隨即以現金、銀存償還原日資企業債務者，**被接收日資企業之債權債務既須由各事業清理，則接收之現金、銀存勢難繳庫。**

行政院最終同意上述資產的繳庫事宜，可待各事業清算完畢後再行辦理。〔註94〕

　　綜上所述，資產處理過程的「資不抵債」問題大致等同於被接收機構的

〔註92〕 〈為奉何總司令電為接收敵偽各事業機構之存款現金規定處理辦法飭查照辦理等因令仰遵照辦理理由〉，收入臺灣省接收委員會日產處理委員會編，《臺灣省日產處理法令彙編（第 1 輯）》，頁 80～81。

〔註93〕 戰後臺灣主要工礦事業接收是由資委會主導，石油、銅金冶煉、煉鋁由該會獨辦；製糖、電力、造船、造紙、肥料、水泥、機械則以「會六省四」（股權比例）方式國省合辦，但經營權由資委會主導。吳若予，《戰後臺灣公營事業之政經分析》，頁 23～31；吳若予撰文，檔案管理局編，《二二八事件與公營事業：二二八事件檔案專題選輯》，頁 21～32；陳翠蓮，〈「大中國」與「小臺灣」的經濟矛盾──以資源委員會與台灣省行政長官公署的資源爭奪為例〉，收入張炎憲、陳美蓉、楊雅慧編，《二二八事件研究論集》（臺北：吳三連基金會，1998 年），頁 58～64。

〔註94〕 〈資源委員會在臺各事業機關第 35～41 次會議紀錄（1947 年 12 月～1948 年 3 月）〉，收入陳雲林總主編，《館藏民國臺灣檔案匯編》第 234 冊，頁 301～303、319、335。

「貨幣性資產」〔註95〕是否充足問題。由於業務性質差異，產險業收取的保費多屬短期資金，須保有較高水位的貨幣性資產，因而相對壽險業而言，資不抵債問題和緩許多。不過，資不抵債問題最終在無形之中被化解，何故？這涉及到接下來要討論的資產估價問題。

二、資產估價問題

如前所述，在惡性物價膨脹的影響下，不論壽險或簡易壽險，多數舊契約都淪於失效，這意味著接收機關實際承受的債務遠較預期為少。另一方面，在物價急遽上漲的情況，所接收的「非貨幣性資產」也有重新估價的必要，以公允反映實際價值，這使得資產數額遠較接收時的原始帳面金額為多。一減一增之下，資不抵債問題便被抵銷大半。資產估價問題的討論大致可區分為三個時點，分別是接收時、撥歸公營時、清理結束時，以下分別說明。

臺灣產物、臺灣人壽二籌備物處早在 1946 年 6 月 15 日（接收前 1 日）就向臺灣省日產處理委員會（下稱日產處理委員會）請示接收日產作價應採何種標準，該委員會於 6 月 18 日答復「應以記帳價格為標準」，〔註96〕即日治保險業的原始帳載金額，這是第一次資產估價。

1946 年 7 月 22 日，行政院訓令「凡依收復區敵偽產業處理辦法第三條之規定，委託各機關運用之敵偽產業，應先按時值作價，以便稽核」〔註97〕，《臺灣省接收日資企業處理實施辦法》第 6 點亦規定「撥歸公營之企業應由主管機關依照接收企業財產清冊估定合理價格，送由日產處理委員會核明辦理撥交轉帳手續。」〔註98〕為此，日產處理委員會於 1946 年 9 月 6 日制定「撥歸公用公營之日產估價標準」，依據資產類別及取得時間分別規定相對原始帳載金額的估值倍數，整理如表 4-3。

〔註95〕 所謂貨幣性（moneyness）或流動性（liquidity）是指資產轉換成貨幣（現金）的能力，當某項資產轉換成貨幣的速度越快，成本越低時，就具有越高的貨幣性。李榮謙，《貨幣銀行學（十版增訂）》（臺北：智勝文化，2012 年 1 月），頁 5～6。

〔註96〕 〈省產物、人壽兩保險公司請示接收日產作價辦法〉，《財政部國有財產局》，國史館藏，數位典藏號：045-090301-0031；〈為接收日產作價應以記帳價格為準覆請查照由〉，收入臺灣省接收委員會日產處理委員會編，《臺灣省日產處理法令彙編（第 1 輯）》，頁 119。

〔註97〕 〈奉令各機關運用之敵偽產業應先作價悉遵照由〉，收入臺灣省接收委員會日產處理委員會編，《臺灣省日產處理法令彙編（第 1 輯）》，頁 44。

〔註98〕 〈臺灣省接收日資企業處理實施辦法〉，頁 68。

表 4-3：撥歸公營公用之日人財產估價倍數表

資產項目／取得時間	1943 年以前	1944 年	1945 年	1946 年
房產及機械設備	10 倍	5 倍	2 倍	1 倍
工具及器具	5 倍	4 倍	2 倍	1 倍
原料貯藏品製品及商品	12 倍	8 倍	2 倍	1 倍

資料來源：〈為製定撥歸公用公營之日產估價標準電請查照辦理〉，收入臺灣省接收
　　　　　委員會日產處理委員會編，《臺灣省日產處理法令彙編（第 1 輯）》，頁 121
　　　　　～122。

　　臺灣人壽籌備處曾於 1946 年 9 月 6 日，因估價標準前後不同有所疑義而
向財政處請示，該處轉日產處理委員會意見答復「該處資產既係按移交時原價
計列，則撥歸公營時可按照本會……『撥歸公營公用之日人財產估價倍數表』
為標準折算計價」，〔註99〕這是第二次資產估價。不過，依據二籌備處所編接
收時之資產負債表（表 4-1、表 4-2），壽險業重估後不動產、器具價值分別是
原始價值的 81.50、30.87 倍；產險業則分別是 3.78、1.94 倍（含器具、家具），
相對上述估價倍數表，一個過高，一個過低，頗令人費解。

　　歷經數年清理，省政府於 1951 年 7 月間將臺灣產物、臺灣人壽所報相關
清理資料轉呈財政部，〔註100〕財政部於 9 月 4 日先就戰爭保險部分指示後續
應辦事項，並表示一般保險部分將另行回復。〔註101〕9 月 26 日，財政部針對
臺灣產物接收日治產險業清理後剩餘資產應如何處理，作出如下指示：

　　　清理後剩餘資產依照規定應分別解繳國庫或發還國人股東，惟各該

　　　會社接收迄今已歷數年，在此期間幣值變動至鉅，關於各該會社原

　　　有財產均依照卅五年貴省接收委員會日產處理委員會核定估價標準

〔註99〕　「臺灣人壽保險股份有限公司籌備處接收日產困難各點指示案」（1946-09-
　　　　　06），〈接收日產法規〉，《臺灣省行政長官公署》，國史館臺灣文獻館，典藏號：
　　　　　00307480007007。
〔註100〕　「臺灣產物人壽兩保險公司接收各敵偽保險會社各項清理表呈送案」（1951-
　　　　　07-19），〈臺灣產物保險公司接收大成等保險會社（0040297151）〉，《臺灣省
　　　　　級機關》，國史館臺灣文獻館（原件：國家發展委員會檔案管理局），典藏號：
　　　　　0042970016179003。
〔註101〕　「臺灣產物保險公司接收大成等十二敵偽保險金社代辦戰爭保險部份清理
　　　　　資料案」（1951-09-11），〈臺灣產物保險公司接收大成等保險會社
　　　　　（0040297151）〉，《臺灣省級機關》，國史館臺灣文獻館（原件：國家發展委
　　　　　員會檔案管理局），典藏號：0042970016179007。

計算，如照此清理結果分別解庫或發還於國庫及國人股東，損失自
鉅……按市價重估其價值較之以帳面餘額按物價指數計算為大……
如仍依原議按物價指數計算分別解繳或發還……國庫及國人股東均
遭受損失，且國人股東亦難獲同意……關於各該會社接收清理向由
貴省政府督導辦理，其剩餘資產價值究應如何計算……請核議處理
意見以憑核辦。〔註102〕

　　為此，臺灣產物於 1952 年 3 月 24 日邀集相關單位討論，〔註103〕並於 3
月 28 日代電請臺灣省公產管理（下稱公產管理處）處代為重估。公產管理處
於 6 月 16 日回復估價結果（表4-4），除部分因故無法估價外，其餘估價後總
值為新臺幣 71 萬 7,568 元，是原始帳面價值舊臺幣 20 萬 8,243.2 元的 13 萬
7,833 倍，或接收時估值舊臺幣 106 萬 1,711.75 元的 2 萬 7,034 倍。當然，無
法估價並不代表沒有價值，故新臺幣 71 萬 7,568 元的總值顯然低估，若我們
用所有重估不動產的最低倍數 1.52 來估計未估價的 3 筆不動產，則可推估總
值為新臺幣 88 萬 9,951.50 元。須強調的是，這次重估僅限於大成火災所有的
不動產，究其原因或許是因為大成火災的股權組成包含臺籍股東，故優先處
理。至於其餘 11 家產險業的處理情形，受限於史料，目前仍不清楚，僅知財
政部於 1953 年 2 月 9 日函知其餘 11 家產險業「應比照辦理均於三個月內辦
竣結案。」〔註104〕若我們用大成火災的 4.27 倍來估計其他 11 家產險業的不
動產價值，則其總額約為新臺幣 350 萬 7,969.78 元。〔註105〕

〔註102〕「臺灣產物保險公司接收敵偽保險會社清理剩物資產應如何計算案」（1951-
　　　　10-09），〈臺灣產物保險公司接收大成等保險會社（0040/297/15/1）〉，《臺灣
　　　　省級機關》，國史館臺灣文獻館（原件：國家發展委員會檔案管理局），典藏
　　　　號：0042970016179009。
〔註103〕「臺灣產物保險公司定期商議接收各會社清理後剩餘資金案」（1952-03-22），
　　　　〈臺灣產物保險公司接收大成等保險會社（0040/297/15/2）〉，《臺灣省級機
　　　　關》，國史館臺灣文獻館（原件：國家發展委員會檔案管理局），典藏號：
　　　　0042970016180004。
〔註104〕「關於臺灣產物保險公司接收大成等十二敵偽保險株式會社清理後剩餘資
　　　　產處理辦法案」（1953-02-09），〈臺灣產物保險公司接收大成等保險會社
　　　　（0040297152）〉，《臺灣省級機關》，國史館臺灣文獻館（原件：國家發展委
　　　　員會檔案管理局），典藏號：0042970016180005。
〔註105〕12 家產險業不動產原始帳面價值為 102 萬 9,781.79 元（表4-2），扣除大成保
　　　　險的 20 萬 8,243.20 元後剩餘 82 萬 1,538.59 元，乘以估計倍數 4.27 倍可得估
　　　　計總額為新臺幣 350 萬 7,969.78 元。

表 4-4：大成火災所有不動產估價前後價值表

序號	不動產座落	原始帳面價值（舊臺幣元）	重估後價值（新臺幣元）	倍數	備 註
1	臺北市表町二丁目 11、11-1、18-3 番地	16,935	205,582	12.14	
	鋼筋混凝土三層建築	54,798	455,752	8.32	
	二層金庫室	8,267	N/a	N/a	無台帳無法估價
2	臺南市大正町二丁目 20-3 番地	2,500	4,616	1.85	
	磚造二層建築	7,500	30,429	4.06	
3	臺北市東門町 212 之 1 番地	4,240.40	7,733	1.82	
	木造平房	8,859.60	13,456	1.52	
4	高雄市鹽埕町五丁目 50、51 番地	11,010.20	N/a	N/a	無台帳無法估價
	磚木造二層建築	94,133	N/a	N/a	原建物拆除，重建為鐵骨水泥磚造建築，無法估價
合計		208,243.20	717,568	3.45	
合計（以 1.52 倍估算無法估價部份）		208,243.20	889,951.50	4.27	

說明：為便於表達，倍數計算直接相除，若要呈現實際倍數，則須再乘上新舊臺幣之兌換比例 4 萬。

資料來源：〈大成火災海上保險會社〉,《財政部國有財產局》,國史館藏,數位典藏號：045-070400-0010。

　　臺灣人壽方面，在 1953 年 7 月 10 日、8 月 6 日先後邀集審計部、省政府主計處、財政廳、建設廳、舊契約保戶代表、臺灣區營造業同業公會代表召開不動產評價會議，評定價值為新臺幣 1,016 萬 7,765.37 元，占清理後資產總額新臺幣 1,026 萬 3,892.49 元的 99.06%，〔註106〕是原始帳面價值舊臺幣 15 萬

〔註106〕「據臺灣人壽保險公司舊契約清理委員會呈送接收日營千代田等生命保險會社各支店清理整理結束總報告等轉請查照核備見復」。

6,004.33 元的 260 萬 7,047 倍，或接收時估值舊臺幣 1,271 萬 4,000 元的 3 萬 1,989 倍。〔註 107〕

從第三次資產估價結果看來，我們可以毫不誇張地說，不動產幾乎構成接收價值的全部。或者說，在惡性物價膨脹的負面效應下，所接收的貨幣性資產最終都變得一文不值。值得一提的是，依規定，這些不動產價值重估利益，除了大成火災的臺籍股東能取得一部分外，其餘皆歸政府所有，但實際上並非如此，臺灣人壽在舊契約清理過程所提出的「改保方案」便是奠基在不動產增值利益上，計畫中便明確提到「以接收前各生命保險會社所遺留之不動產照市價估計現值作為舊契約準備金」。換句話說，在壽險業的案例中，資產價值重估利益其實幾乎全數回到舊契約保戶身上。或者，可稱之為負債（舊契約）價值伴隨資產價值變動同步重估。前文提到郵電（郵政）管理局在面對惡性物價膨脹時相對臺灣人壽（籌備處）消極許多，可能就是由於缺乏相同的客觀條件，〔註 108〕而難有更積極的作為。

三、資產所有權移轉問題

先前提到臺灣人壽最終未能取得帳面價值逾舊臺幣 8,000 萬元的有價證券所有權，這涉及資產所有權移轉問題。不過，資產所有權移轉問題並不是只發生在有價證券，不動產也有類似問題，只是兩者處理結果大相逕庭。臺灣人壽籌備處早在 1946 年 9 月 6 日致財政處的代電中提到「股票債權迄今未能收回……接收之不動產所有權亦尚未確定……」〔註 109〕，以下分別說明不動產及有價證券所有權移轉處理情形。

（一）不動產

臺灣人壽籌備處早在 1947 年 2 月 14 日就向臺北市政府地政科申請辦理所接收不動產之產權移轉登記，〔註 110〕惟辦理登記手續依法應行檢附產權憑

〔註 107〕 稍加補充，壽險業在第 2、3 次估價之間，還有一次估價，此次估價的不動產價值為 189 萬 1737.10 元，估價的時間點不太清楚，但這是後續會提到，1951 年報送外交部對日求償金額是以此為計算基礎。

〔註 108〕 這可從兩方面討論。首先，簡易壽險業務的接收是由政府直接執行，沒有後續撥歸公營的問題，所以應該也沒有資產重估的必要。其次，作為郵政系統的一環，就算不動產價值不斐，恐怕也很難像臺灣人壽一樣可以透過出售不動產的方式籌措資金。

〔註 109〕 「臺灣人壽保險股份有限公司籌備處接收日產困難各點指示案」。

〔註 110〕 「電為奉令接收日營生命會社房地產之地籍移轉」，〈日遺房地產接管處理

證，而這些不動產皆係以日本總公司名義辦理產權登記，相關憑證皆保存於日本，故產權移轉登記並不順利。1948 年 3 月 22 日，臺灣人壽呈請財政廳核發接管產權證明書，作為產權憑證之替代文件。〔註 111〕對此，財政廳向地政局表示「該公司接管前日營各生命保險株式會社財產，確屬奉准有案」，請該局轉飭有關登記機關准予移轉登記，毋庸另行核發接管產權證明書。〔註 112〕產險業部分，雖尚未找到類似資料，但想來處理原則不會有太大差異。

　　須說明的是，產權移轉登記完成後並不代表這些不動產就歸屬臺灣人壽或臺灣產物所有，這聽起有點弔詭，但其實就是前文所強調的「在移轉程序尚未完成之前，日治保險業的權利義務和該二籌備處（保險公司）的權利義務仍是分離的」。以下以不動產為例作具體說明。財政部在臺灣產物完成大成火災的清理後，作出如下指示：

> 該大成會社剩餘資產重估價值……攤還民股及國人法團股份後，**剩餘資產准由臺灣產物保險公司優先備款承受**……該項剩餘資產該公司不願承受部份，應即分別拍賣並依規定將承受或拍賣所得價款解繳國庫，該公司不願承受又無法拍賣部份，並繳交國庫保管留待將來處理。〔註 113〕

從上一小節的討論中，我們知道所謂剩餘資產大部分是指不動產而言，而財政部的指示則清楚顯示這些不動產的產權歸國家所有，臺灣產物只不過是擁有優先承購權罷了。

案〉，《臺北市政府》，國家發展委員會檔案管理局藏，檔號：A379000000A/0036/182.9/5/1/004。

〔註 111〕 「臺灣人壽保險公司接收各生命保險會社不動產清冊核與移交清冊不符請重造報核案」（1948-04-06），〈人壽保險公司接收備品清冊等卷（0036/295.2/4/1）〉，《臺灣省級機關》，國史館臺灣文獻館（原件：國家發展委員會檔案管理局），典藏號：0042952001653007。另外，臺灣人壽為什麼時隔一年多後才請財政廳核發替代憑證呢？筆者推測是因為即便產權移轉登記未完成也不影響所接收不動產的使用，故並未列作優先處理事項，但到該公司於 1948 年間計畫出售不動產時（1948 年 6 月 17 日成交）（見頁 128），這件事情就變得非常緊急了。

〔註 112〕 「臺灣人壽保險公司接管不動產清冊請准予照冊移轉登記一節電知案」（1948-05-24），〈人壽保險公司接收備品清冊等卷（0036/295.2/4/1）〉，《臺灣省級機關》，國史館臺灣文獻館（原件：國家發展委員會檔案管理局），典藏號：0042952001653009。

〔註 113〕 「關於臺灣產物保險公司接收大成等十二敵偽保險株式會社清理後剩餘資產處理辦法案」。

　　壽險業的狀況雖稍有不同，但體現的是相同精神。如同下一小節將會說明，壽險業最終的清理結果淨值為負值（即負債大於資產），針對差短金額新臺幣 9 萬 7,034.94 元，臺灣人壽原係建議列作「應收帳款」，俟將來對日本交涉償還後再行歸還，〔註114〕惟財政部認為：

> 臺灣人壽保險公司成立以來，**所有各該會社原有營業用房地產及器具均由該公司使用，為時將及八年，原未擔付任何租金費用**，上項虧差九萬餘元應飭由該公司以應付費用調整冲正，不另撥補。〔註115〕

由此可充分體會到所接收的資產實質上並不歸臺灣人壽所有，否則何來有支付租金費用之必要？換句話說，本小節所討論的產權移轉只是基於清理過程所需的「暫時性移轉」，真正擁有產權者仍是政府。

（二）有價證券

　　不同於不動產，有價證券的所有權移轉並不順利。在上述 1946 年 9 月 6 日代電中，臺灣人壽籌備處援引《臺灣省各金融機構資產處理辦法》第 3 條規定「對於本公署已接收監理之公營事業及金融機構間債權債務舉行相互間之清算償付」，主張上述有價證券應由該處所有。對此，財政處經詢問日產處理委員會表示「所投資於各會社股票債權可逕向各會社接管機關接洽清算或作移轉交換股權手續」。〔註116〕隨後，該籌備處分電請各接收機關承認由該籌備處承接上述有價證券之所有權，惟截至 1947 年 1 月 30 日仍無下文。〔註117〕

　　1947 年 9 月 9 日，針對臺灣人壽籌備處的要求，臺灣電力公司（下稱臺電）經請示資委會後答復「希即取具正式股票或其他確實證件於函達壹個月內前來補辦登記手續，逾期當遵會示不予保留」。〔註118〕對此，臺灣人壽籌備處表示：

〔註114〕　「據臺灣人壽保險公司舊契約清理委員會呈送接收日營千代田等生命保險會社各支店清理整理結束總報告等轉請查照核備見復」。

〔註115〕　「准財政部函復關於臺灣人壽保險公司舊契約清理委員會呈送接收日營千代田等生命保險會社各支店清理整理結束總報告請核備案」（1954-07-01），〈人壽保險公司接收各保險會社清冊（0042/295.3/1/1）〉，《臺灣省級機關》，國史館臺灣文獻館（原件：國家發展委員會檔案管理局），典藏號：0042953022879003。

〔註116〕　「臺灣人壽保險股份有限公司籌備處接收日產困難各點指示案」。

〔註117〕　「臺灣人壽保險公司接收各生命會社情形核示案」。

〔註118〕　〈電復關於電力會社股權登記一案請於一個月內取具正式股票或其他確實證件前來補辦登記〉，《臺灣電力股份有限公司》，國家發展委員會檔案管理局藏，檔號：A313310000K/0036/21/1/1/006。

查本處接管之各生命保險會社投資於貴公司股權**所有股票**，因設立此間會社均為支店性質，**悉於日營時代存放於各該會社東京本店，承囑於一月內取具正式股票等由殊非事實所能允許**，蓋是項股票之收回牽涉至廣，關係整個對日賠償清算問題，前經本處一再呈請轉陳收回，迄今未獲解決，而此項股權又純為台胞血汗所積舊契約三十餘萬件所賴以賠償準備者，厥惟此項投資股權之收回，務祈顧念台胞福利共濟困難，**將上項投資股權先行依照貴公司帳面所載予以保留登記，俟日後正式股票收回時再行洽算**。[註119]

雖然目前尚未找到臺電正式回復，不過從事後看，我們很清楚臺灣人壽的要求並未實現。日治壽險業的股權投資除了臺電外，還包括製糖業、臺灣拓殖、臺灣合同鳳梨、臺灣興業（表 2-9），產險業則有臺灣拓殖、臺灣倉庫會社、臺灣化成工業會社、臺灣重要物資營團、臺北航空旅社。[註120] 其中製糖業、臺灣興業、臺灣化成工業會社和臺電一樣，都是劃歸資委員主導的國省合營事業，分別由臺糖、臺紙、臺泥接收，[註121] 故臺電的案例應可援引適用。

臺灣拓殖部分，臺灣產物清理委員會於 1951 年 2 月 16 日向公產管理處詢問前大成火災投資臺灣拓殖株式會社的股票（2,600 股、票面金額舊臺幣 13 萬元）股款能否收回，公產管理處回復「臺灣拓殖株式會社清算案已委託吳崇泉會計師辦理……應檢齊該項股票証件□向吳會計師事務所先行登記……」[註122]，由此可知，臺灣拓殖也是以是否具有股權憑證作為能否取

〔註119〕 〈保險會社股權應否保留或以其他方法處理之處〉，《臺灣電力股份有限公司》，國家發展委員會檔案管理局藏，檔號：A313310000K/0036/21/1/1/007。

〔註120〕 除安田火災海上、同和火災海上、大阪住友火災海上、東京海上火災及大成火災皆持有臺灣重要物資營團股份外，其餘企業之股權投資皆為大成火災所有。「續送台灣省產物保險公司所有大成火災海上保險株式會社等十二單在日財產狀況轉請向日提交涉由」（1950-12-09），〈本省光復前存款匯款凍結處理（0039/261/5/3）〉，《臺灣省級機關》，國史館臺灣文獻館（原件：國家發展委員會檔案管理局），典藏號：0042610012234003；〈安田火災海上保險株式會社臺北支店清算狀況報告書〉；〈同和火災海上保險株式會社臺北支店清算狀況報告書〉；〈大成火災海上保險株式會社清算狀況報告書〉；〈大阪住友海上火災保險株式會社臺北支店清算狀況報告書〉；〈東京海上火災保險株式會社臺北支店清算狀況報告書〉。

〔註121〕 臺灣省接收委員會日產處理委員會編，《臺灣省接收委員會日產處理委員會結束總報告》，頁 25～27。

〔註122〕 〈臺灣物產保險公司清算委員會〉，《財政部國有財產局》，國史館藏，數位典藏號：045-080502-0077。

回股款的條件。戰後臺灣拓殖雖未改組繼續經營，但其接收、清算事宜是由省方主導，〔註123〕故其案例應可適用於劃歸農林股份有限公司、臺灣省貿易公司（後更名為臺灣省貿易局）、臺灣省通運公司等省營企業所接收的臺灣合同鳳梨（後更名為大鳳興業株式會社）、臺灣重要物資營團、臺灣倉庫會社。〔註124〕

　　還有一個比較特別的案例是臺北航空旅社，戰後該旅社之產權由空軍臺灣地區司令部接管，臺灣產物遂函請該司令部辦理股票登記及過戶手續，惟該司令部答復「該旅社係前日俘列冊呈繳之營產，其產權應屬軍有，所請辦理股票登記及過戶手續歉難照辦」，後經轉請日產清理處協調仍無法登記收回，故轉列虧損。〔註125〕

　　綜上所述，因日治保險業多為分公司性質之故，不動產及有價證券多是以總公司名義持有，相關產權憑證亦存放於日本，導致這些資產在「暫時性移轉」給接收機關（臺灣產物、臺灣人壽）時產生困擾。不動產或因屬於「實體資產」之故，在政府內部機關協調下仍順利完成移轉登記；有價證券則是以是否具有實體憑證作為決定能否辦理移轉登記之準繩。〔註126〕

四、總處理結果

　　壽險業清理以 1953 年 4 月 30 日為基準日，資產總額計新臺幣（下同）1,026 萬 3,892.49 元、負債總額計 1,036 萬 927.43 元，虧損 9 萬 7,034.94 元，全數移交由臺灣人壽承受，到這時才算真正完成產權移轉。資產項下以不動產為大宗，計 1,016 萬 7,765.37 元，占資產比例 99.06%；負債項下以責任準備金為大宗、同業往來次之，分別為 783 萬 728.30、228 萬 2,005.97 元，占負債比例 75.58%、22.03%。其中責任準備金僅納入截至基準日仍有效的改保契約 1 萬 5,965 件，同業往來則係指臺灣人壽墊借之款項及利息。另有部分項目列入對日求償，包括戰爭保險業務部分計舊臺幣（下同）225 萬 6,397.65

〔註123〕　何鳳嬌，〈戰後臺灣拓殖株式會社社有地的接收與處理〉〉，《國史館學術集刊》7（2006 年 3 月），頁 273～280。

〔註124〕　臺灣省接收委員會日產處理委員會編，《臺灣省接收委員會日產處理委員會結束總報告》，頁 35、37；薛月順，〈陳儀主政下「臺灣省貿易局」的興衰（1945～1947）〉，《國史館學術集刊》6（2005 年 9 月），頁 196。

〔註125〕　〈臺灣物產保險公司清算委員會〉。

〔註126〕　以上關於有價證券的討論皆僅侷限股權投資的案例，這是因為筆者未能找到債權投資的相關資料，不過推測處理原則應該不致有太大差異。

元、一般業務部分計 8,196 萬 8,763.11 元，惟該二項欠款收回時應歸國庫所有。〔註127〕

　　產險業部分，由於目前尚未找到如同壽險業般完整的清理報告，故無法得知確切數值，但仍嘗試從所掌握的數據進行推估。依據《聯合報》的報導，大成火災清理後每股可發還新臺幣（下同）5.3426 元，〔註128〕乘以總股數 20 萬股，代表清理後剩餘價值為 106 萬 8,520 元。這個數值和先前所估計的大成保險不動產價值 88 萬 9,951.50 元相去不遠，再加上家具（器具）及收回有價證券價值，應該相當接近。這些剩餘價值發還臺籍股東後，所剩餘的即應解繳國庫。臺籍股東又可區分為個人及法團，個人部分比較確定，計股東 215 人，持有股數 2 萬 9,595 股，合計應發還 15 萬 8,114.25 元；法團部分計股東 23 人，持有股數 5 萬 3,418 股，〔註129〕但比較困擾的是，就現有史料不太清楚哪些法團是屬於可發還的臺籍法團，若我們假設全數皆可發還（這顯然高估），合計應發還 28 萬 5,391.01 元。亦即，大成火災剩餘價值至少有 62 萬 5,014.74 元歸國庫所有，再加上其它 11 家產險業的剩餘價值（僅計不動產）350 萬 7,969.78 元，國庫可從產險業清理中獲利 413 萬 2,984.52元。

　　另外，和壽險業相同，產險業亦有不納入清理而列入對日求償項目，包括：未付戰爭保險金舊臺幣（下同）3 億 2,241 萬 1,009.41 元、為支付戰爭保險金而

〔註127〕在臺灣人壽提出的總報告中，列入對日求償的項目包括：有價證券舊臺幣 8,248 萬 1,814.61 元、責任準備金（改保失效契約責任準備金新臺幣 573 萬 2,665.10 元、未改保契約責任準備金則未列金額）、代墊戰爭保險金 195 萬 6,500 元、代償銀行欠款 249 萬 2,789.29 元。不過財政部指出這些項目或數值有些問題，包括：有價證券和責任準備金大部分是重疊的（因為購買有價證券的資金來自準任準備金），漏列代償的戰爭保險業務銀行墊款 29 萬 9,897.65 元，故財政部最後核定對日求償總金額仍應以 1951 年報送外交部的金額為準，即戰爭保險業務 225 萬 6,397.65 元，一般業務 8,196 萬 8,763.11 元，此係當時清算後資產負債之差額，資產金額計 1,080 萬 7,368.26 元、負債計 9,277 萬 6,131.37 元，各細項除不動產為 189 萬 1,737.10 元、營業用器具 20 萬 2533.50 元外，餘皆與表 4-1 相同。「據臺灣人壽保險公司舊契約清理委員會呈送接收日營千代田等生命保險會社各支店清理整理結束總報告等轉請查照核備見復」；「准財政部函復關於臺灣人壽保險公司舊契約清理委員會呈送接收日營千代田等生命保險會社各支店清理整理結束總報告請核備案」；生命保險協會，《昭和生命保險史料（第 5 卷）》，頁 49。
〔註128〕〈大成保險會社 民股開始發還〉，《聯合報》，1953 年 5 月 22 日，第 6 版。
〔註129〕〈大成火災海上保險株式會社清算狀況報告書〉。

向臺灣銀行借款 3 億 70 萬 5,196.05 元、〔註 130〕大成火災在日本各分公司資產 905 萬 3,511.65 元、各產險業持有日本政府發行之國債 25 萬 4,880 元。〔註 131〕

第四節　對日求償：《中日和約》第三條問題及其遺緒

先前已經不只一次提到「對日求償」，但皆僅止於字面意義的瞭解，其實它所涉層面很廣，影響亦深遠，本節將對此作詳盡討論。在此之前，先對「對日求償」作定義。依求償性質差異，對日求償可分為兩種型態，第一種是戰勝國就戰時所受破壞對戰敗國提出賠償要求，本質相當於一種「戰利品」，〔註 132〕它的關係是單向的，只有戰勝國有權對戰敗國求償。第二種是一般債權債務關係的求償，其求償權利並非戰爭所賦予，而是原本就存在契約關係，它的關係就不一定是單向，戰敗國的人民或企業也可能存在求償權。總之，因為戰爭關係反而使這種類型的求償複雜化。本節所討論的《中日和約》第三條問題，主要是在處理第二種型態的求償，但之所以會產生這個問題，卻又和第一種型態的求償有密不可分的關係，以下分別說明。〔註 133〕

一、終成懸案的對日求償

上一節所述各類列入對日求償的債權，早在《中日和約》簽訂之前便透過外交途徑進行交涉，但基本上無甚進展，真正具有意義的交涉還是要到《中日和約》談判時才開始。以先前提到的戰爭保險金為例，駐日代表團最遲在 1948 年 5 月就已經行文駐日盟軍總司令部（下稱盟總）辦理。〔註 134〕不過，

〔註 130〕「接收各敵偽保險會社代辦戰爭保險部份清理結束前後資產負債表補送案」。

〔註 131〕「續送台灣省產物保險公司所有大成火災海上保險株式會社等十二單在日財產狀況轉請向日提交涉由」。

〔註 132〕蔡慧玉，〈台灣民間對日索賠運動初探：「潘朵拉之箱」〉，《臺灣史研究》3：1（1996 年 6 月），頁 174。

〔註 133〕廣義來說，還有第三種型態的求償，但它通常是基於人道考量所為的「補償」，最具代表性的是臺籍日本兵的補償問題，但這類型的求償不像前兩種類型有明確的法律基礎（第一種源自條約規定、第二種源自契約關係），故本節不討論這部分，相關內容可參閱：蔡慧玉，〈台灣民間對日索賠運動初探：「潘朵拉之箱」〉，頁 188～199；陳鈺琪，〈王育德與臺灣人原日本兵補償問題思考會〉（臺北：國立臺灣師範大學文學院臺灣史研究所碩士論文，2020 年 2 月）。

〔註 134〕〈我國駐日代表團第三第四組工作報告〉，《外交部檔案》，國史館藏，數位典藏號：020-010121-0008，頁 205。

盟總於 12 月回復「在適當處理程序未成立之前，不能受理，請貴政府暫時存檔，將來再行提出」〔註 135〕，所謂「適當處理程序」，應是指戰後國際政治格局的確立。1950 年間，促進會就戰爭保險金求償問題向立法院、監察委員丘念台等陳情，外交部原擬請遠東委員會代表團於會議中提出，惟代表團經與美方洽商後認為，戰爭保險金的性質係因臺灣領土移轉後所發生之債權關係清理問題（其它第二種型態的對日求償債權亦同），原則上須待對日和會解決臺灣地位問題後方能解決，且依據美國對臺灣地位問題之聲明，〔註 136〕本案之解決恐隨之拖延，縱於遠東委員會提案亦難通過。隨後，行政院長陳誠（1898～1965）〔註 137〕於 1950 年 9 月間指示本案「交臺灣省政府迅將日本政府所欠臺灣省民之戰爭損害保險金有關資料彙送財政部，轉備對日和會時提出磋商。」〔註 138〕

〔註 135〕〈我國駐日代表團綜合報告〉，《外交部檔案》，國史館藏，數位典藏號：020-010121-0010，頁 136。

〔註 136〕1950 年 6 月 27 日，美國總統杜魯門（Harry S. Truman）在針對韓戰爆發所發表的參戰聲明稿中，除宣布派遣美國海軍第七艦隊巡防臺灣海峽外，還宣稱臺灣地位的確定，有待「該地區恢復穩定與和平，或者簽訂對日和約，或者由聯合國討論決定。」黃自進，〈戰後台灣主權爭議與《中日和平條約》〉，《中央研究院近代史研究所集刊》54（2006 年 12 月），頁 64。

〔註 137〕陳誠，浙江青田人。1922 年自保定軍校砲科畢業後下部隊服役，一路升遷至陸軍上將，歷任各項軍事要職。文職方面，曾任湖北省省主席（兼）、東北行轅主任、臺灣省省主席、行政院長、副總統等職。他在來臺後歷任要職，任內推動幣制改革、土地改革等重要措施，允為蔣中正以下第二號人物，對戰後臺灣社會與經濟有深遠影響。許雪姬總策畫，《臺灣歷史辭典》，頁 825～826；〈民國人物小傳（19）〉，《傳記文學》25：5（1974 年 11 月），頁 100。

〔註 138〕「奉財政部電復關於該行所請追償日政府清償戰爭保險賠償金一案轉希知照由」（1950 年 07 月 26 日），〈本省光復前存款匯款凍結處理〉，《臺灣省級機關檔案》，國史館臺灣文獻館（原件：臺灣省政府），典藏號 00426100122232012；「准財政部電囑彙集關於日政府所欠省民戰爭損害保險金應責令日本賠償之有關資料等由希遵辦具覆憑轉由」（1950 年 09 月 19 日），〈本省光復前存款匯款凍結處理〉，《臺灣省級機關檔案》，國史館臺灣文獻館（原件：臺灣省政府），典藏號 0042610012233004；「准行政院秘書處通知單囑以關於日政府所欠省民戰爭保險金應責令日本賠償之有關資料彙送財政部轉備對日和會提出磋商等由特電遵辦具覆憑轉由」（1950 年 10 月 06 日），〈本省光復前存款匯款凍結處理〉，《臺灣省級機關檔案》，國史館臺灣文獻館（原件：臺灣省政府），典藏號 0042610012233009；「准財政部電復關於彙集台灣省民戰爭損害保險金資料一案希遵照省府前電辦理具覆由」（1950 年 10 月 27 日），〈本省光復前存款匯款凍結處理〉，《臺灣省級機關檔案》，國史館臺灣文獻館（原件：臺灣省政府），典藏號 0042610012233012。

　　如前所述，《中日和約》的簽訂並沒有解決對日求償的問題，而是依據和約第三條規定將問題往後推移。其實，在 1952 年 8 月 5 日《中日和約》正式生效前，擔任立法委員的臺灣人壽董事長羅萬俥就曾在立法院質詢時提醒外交部長葉公超（1904～1981）〔註139〕：「和約第三條所謂另訂特別處理辦法，可能不會有結果，即有結果，亦未必對我方有利。……此點有關台胞權益，請特別注意。」葉公超雖表示政府無論如何會根據和約規定，及維持臺胞權益的既定政策，於將來訂定處理辦法，特別予以注意，〔註140〕但事後的發展證明羅萬俥的擔憂極具先見之明，最終《中日和約》第三條之特別處理辦法並未訂定。更明白地說，雙方根本未曾就此議題進行實質討論。

　　欲探究《中日和約》第三條問題，必須先說明何以有《中日和約》之簽訂。1951 年 9 月 8 日，在美、英兩國主導下，日本與 48 個國家簽訂《舊金山對日和平條約》（下稱《舊金山和約》），並於翌（1952）年 4 月 28 日生效，日本自此正式終止與盟國間的戰爭狀態，恢復為主權獨立國家。〔註141〕然而，作為對日作戰最大損失國的我國（中華民國）卻不在簽約國之列，這是因為美國初時雖意欲邀請我國參與和會，惟以英國為首的多數國家皆因中國代表權問題持反對意見，後經美、英兩國協商，採取折衷方案，即兩個中國政府皆不邀請，由日本於和約生效後自行決定簽訂雙邊和約之對象，且美、英兩國皆不應對其施加壓力。〔註142〕不過，美國鑒於日本與我國簽訂和約最符合其利益，遂積極勸誘日本朝此方向進行。1951 年 12 月中旬，美國國務院顧問、對日媾和特使杜勒斯（John F. Dulles, 1888～1959）〔註143〕訪日，明白向日本首相吉田茂

〔註139〕 葉公超，廣東番禺人。英國劍橋大學文學碩士。1928 年與胡適、徐志摩創辦《新月》月刊。曾任教於清華大學、北京大學、西南聯合大學（任外文系系主任）。官職方面，曾任中宣部國際宣傳處駐倫敦辦事處主任、外交部參事兼歐洲司司長、外交部次長、部長、中華民國駐美全權大使等職。許雪姬總策畫，《臺灣歷史辭典》，頁 988～989。

〔註140〕〈立院臨時會第四日　葉外長答詢誌詳〉，《聯合報》，1952 年 7 月 19 日，第 4 版。

〔註141〕 舊金山對日和會於 1951 年 9 月 4 日召開，美、英兩國共計邀請 52 個國家與會，其中印度、緬甸、南斯拉夫等 3 國拒絕參加，蘇俄、波蘭、捷克等 3 國則因不滿和約內容，拒絕簽署，故實際與日本簽訂《舊金山和約》之國家共 48 個。中華民國外交問題研究會編，《中日外交史料叢編（八）：金山和約與中日和約的關係》（臺北：中國國民黨中央委員會黨史委員會，1966 年 8 月），頁 86～93。

〔註142〕 中華民國外交問題研究會編，《中日外交史料叢編（八）：金山和約與中日和約的關係》，頁 5～20、76～85。

〔註143〕 杜勒斯，美國普林斯頓大學畢業。1919 年參加巴黎和會，在外交界嶄露頭角，

（1878～1967）表示，如果日本不與我國簽訂和約，則美國亦無法保證其參議院會如期通過《舊金山和約》。數日後，吉田茂向杜勒斯承諾將與我國簽約，並遞交著名的「吉田書簡」。經此折衝，中日雙方於 1952 年 2 月 20 日在臺北展開《中日和約》談判，歷經 69 天交涉，於 4 月 28 日下午 3 時，即《舊金山和約》生效前 7 小時，達成協議。〔註 144〕

　　由上可知，《中日和約》是基於我國未能簽訂《舊金山和約》下的權宜安排，故前者大致未脫離後者框架，其中《中日和約》第三條規定即係源自《舊金山和約》第 4 條第 1 款規定。雙方談判過程中，對於本條尚無重大歧見。〔註 145〕不過，我國政府並未忽視第三條規定的重要性。1952 年 5 月 6 日，距《中日和約》簽訂後不到 10 天，外交、財政兩部旋即邀請有關單位召開會議，討論調查中日兩國間債權債務之相關事宜。〔註 146〕隨後，外交部研擬說帖一份，認為未來與日方商訂特別處理辦法之可能方案有三，分別是：

　　一、我方維持對於在台日產已作之處置，日方歸還或償還台灣在日財產及對日要求。

　　二、暫成懸案。

　　三、雙方相互歸還或償還。

這份說帖指出，方案一對我國最為有利，但日本接受此方案的可能性極低，應會傾向方案三。若此，則雙方債權多寡至關重要，經初步評估後，認為我國對日債務恐多於債權，若相互歸還或償還，反有淨資金流出，此不僅非我方所欲，

　　　　此後執業律師，專門處理國際事務相關業務。1945 年聯合國成立，其為美國代表團律師，後歷任美國駐聯合國代表團成員、國務卿艾奇遜（Dean G. Achenson）特別助理（主導《舊金山和約》、《中日和約》的協商與內涵），1953 年總統艾森豪（Dwight David Eisenhower）任命其為國務卿。許雪姬總策畫，《臺灣歷史辭典》，頁 397。

〔註 144〕黃自進，〈戰後台灣主權爭議與《中日和平條約》〉，頁 87～89。

〔註 145〕「議訂中華民國與日本國間和平條約總報告書」，〈中日和約資料（二）〉，《外交部檔案》，國史館，數位典藏號：020-010123-0002；中華民國外交問題研究會編，《中日外交史料叢編（九）：中華民國對日和約》（臺北：中國國民黨中央委員會黨史委員會，1966 年 9 月），頁 54～57、133、179～180、191。《中日和約》談判過程的主要爭執源自於日本不願承認中華民國政府代表中國，具體呈現在條約名稱、偽政權在日本財產的歸還問題、戰爭賠償、條約生效的主權領域等四個議題的歧見上。黃自進，〈戰後台灣主權爭議與《中日和平條約》〉，頁 89～93。

〔註 146〕《外交部檔案》，〈中日和約第 3 條（第 2 冊）〉，中央研究院近代史研究所館藏，館藏號：11-01-02-10-03-006，舊檔號：012.6/0005，頁 29。

亦有影響政府財政之虞，故最終極可能成為懸案。〔註147〕

　　從事後看，確實朝說帖所述方向發展。更有甚者，日本政府自1955至1962年間，四度催促我國政府就第三條規定進行協商，皆被我方設詞婉拒。直到1972年9月29日，日本與中華人民共和國建交，同時與我國斷交，並聲明終止《中日和約》。第三條問題終成未解懸案。

　　由上可知，我國政府在第三條問題上，所持態度相當消極，完全放棄談判機會。然而，政府面對民眾陳情或詢問時，仍然宣稱「應俟將來中日雙方政府根據中日和約第三條商訂特別處理辦法再行提出」。不過，政府私下也不反對民眾循私人途徑，逕向日本政府交涉。〔註148〕1952年6月間，省政府密示「凡各公司行號之在日債權如能自行收回者，可逕向日方交涉辦理，以免稽延」，此時《中日和約》甚至尚未正式生效，可知政府早已體認到透過外交途徑對日求償之困難。1952年8月23日，臺灣人壽董事長羅萬俥依前述省政府密示，親自赴日交涉，經一個多月奔走，日方仍以「中日和約第三條所規定之一般債權債務之特別處理辦法未議訂前無法解決」為由，拒絕償還。〔註149〕

　　綜上所述，政府在對日求償問題上採取一種兩面手法，對外雖總是宣稱將積極交涉云云，但實際上，最晚在1952年，政府就已經認識到難以透過外交途徑對日交涉求償。〔註150〕

二、放棄對日求償、《中日和約》第三條與日產接收之關係

　　由上可知，政府刻意擱置《中日和約》第三條的談判造成對日求償的不順遂，而政府之所以作出這樣的決策，則是因為債權債務相互清償後，極可能是我國賠償日本，而非日本賠償我國，這就衍伸出一個令許多人不解的問題，為何戰敗國的日本有權向戰勝國的我國求償呢？1960年12月26日，外交部長

〔註147〕〈中日和約第3條（第2冊）〉，館藏號：11-01-02-10-03-006，頁4～19。

〔註148〕趙偉翔，〈中日和約第三條問題之研究〉，頁43～52。

〔註149〕「據臺灣人壽保險公司舊契約清理委員會呈送接收日營千代田等生命保險會社各支店清理整理結束總報告等轉請查照核備見復」，頁50～51。

〔註150〕雖說如此，民眾亦非全然不解政府的真實立場，例如促進會在1954年6月10日致省議會的陳情書中就曾提到「外交當局認為開始談判，於我大為不利，故對日索償問題，現在及最近之將來，既未能實現，必須以內政問題先予解決」，〈張祥傳等請轉政府迅予補償戰爭保險金案〉（識別號：002_04_400_43004），臺灣史檔案資源系統，下載日期：2018年5月2日，網址：http://tais.ith.sinica.edu.tw/sinicafrsFront/search/search_detail.jsp?xmlId=000006 5798。

沈昌煥（1913～1998）〔註151〕接見日本駐華大使井口貞夫（1899～1980），針對井口貞夫希望我國儘速就《中日和約》第三條規定進行磋商之請求時，就曾作出如下回應：

> 此事一經提出，恐將引起中國國內各方之激烈反應。蓋我國在締結中日和約時，放棄對日賠償要求。**倘我方在談判第三條之後，須支付貴方，縱使其數字為區區一元，我國民意代表及軍民，必群起反對政府。**倘日方須向我國付出若干款項，我國部分人士，又會想到對日放棄要求賠償問題。〔註152〕

沈昌煥的說詞當然是為了擱置談判的外交辭令，但「賠償日方將引起民意反彈」之說應該確實反映了當時的民意。尹章義在20幾年後仍認為「戰勝國的中國政府竟然賦予戰敗國的日本以『相互請求權』，在人類歷史上實屬罕見的特例？」〔註153〕知名歷史學者已然有此誤解，可知不滿戰敗國日本具有求償權者應不在少數。

　　上述誤解是將兩種求償型態混淆的結果，政府所放棄的求償權是第一種型態的求償，而《中日和約》第三條則是第二種型態的求償。如前所述，《舊金山和約》也有相仿的規定，故並不是什麼罕見的特例。那麼，日本依據第三條規定的求償權究竟從何而來，趙偉翔似乎是少數對此進行探討者。他引用1907年第2次海牙和平會議所訂立之《陸戰法規和慣例公約》之附件《陸戰法規和慣例章程》第46條規定「家族榮譽和權利、人員生命，和私有財產，以及宗教信仰與實踐，必須予以尊重」，據此認為戰勝國不得沒入戰敗國人民之私有財產，故我國沒入日人私人財產之行為與國際法有悖，是日本得以向我國求償之原因，甚至將我國政府接收日人私有財產之行為定義為「侵吞」。〔註154〕日本的求償權源自於被我國政府接收的私有財產的論述並無問

題，但以違反國際法為理由則稍嫌間接甚或牽強。事實上，這是戰後國際政治局勢演變下所造成的結果，必須將放棄對日求償、《中日和約》第三條及日產接收這幾個議題結合在一起看待，才能將問題充分釐清。

提及放棄對日求償，許多人腦海中會浮現的關鍵詞是「以德報怨」，這是戰後日本新聞媒體對蔣中正所發表的〈抗戰勝利告全國軍民及世界人士書〉所作的解讀，而蔣中正本人對此解讀也欣然同意，「以德報怨」遂被定位為戰後我國政府對日政策的正式名稱，並被廣泛使用。〔註155〕放棄對日求償是以德報怨政策中常為人所稱頌的一項，但事實上，蔣中正本無意放棄賠償請求權。早在開羅會議期間，蔣中正便已提出日本在華公私產業均由中國接收，作為支付中國賠償一部分之主張。〔註156〕再次強調，此處的對日求償是屬於第一種型態的求償。

1945年7月26日，中、美、英三國聯合發表《波茨坦宣言》，確認戰後日本賠償以實物賠償為原則。〔註157〕1945年9月2日，外交部長王世杰（1891～1981）〔註158〕針對對日求償的訴求向美、蘇兩國交涉，美國於10月11日回復「中國政府所沒收之日本資產，應抵作中國賠償要求之一部分，其價值以專帳記載之」，蘇聯則未明確回復。〔註159〕可知美國基本同意中國政府之訴求。1945年11月8日，國防最高委員會秘書長王寵惠（1881～1958）〔註160〕

〔註155〕黃自進，〈抗戰結束前後蔣介石的對日態度：「以德報怨」真相的探討〉，《中央研究院近代史研究所集刊》45（2004年9月），頁159；吳淑鳳，〈戰後中國對日求償之交涉（1945～1949）〉，《中華軍史學會會刊》13（2008年9月），頁270～271。

〔註156〕黃自進，〈抗戰結束前後蔣介石的對日態度：「以德報怨」真相的探討〉，頁145～147。

〔註157〕中華民國駐日代表團日本賠償及歸還物資接收委員會編，《在日辦理賠償歸還工作綜述》（東京：編者，1949年9月），頁1。

〔註158〕王世杰，湖北崇陽人。英國倫敦大學政治經濟學士、法國巴黎大學法學博士。曾任國民政府法制局局長、立法委員、武漢大學校長、國民政府教育部長、中央宣傳部長、外交部長等職。《自由中國名人傳》、《第一屆國民大會代表名錄》、《中國當代名人傳》，檢索自：漢珍數位圖書館，《臺灣當代人物誌資料庫》。

〔註159〕吳淑鳳，〈戰後中國對日求償之交涉（1945～1949）〉，頁271～272。另外英國則是對此議題明確表態應由各盟國共同會商解決。秦孝儀主編，《中華民國重要史料初編——對日抗戰時期（第7編：戰後中國（四））》，頁35～36。

〔註160〕王寵惠，廣東東莞人。美國耶魯大學法學博士。曾任梁士詒內閣司法總長、唐紹儀內閣教育總長、孫寶琦內閣司法總長、國民政府司法部長、司法院

向蔣中正呈報〈索取賠償與歸還劫物之基本原則及進行辦法〉，該辦法第 3 點載明「凡在中國境內（包括東北、臺灣及澎湖群島）之**日本公私財產**（包括建築物、各種工廠……）**悉數歸中國政府，以作賠償之一部分，日僑此項私產損失，由日本政府負擔之**」，進一步指明日本在華公私財產應包含臺灣、澎湖，國民政府秘書長吳鼎昌（1884～1950）〔註161〕的簽註意見則提到「據外交部王部長呈報，美方對我沒收日本在華公私財產所持之政策大致同意。」〔註162〕

在美國支持下，1945 年 11 月 23 日公布的《收復區敵偽產業處理辦法》第 4 點第 2、3 項分別規定「產業原屬華人與日偽合辦者，其主權均收歸中央政府所有……」、「產業原為日所有或已歸日偽出資收購者，其主權均收歸中央政府所有……」〔註163〕，將上述訴求法令化。〔註164〕日人在臺公私財產皆收歸公有的接收政策，便是在此脈絡下實施。此一作法在臺灣亦未引起爭議，臺灣人甚至在菁英階層的倡導下，積極協助維護日產以待政府接收，以具體行動表達對政策的支持。〔註165〕

在日產處理委員會的報告中，將所接收之日產區分為「可充賠償」、「非充

　　　　長、外交部長、國防最高委員會祕書長等職。《自由中國名人傳》、《中國當代名人傳》，檢索自：漢珍數位圖書館，《臺灣當代人物誌資料庫》。

〔註161〕吳鼎昌，四川成都人。日本東京高等商業學校畢業。清帝國末期曾任大清銀行總行總務科長、江西分行總辦、上海大清銀行監督。民國成立後，曾任中國銀行正監督、天津造幣廠總廠監督、農商部次長、財政部次長、鹽業銀行總經理、大公報社長、實業部部長、貴州省政府省主席、國民政府文官長、總統府秘書長。〈吳鼎昌小傳〉，《傳記文學》34：5（1979 年 5 月），頁102。

〔註162〕「王寵惠呈蔣中正擬具索取賠償與歸還劫物基本原則及進行辦法」，〈革命文獻——處置日本〉，《蔣中正總統文物》，國史館藏，數位典藏號：002-020400-00052-026。

〔註163〕秦孝儀主編，《中華民國重要史料初編——對日抗戰時期（第 7 編：戰後中國（四））》，頁 46～47。

〔註164〕雖然 1944 年 3 月 14 日頒布的《淪陷區敵國資產處理辦法》就已經將上述主張列入，但此時畢竟是中國政府單方面的想法，和後來有盟國中最具影響力的美國支持不可同日而語（雖然其它盟國不見得支持）。

〔註165〕例如：由陳炘發起的「歡迎國民政府籌備委員會」於 1945 年 9 月發布文告〈為保全公共建造物事勸告同胞弟兄〉，呼籲民眾保護公產；陳逸松則以三民主義青年團主持人的身分，向民眾強調戰後向製糖公司賤價買來的白糖都是國家所有，不可私買，應該還回去。葉榮鐘，〈臺灣光復前後之回憶〉，收入氏著，《臺灣人物群像》，頁 438～439；陳逸松口述，吳君瑩紀錄，林忠勝撰述，《陳逸松回憶錄：太陽旗下風滿台（日據時代篇）》（臺北：前衛，1994 年），頁 303。陳亮州，〈戰後台灣日產的接受與處理〉，頁 22～23。

賠償」兩類，私產部分皆被歸類為「可充賠償」，﹝註166﹞就是上述「接收日產底充賠償」政策的延伸，也是上述「日本公私財產……悉數歸中國政府，以作賠償之一部分，日僑此項私產損失，由日本政府負擔之」之意義所在，但也因此埋下第三條問題的導火線。

1949 年，中國大陸全面赤化的態勢已然明顯，美國決定調整遠東政策，培養日本成為反共的前線基地，遂在 1949 年 5 月 12 日片面中止「先期拆遷計畫」。﹝註167﹞1950 年 6 月 15 日韓戰爆發，美國決心儘早結束對日本之占領狀態，使其恢復為主權獨立國家，於焉展開舊金山和會之籌備。最終在美國的強勢主導下，促使各國放棄對日本求償（第一種型態的求償），因而在《舊金山和約》中，並無日本應負擔金錢或實物賠償的條款，只有象徵性的規定領土曾被日本侵占的國家得向日本索取勞役服務作為戰爭賠償。隨後，《中日和約》談判過程中，我國政府為換取日本承認中華民國為中國唯一合法政府，兼顧及政府治權不及於大陸之事實，已喪失索取戰爭賠償之基本立場，遂進一步放棄《舊金山和約》中的勞役服務求償權。﹝註168﹞

至此，問題已然清楚，既然我國政府已經完全放棄第一種型態的對日求償，那麼「接收日產抵充戰爭賠償」的基礎也就不復存在。因此，所接收日產中，除了公有財產因為日本政府聲明放棄而無須歸還外，﹝註169﹞私有財產理應歸還。至於應該怎麼歸還？便在《中日和約》第三條規定由雙方政府另行研商。

如果說，我國政府在接收日產後予以凍結，留待終戰和約底定後再行處理，那麼《中日和約》第三條規定應該不會構成困擾。問題在於日產接收後若非撥歸公營即是標售取得價金，莫說要把已經放進口袋的錢還回去是件極為困難的事情，這些錢可能大部分早已成為政府支出被花光了，若要歸還政府勢必得另籌財源。針對此間困難，財政部就曾指出：

﹝註166﹞ 臺灣省接收委員會日產處理委員會編，《臺灣省接收委員會日產處理委員會結束總報告》，頁 15。

﹝註167﹞ 「先期拆遷計畫」是因為各盟國對賠償比率未有共識，導致賠償方案無法執行，而由美國主導的先行措施，計畫自 1947 年 4 月 4 日開始，至 1949 年 5 月 12 日結束。相關細節請參閱：中華民國駐日代表團日本賠償及歸還物資接收委員會編，《在日辦理賠償歸還工作綜述》，頁 35～42；吳淑鳳，〈戰後中國對日求償之交涉（1945～1949）〉，頁 280～291。

﹝註168﹞ 黃自進，〈抗戰結束前後蔣介石的對日態度：「以德報怨」真相的探討〉，頁 160～162。

﹝註169﹞ 〈中日和約第 3 條（第 2 冊）〉，館藏號：11-01-02-10-03-006，頁 6。

　　我國對於接收日人在台之財產，自台省光復後以迄于今，即依照各項日產處理法令之規定分別予以處理，並仍在繼續處理中，茲如照中日和約第三條之規定須另商特別處理辦法，則原已處理者，是否無效，其未處理者，應否停止，如該項**未處理之日產，停止處理，尚無問題，惟已處理者，如認為無效，不但牽涉甚廣，且事實上所發生之困難，將無法處理**。〔註170〕

　　或許由於過去政府刻意迴避這個問題，導致不少人對此存在誤解，〔註171〕但另一利害關係人日本倒是將問題看得很清楚。在海外擁有財產的日本人或組織在戰後不久便展開一系列私有財產返還、補償運動，起先主要是訴求日本政府補償，〔註172〕《中日和約》簽訂後，復有不少依據第三條規定向我國政府直接請求者，指出「中華民國政府既然已放棄對日賠償，應對日人在臺產業損失加以賠償與歸還日本人財產。」我們知道《中日和約》第三條問題懸而未解，此問題在日本最終依據1967年8月1日公布的《關於對引揚者支給特別交付金之法律》（法律第114號），對這些財產損失者支付特別給付金，替問題劃下句點。〔註173〕反觀我國則是繼續擱置，迄今未解。

　　綜上所述，戰後驟然巨變的國內外局勢（至少中華民國政府在戰爭結束時應該未曾設想會有如此發展），使得所接收的日人私產頓時成為政府的負債，政府為規避其償付責任，刻意擱置《中日和約》第三條的談判，作為代價，臺灣民眾的對日債權（第二種型態的對日求償）亦隨之求償無門。

〔註170〕　〈中日和約第3條（第2冊）〉，館藏號：11-01-02-10-03-006，頁80。

〔註171〕　附帶一提，臺籍日本兵許昭榮對此問題倒是看得相當清楚，他在1995年3月11日，中央研究院臺灣史研究所籌備處舉辦的「台籍日本兵歷史經驗」座談會中提到：「剛才一直在討論賠償的問題，但是我認為大家都沒有說到重點。因為我們一直認為，這是日本人欠我們的，所以一定要追討回來，但是大家要瞭解關鍵在哪裡才行。……關鍵就是在中日和平條約第三條……今天日本不願意賠償，其關鍵在國民黨。因為國民黨接收台灣時，它所接收的日產相當多，和賠償比起來，要還人家的反而較多。……所以不敢談。」周婉窈主編，《台籍日本兵座談會記錄并相關資料》（臺北：中央研究院臺灣史研究所籌備處，1997年1月），頁88～89。

〔註172〕　背後精神和前述中國政府〈索取賠償與歸還劫物之基本原則及進行辦法〉第3點所述「日僑此項私產損失，由日本政府負擔之」一致。

〔註173〕　鍾淑敏，〈戰後日本臺灣協會的重建〉，收錄於許雪姬編，《臺灣歷史的多元傳承與鑲嵌》（臺北：中央研究院臺灣史研究所，2014年12月），頁87～105；洪紹洋，〈戰後初期臺灣對外經濟關係之重整（1945～1950）〉，《臺灣文獻》66：3（2015年9月），頁111～115。

三、半世紀後的波瀾

　　行筆至此，先扼要歸納以上討論內容。從保戶的立場，除了戰爭保險金被列為對日求償債權外，日治舊保險契約都被接收機關所繼承，若撇除惡性物價膨脹所造成的負面影響不談，保戶基於保險契約的權利其實已經獲得處理。從接收機關的立場，它們既然奉命承受日治保險業負債，便應賦予它們也能夠繼承等值資產（超過的部分則歸國庫），其中有些無法實現的債權則列為對日求償範疇。日本 1972 年與我國斷交，使得作為對日求償基礎的《中日和約》第三條規定失去效力，求償一事成為未解懸案。那麼，整個事件應該就此告一段落。未料，在戰後半世紀的 1990 年代，這段故事再度獲得關注。

　　這段半世紀後的波瀾大致是兩個脈絡交會的結果。1993 年間，民間成立「日本時代各種債務求償協會」，訴求向日本追償日治時代未清償的各項債務，其中包括一般壽險、簡易壽險契約。〔註 174〕與此同時，正值臺灣保險市場即將對外國開放之際，財政部保險司官員表示，日治時期壽險公司所留下的債務問題將會是我國是否准許日本保險業來臺設立的考量之一。〔註 175〕為回應上述求償訴求，日本內閣對此展開討論，並定調將以本金的 120 倍賠償戰時欠餉、軍郵儲金、簡易保險、郵便儲金、年金等五項確定債務，並委託日本交流協會臺北、高雄事務所自 1995 年 10 月 2 日起受理民眾申請。臺灣方面，雖然政府及民間都無法接受 120 倍的賠償倍數，但除了言詞上的宣洩外，其實未能提出有效的反制措施。〔註 176〕該項申請期限至 2000 年 3 月底為止，但申請

〔註 174〕　黃貴華，〈求償協會初步統計　向日本索舊債，超過廿種〉，《聯合報》，1993 年 5 月 9 日，第 6 版；黃貴華，〈追討日據時代債權　18 人赴日國會作證〉，《聯合報》，1993 年 6 月 25 日，第 6 版。

〔註 175〕　李佳諭、邱金蘭，〈日保險公司登台關鍵時刻　對日據時期台灣人民所購買保險認不認帳是財政部准否考慮因素〉，《聯合報》，1993 年 7 月 23 日，第 5 版。不過，從事後看，日本壽險業最後並未來臺設立分支機構或成立子公司，故這部分對於日本作出清償債務的決策有多少影響，仍需要蒐集更多日本方面的資料，對日本內閣的決策歷程進行較詳盡的討論。

〔註 176〕　外交部曾發函各政府機關約束所轄機關、團體、學校，勿出借場地或設施予日本交流協會，作為向民眾宣傳申領上述五項確定債務之用，可能已經是比較具體的反制措施了。陳世昌，〈日本對台戰債　依本金的 120 倍發還　與我方要求的七千倍差距太遠　自救會指日本沒誠意〉，《聯合報》，1994 年 12 月 16 日，第 6 版；江中明、宋自強，〈對台戰債賠償　中日國會都不滿〉，《聯合報》，1994 年 12 月 17 日，第 4 版；李莉珩、張宗智，〈日片面賠償戰債　政府不允交流協會大做廣告〉，《聯合報》，1998 年 2 月 7 日，第 2 版；財團法人日本交流協會臺北、高雄事務所，《原日本軍人‧軍屬之未付薪津、軍事郵

情況似乎並不踴躍，以簡易壽險為例，截至 1999 年 9 月間僅約一成保戶前往申請。〔註177〕

　　上述五項確定負債都是以日本政府為債務人，不包含一般壽險契約。不過，日本壽險業者似乎搭著這波議題之便，援例辦理（賠償倍數和申請期限皆相同），並委託「台灣國際專利法律事務所」受理申請。〔註178〕臺灣人壽不曉得是不是受到這些議題發酵的影響，也舊帳重翻，再啟對日本保險業債權求償，但最終仍是不了了之。〔註179〕

　　經過以上討論，我們或許可以站在比較接近歷史事實的位置，對這段半世紀後的波瀾進行較為客觀的檢討。從保戶的角度來說，他們對日本是否仍有求償權其實不無疑義，畢竟當初接收機關已概括承受舊契約履約責任，那麼保戶若有爭議應該是向接收機關主張才是。嚴格來講，可能只有戰爭保險受災保戶有資格向日本求償，但他們反倒未出現在這波求償浪潮之中，〔註180〕或許他們認為整件事在 1957 年省政府墊付時就劃下句點了吧？從我國政府的角度來說，似乎不具備批評日本賠償計畫的立場，畢竟我國政府正是這個問題的始作俑者。從臺灣人壽的角度來說，該公司確實具有對日本保險業求償的權利，但若認為這將可能替他們帶來一筆新臺幣 3、40 億元收入，就打錯如意算盤了，因為依據財政部 1953 年核可的清算結果，未來求償所得皆歸國庫所有。對日

政儲金‧外地郵政儲金、簡易人壽保險‧郵政年金等之支付通知書》（出版地不詳：通知者，1995 年 11 月），頁 3～4。
〔註177〕鄭國樑，〈日本交流協會〉，《聯合報》，1999 年 9 月 15 日，第 18 版。
〔註178〕陳世昌，〈壽險這筆債 日本要還了 15 家保險公司 在台設償還窗口 賠債權人 120 倍〉，《聯合晚報》，1998 年 10 月 28 日，第 7 版；〈台灣國際專利事務所辦日民間保險費返還案〉，《經濟日報》，1999 年 2 月 23 日，第 49 版。
〔註179〕筆者所找到的一系列報導，最晚一則是 2005 年 12 月 20 日，之後就未見相關新聞。葉慧心，〈台壽擬向日壽險業催討舊債〉，《經濟日報》，2000 年 2 月 17 日，第 6 版；葉慧心，〈34 億陳年債 台壽保向日追討〉，《經濟日報》，2003 年 5 月 22 日，第 26 版；孫中英，〈台壽決向日 14 公司討回新台幣 40 億〉，《聯合報》，2003 年 10 月 5 日，第 A3 版；葉慧心，〈台壽保追討 桃太郎陳年債〉，《聯合報》，2005 年 12 月 20 日，第 B2 版。
〔註180〕四成未辦理驗證的一般壽險契約保戶或許也有資格，因為他們並未主動同意由接收機關繼承舊契約權利義務，簡易壽險保戶也許也有資格，因為最後的清算過程並未完成，而是留待對日求償後才決定清算辦法，那麼接收機關是否完成概括承受也就存在疑義。以上都是筆者基於一般契約原則所作的初步推論，但在戰後那麼複雜的時空背景下，這樣的一般原則是否適用，可能必須要從法學的角度作更縝密的分析，限於筆者能力所及，只能擱下，留待專家探討。

本政府或保險業者來說，到底誰真的具有受償資格或許不是那麼重要，重要的是可以趁此機會卸下長久困擾他們的歷史包袱。

圖 4-5：日本交流協會受日本政府委託辦理確定債務之給付之說明書

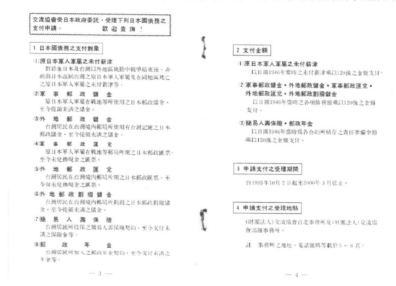

資料來源：財團法人日本交流協會臺北、高雄事務所，《原日本軍人‧軍屬之未付薪津、軍事郵政儲金‧外地郵政儲金、簡易人壽保險‧郵政年金等之支付通知書》，頁 3～4。陳明信先生提供。蒙國立彰化女子高級中學李昭容老師轉介。特此向兩位致謝。

圖 4-6：日本保險業以 120 倍賠付日治舊契約保戶之通知文件

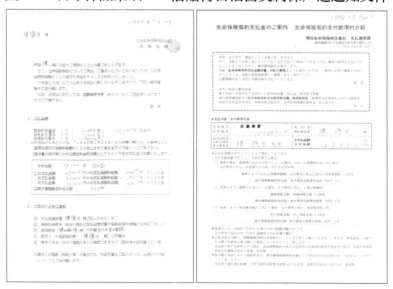

說明：左圖為日本生命，文件日期為 1998 年 5 月 12 日；右圖為朝日生命
　　　（繼承原帝國生命），文件日期為 1998 年 5 月 22 日。附帶一提，兩
　　　份文件都提到以 1946 年 1 月 29 日為基準日，並註明此為臺日政權
　　　分離日，這是依據盟總 1946 年 1 月 29 日發出的 AG091 號指令
　　　（SCAPIN-677），主旨（subject）為「Govornmental and Administrative
　　　Separation of Certain Outlying Areas from Japan」，該指令影像檔可於
　　　內閣官房網站（https://www.cas.go.jp/jp/ryodo/shiryo/takeshima/detail/
　　　t1946012900101.html）下載。感謝曾耀鋒老師指出這個問題，連克先
　　　生協助找到答案。
資料來源：陳明信先生提供。蒙國立彰化女子高級中學李昭容老師轉介。
　　　　　特此向兩位致謝。

小　結

　　經由本章的討論，本章一開始所提出的幾個問題已可獲得充分解答。首先，保險業接收後的處理是採「繼續營業」、「概括承受既有負債」的作法，這和中央法令「停止營業」、「既有債務暫緩清償」的方針並不一致。不過，這樣的不一致對舊契約保戶顯然有利。其次，從結果來看，財政處所提出的舊契約處理措施並未全然落實，這主要是導因於惡性物價膨脹的負面影響，雖然結果不盡人意，但接收機關在此不利條件下所作的努力也應該獲得適度正面評價。第三，接收機關為了履行保險契約責任，也同步接收日治保險業的資產並加以運用，處理過程中主要面臨「資不抵債」、「資產重估」及「資產所有權移轉」等三大問題，第一個問題伴隨惡性物價膨脹的影響多數被消彌，第二個問題同樣與惡性物價膨脹有關，導致不動產幾乎構成接收資產價值的全部，第三個問題導因於日治保險業多屬分公司性質，但不動產部分透過政府機關的內部協調獲得解決，有價證券部分則和負債面的未賠付戰爭保險金構成「對日求償」問題。最後，對日求償問題，又可稱作《中日和約》第三條問題，是戰後國際政治格局再確立與日產接收政策交織而成的結果，先是因我國政府刻意擱置談判而無解，隨後又因日本與我國斷交而成為懸案，最終又因日本單方面償付而結束。省政府於 1957 年決定「墊付」戰爭保險金，是戰後眾多求償未果的對日債權中，第一個由我國政府出資墊付的個案。

　　到目前為止，我們的討論主要都圍繞在日治時期所遺留的各種要素，這固然構成戰後臺灣保險市場的一大部分，但仍有所不足，所缺者是中國要素的引進，兩者交織確立新的體制，這是接下來三章要討論的內容。